Anja Stolakis | Eric Simon | Sven Hohmann | Jörn Borke | Annette Schmitt (Hrsg.)
Digitale Medien in der Kita mit Fachkräften, Kindern und Eltern reflektieren

Anja Stolakis | Eric Simon | Sven Hohmann |
Jörn Borke | Annette Schmitt (Hrsg.)

Digitale Medien in der Kita mit Fachkräften, Kindern und Eltern reflektieren

Praxismaterialien für die
Aus-, Fort- und Weiterbildung

GEFÖRDERT VOM

Das Projekt DiKit wurde im Rahmen der BMBF-Förderrichtlinie „Forschung zur Gestaltung von Bildungsprozessen unter den Bedingungen des digitalen Wandels" gefördert. FKZ: 01JD1904A; Laufzeit: Juli 2020 bis September 2023

Das Werk einschließlich aller seiner Teile ist urheberrechtlich geschützt. Der Text dieser Publikation wird unter der Lizenz **Creative Commons Namensnennung - Nicht kommerziell - Keine Bearbeitungen 4.0 International (CC BY-NC-ND 4.0)** veröffentlicht. Den vollständigen Lizenztext finden Sie unter: https://creativecommons.org/licenses/by-nc-nd/4.0/legalcode.de. Verwertung, die den Rahmen der **CC BY-NC-ND 4.0 Lizenz** überschreitet, ist ohne Zustimmung des Verlags unzulässig. Das gilt insbesondere für die Bearbeitung und Übersetzungen des Werkes. Die in diesem Werk enthaltenen Bilder und sonstiges Drittmaterial unterliegen ebenfalls der genannten Creative Commons Lizenz, sofern sich aus der Quellenangabe/Abbildungslegende nichts anderes ergibt. Sofern das betreffende Material nicht unter der genannten Creative Commons Lizenz steht und die betreffende Handlung nicht nach gesetzlichen Vorschriften erlaubt ist, ist für die oben aufgeführten Weiterverwendungen des Materials die Einwilligung des jeweiligen Rechteinhabers einzuholen.

Dieses Buch ist erhältlich als:
ISBN 978-3-7799-7820-6 Print
ISBN 978-3-7799-7821-3 E-Book (PDF)
ISBN 978-3-7799-8129-9 E-Book (ePub)

1. Auflage 2024

© 2024 Beltz Juventa
in der Verlagsgruppe Beltz · Weinheim Basel
Werderstraße 10, 69469 Weinheim
Einige Rechte vorbehalten

Herstellung: Ulrike Poppel
Satz: Helmut Rohde, Euskirchen
Druck und Bindung: Beltz Grafische Betriebe, Bad Langensalza
Beltz Grafische Betriebe ist ein klimaneutrales Unternehmen (ID 15985-2104-100)
Printed in Germany

Weitere Informationen zu unseren Autor:innen und Titeln finden Sie unter: www.beltz.de

Inhalt

I.	**Einleitung**	7
	Anja Stolakis, Eric Simon, Sven Hohmann, Jörn Borke und Annette Schmitt	
II.	**Aufbau des Buches und Anwendung der Materialien**	9
	Anja Stolakis, Eric Simon, Sven Hohmann, Jörn Borke und Annette Schmitt	
	1. Grundsätzlicher Aufbau und allgemeine Hinweise	9
	2. Anwendung der Materialien	11
III.	**Modul I – Reflexionsmaterialien**	15
	Anja Stolakis, Eric Simon, Sven Hohmann, Jörn Borke und Annette Schmitt	
	1. Theoretischer Hintergrund	17
	a) „Kultur der Digitalität" in der Kita	17
	b) (Medialer) Habitus	22
	c) Passungen von Erziehungs- und Bildungsvorstellungen vor dem Hintergrund einer Kultur der Digitalität	25
	d) Fazit	30
	2. Selbstreflexionsfragebogen	31
	3. Elternfragebogen	67
	4. Instrument zur Erhebung der Kinderperspektive	78
	5. Fallbeschreibungen zur Passung der Vorstellungen von Kita, Eltern und Kindern	89
	6. Exemplarische Ablaufpläne für Modul I	104
	7. Literaturverzeichnis	111
	8. Abbildungsverzeichnis	113
	9. Anhang	115
	Anhang 1 – Projektvorstellung DiKit	115
	Anhang 2 – Selbstreflexionsfragebogen	117
	Anhang 3 – Beschreibung der Fragebogenskalen	126
	Anhang 4 – Elternfragebogen	134
	Anhang 5 – Instrument zur Erhebung der Kinderperspektive auf (digitale) Medien	136
	Anhang 6 – Fallbeispiele	140
	Anhang 7 – Exemplarische Ablaufpläne	164
IV.	**Modul II – Digitale Spiel- und Lernwerkzeuge in der Kita**	179
	Henry Herper	
	1. Anwendungsgebiete digitaler Medien in der Kita	181
	2. Ausgewählte Praxisbereiche	184
	a) Basiskomponente: Digitale Medien in der Kita	184
	b) Anwendung Bee-Bot	192
	c) MAKEBLOCK mTiny-Discover Kit	198
	3. Literaturverzeichnis	207
	4. Abbildungsverzeichnis	208
V.	**Schlussbetrachtung**	209
	Anja Stolakis, Eric Simon, Sven Hohmann, Jörn Borke und Annette Schmitt	
VI.	**Autor*innen**	211

I. Einleitung

Anja Stolakis, Eric Simon, Sven Hohmann, Jörn Borke und Annette Schmitt

Das Thema *Medien in der Kita* ist nicht völlig neu. Bereits seit längerem wird es lebhaft diskutiert, und es wurden diverse Konzeptionen für die frühpädagogische Praxis entwickelt (vgl. z. B. Aufenanger & Six, 2001; Fthenakis, Schmitt, Eitel, Gerlach, Wendell & Daut, 2009; Neuß, 2006). Im Zuge des digitalen Wandels in nahezu allen Lebensbereichen hat das Thema jedoch eine neue Dynamik und Dringlichkeit erhalten. Denn mit der Verbreitung portabler digitaler Geräte wie Smartphone und Tablet wachsen Kinder zunehmend in eine mediatisierte Lebenswelt hinein, eine Welt, die von Medien durchdrungen ist (Tillmann & Hugger, 2014). Hinzu kommt, dass sich der Prozess der Digitalisierung zunehmend beschleunigt und pandemiebedingt die Nutzung digitaler Medien in vielen Lebensbereichen einen weiteren Aufschwung erfahren hat. In der Pandemie verstärkte sich zudem auch im Bereich der frühen Bildung die Auseinandersetzung mit digitalen Lösungen bspw. mit digitalen Lernmitteln, medienpädagogischen Angeboten sowie der digitalen Organisation von Arbeitsabläufen in der Kita, der Vernetzung und der Kommunikation mit den Eltern (Cohen, Oppermann & Anders, 2020).

In den letzten Jahren wurde somit überdeutlich: Der Prozess der Digitalisierung stellt pädagogische Fachkräfte in Kitas vor große Herausforderungen und es besteht ein hoher Bedarf an Informationen, Materialien und konkretem Praxiswissen (Reichert-Garschhammer, 2020). Dabei geht es nicht allein um die Fragen technischer und infrastruktureller Anforderungen, wie etwa dem Zugang zu schnellem Internet oder die entsprechende Ausstattung mit Geräten. Wichtige Aspekte für das Gelingen medienpädagogischer Angebote sind auch die Kompetenzen und Erfahrungen der Fachkräfte sowie die Auseinandersetzung mit Vorbehalten und Berührungsängsten (Cohen, 2019; Nieding & Klaudy, 2020).

Hier setzt das vom Bundesministerium für Bildung und Forschung (BMBF) geförderte Projekt *Digitalisierung in der Kita* (DiKit)[1] an. Es konzentrierte sich auf die Ebene der frühpädagogischen Fachkräfte. Ziel war, durch die Entwicklung der hier vorliegenden Materialien für die Aus-, Fort- und Weiterbildung sowie für Angebote der Teamentwicklung, Fachkräfte in Kitas bei der Reflexion und Entwicklung ihres Umgangs mit digitalen Medien zu unterstützen.

Der hier vorliegende Band besteht aus zwei Modulen. Modul I enthält verschiedene Instrumente zur Reflexion der Haltungen und Handlungspraktiken von frühpädagogischen Fachkräften, Eltern und Kindern in Bezug auf digitale Medien, die in unterschiedlichen Bildungssettings für (angehende) Kita-Fachkräfte genutzt werden können. Weiter können die Materialien auch zum Einstieg in das Thema mit Kita-Teams, zur Teamentwicklung zum Umgang mit digitalen Medien oder zur Entwicklung eines Medienkonzepts unter Einbezug aller Beteiligten eingesetzt werden. Das Material richtet sich somit an Fort- und Weiterbildner*innen, kann aber auch von Kita-Leitungen oder Kita-Teams sowie von den Fachkräften selbst eingesetzt werden. Auch der Einsatz im Rahmen der Ausbildung ist denkbar. Es soll die Praxis bei der Entwicklung eines reflektierten und auf die jeweiligen Erfordernisse in ihrer Einrichtung abgestimmten Umgangs mit digitalen Medien unterstützen. Das Material soll die Auseinandersetzung mit dem Thema *digitale Medien in der Kita* anregen und fördern, indem die unterschiedlichen Perspektiven der Akteur*innen in den Blick genommen werden. Wichtige Ansatzpunkte sind dabei die Haltungen, Einstellungen, Kompetenzen und Bedarfe von Fachkräften bezüglich des Einsatzes von digitalen Medien in der Kita. Dazu wurde auf das Konzept des *medialen*

---

[1] Das Projekt DiKit wurde im Rahmen der BMBF-Förderrichtlinie „Forschung zur Gestaltung von Bildungsprozessen unter den Bedingungen des digitalen Wandels" gefördert (FKZ: 01JD1904A; Laufzeit: Juli 2020 bis Juni 2023).

Habitus (siehe Kapitel III.1.b), *(Medialer) Habitus*, S. 22) von frühpädagogischen Fachkräften zurückgegriffen (Friedrichs-Liesenkötter, 2018; Kommer, 2013). Ergänzend dazu sollte die Perspektive von Eltern und Kindern systematisch einbezogen und somit deren Partizipation sowie die Bildungspartnerschaft gestärkt werden. Die Reflexionsmaterialien wurden zunächst im Forschungskontext entwickelt und eingesetzt. Im Anschluss wurden sie für den Einsatz in der Praxis angepasst und in unterschiedlichen Formaten erprobt und evaluiert, um eine hohe Praxistauglichkeit zu gewährleisten.

Neben der Digitalisierung der Kommunikation und Dokumentation im Kita-Alltag gehört auch das geleitete Heranführen der Kinder an die Verwendung digitaler Spiel- und Lernwerkzeuge zum Arbeitsalltag der frühpädagogischen Fachkräfte. Dazu wurden exemplarisch verschiedene dieser Systeme untersucht, wie computerbasierte Systeme, Computer mit physischen Ergänzungskomponenten und digitale Lernspielzeuge ohne Computeranbindung. In Modul II wird exemplarisch die Anwendung von ausgewählten digitalen Spiel- und Lernwerkzeugen beschrieben und die damit erreichbare Kompetenzentwicklung bei Kindern, vorrangig im Vorschulalter, vorgestellt.

In dem vorliegenden Band erfolgt zunächst eine detaillierte Beschreibung zum Aufbau und zum Umgang mit den Materialien sowie zu den möglichen Einsatzbereichen. Kernstück sind die beiden Module, wobei sich Modul I aus den einzelnen Reflexionsinstrumenten für Kita-Fachkräfte, zur Erhebung der Perspektiven von Eltern und von Kindern zusammensetzt und Modul II sich auf konkrete Praxisbeispiele bezieht. Eine nähere Vorstellung des Projekts DiKit, die Hintergründe und Vorannahmen, die Zielstellung sowie die einzelnen Forschungsschritte bis hin zur Entwicklung der Materialien sind im Anhang 1 (S. 115) zu finden und können von interessierten Leser*innen dort nachvollzogen werden.

II. Aufbau des Buches und Anwendung der Materialien

Anja Stolakis, Eric Simon, Sven Hohmann, Jörn Borke und Annette Schmitt

1. Grundsätzlicher Aufbau und allgemeine Hinweise

Ein für diese Materialien grundlegender Gedanke ist, dass es nicht darum geht, eine bestimmte Art und Weise des Medieneinsatzes in der Kita zu vertreten und zu vermitteln. Vielmehr geht es darum, einen Umgang mit digitalen Medien zu entwickeln, den die Kita-Fachkraft, das Kita-Team sowie Eltern und Kinder als passend erleben. Die Frage, ob und in welchem Ausmaß welche Medien zum Einsatz kommen, sollte also gemeinsam ausgehandelt werden.

Entsprechend ist das vorliegende Fortbildungsmaterial aufgebaut. Es besteht aus zwei Modulen. Im ersten Modul befinden sich Materialien, in denen die unterschiedlichen Perspektiven von Fachkräften, Eltern und Kindern aufgegriffen werden. Sie ermöglichen die Reflexion der Haltungen, Auffassungen, Sichtweisen und Handlungspraktiken von Fachkräften im Umgang mit digitalen Medien sowie den Zugang zu den Sichtweisen von Eltern und Kindern. Alle drei Perspektiven können ins Verhältnis gesetzt werden, um zu einer abgestimmten Vorstellung über den Umgang mit digitalen Medien in der Kita zu kommen. Im zweiten Modul werden konkrete praktische Anwendungsbeispiele vorgestellt. Die Module sind unabhängig voneinander einsetzbar und im Rahmen von Fortbildungen auch mit ganz anderen Modulen kombinierbar.

Aufbau Modul 1

Im ersten Modul erfolgt zunächst eine theoretische Einbettung. Neben dem Thema Digitalisierung in der Kita werden die Theoriebezüge zum medialen Habitus sowie zur Passung von Vorstellungen und Praktiken der Kita, der Eltern und der Kinder näher ausgeführt.

Im Hauptteil werden die einzelnen Reflexionsmaterialien beschrieben. Ihr Sinn ist es, nicht nur die eigenen Vorstellungen der Fachkräfte zur digitalen Medienbildung in der Kita bzw. des Kita-Teams zu ermitteln, sondern auch die von Eltern und Kindern. Dadurch sollen die Materialien dazu beitragen, das Passungsverhältnis der Perspektiven von Fachkräften, Eltern und Kindern zu ergründen und bei der pädagogischen Planung zu berücksichtigen.

Im Einzelnen handelt es sich um einen *Selbstreflexionsfragebogen* für pädagogische Fachkräfte zur Auseinandersetzung mit eigenen Vorstellungen und Handlungspraktiken sowie Vorbehalten und Überzeugungen im Umgang mit digitalen Medien. Des Weiteren werden ein *Elternfragebogen*, mit dem sich die Vorstellungen und Wünsche der Eltern ermitteln lassen sowie ein *Instrument zur Erhebung der Kinderperspektive* vorgestellt. Als ergänzende Arbeitshilfe wird anhand von *Fallbeschreibungen* verdeutlicht, wie die Ergebnisse der einzelnen Reflexionsinstrumente kombiniert werden und welche möglichen Handlungsschritte sich daraus ergeben können.

Alle einzelnen Reflexionsmaterialien werden in diesem Band genau vorgestellt sowie deren Anwendung und Auswertung präzise beschrieben, um damit einen schnellen Einstieg in die Arbeit zu ermöglichen. Die Ausführungen zu den Materialien im Fließtext haben eine einheitliche Struktur, um die Orientierung zu erleichtern. Jede dieser Ausführungen enthält zunächst eine Beschreibung, in der vorgestellt wird, um welche Art von Material es sich handelt und wie dieses im Forschungskontext entstanden ist. Zudem wird die Zielstellung formuliert. Dabei wird dargestellt, zu welchen Zwecken das Material eingesetzt werden kann und welche Reflexionsprozesse damit angestrebt werden können. Im weiteren Verlauf der Ausführungen wird die konkrete Nutzung und Anwendung beschrieben. Hierbei erfolgt eine detaillierte Anleitung, wie mit dem Material gearbeitet werden kann, wie man den Einsatz vorbereitet und rahmt und wie das jeweilige Material letztlich eingesetzt wird. Auch die jeweilige Auswertung wird in einem weiteren Gliederungspunkt genau beschrieben. Schließlich werden die Einordnung der Ergebnisse und Reflexionsansätze dargelegt. Dies wird anhand exemplarischer Ergebnisse aus dem Projekt veranschaulicht, und es werden Vorschläge für erste Reflexionsfragen unterbreitet, entlang derer die Ergebnisse, die durch den Einsatz des Materials erzielt werden, diskutiert werden können. Die Reflexionsfragen sind als Impuls zu verstehen und können erweitert und ergänzt werden. Hierbei ist auch die Setzung eigener Schwerpunkte möglich. In einem kurzen Ausblick werden Vorschläge gemacht, wie im Anschluss an die Durchführung, Auswertung und Reflexion mit den Diskussionsergebnissen weiter vorgegangen werden kann. Literaturempfehlungen sowie Zusammenfassungen von Inhalten, die am Schluss der einzelnen Inhaltspunkte in Kästen mit der Überschrift *Auf einen Blick* enthalten sind, ermöglichen zudem eine individuelle Arbeitsweise mit diesem Buch. Zusätzlich werden *exemplarische Ablaufpläne* für mögliche Fortbildungen vorgestellt, die Hinweise für die Fortbildner*innen zum Einstieg ins Thema, zu Arbeitsaufträgen an die Teilnehmenden sowie zur Auswertung und Reflexion enthält.

Die einzelnen Instrumente sind im Anhang dieses Buches zu finden. Einige umfangreichere Materialien sind darüber hinaus online abrufbar, unter:

Eine Übersicht, welche Online-Materialien und Anhänge zu den jeweiligen Kapiteln im Buch gehören, können der Tabelle 1 entnommen werden. Es finden sich zudem Vermerke an den entsprechenden Stellen im Text.

Tabelle 1: Übersicht der verfügbaren Materialien

Kapitel	Material im Anhang	Online-Material (Datei-Format)
I. Einleitung	Anhang 1 – Projektvorstellung DiKit	Projektvorstellung DiKit (PDF)
III. 2. Selbstreflexionsbogen	Anhang 2 – Selbstreflexionsfragebogen Anhang 3 – Beschreibung der Fragebogenskalen	Selbstreflexionsbogen (PDF) Auswertungsdatei (xlsx) Methodische Hintergründe des Selbstreflexionsfragebogens (PDF) Schablonen Fachkräfte-Typen (PDF)
III. 3. Elternfragebogen	Anhang 4 – Elternfragebogen	Elternfragebogen (PDF) Auswertungsdatei (xlsx)
III. 4. Instrument zur Erhebung der Kinderperspektive	Anhang 5 – Instrument zur Erhebung der Kinderperspektive auf (digitale) Medien	Instrument zur Erhebung der Kinderperspektive auf (digitale) Medien (PDF)
III. 5. Fallbeschreibungen zur Passung Kita-Eltern-Kinder	Anhang 6 – Fallbeispiele	Fallbeispiele (PDF)
III. 6. Exemplarische Ablaufpläne für Modul I	Anhang 7 – Exemplarische Ablaufpläne	Exemplarische Ablaufpläne (PDF) Foliensatz Fortbildungsmodul (pptx)

Aufbau Modul 2

Im zweiten Modul werden exemplarisch digitale Kommunikations- und Dokumentationsmittel sowie Anregungen zum konkreten Einsatz digitaler Spiel- und Lernwerkzeuge zusammengestellt. Dieses Modul besteht aus mehreren Einheiten, die in Abhängigkeit von der Zielgruppenspezifik kombiniert werden können. In diesem Zusammenhang wird auch berücksichtigt, dass die konkreten Produkte einer permanenten Weiterentwicklung und damit die digitalen Spiel- und Lernwerkzeuge Veränderungen unterliegen und die Verfügbarkeit nicht immer über einen längeren Zeitraum gegeben ist.

In einer einführenden Basiseinheit wird ein Überblick über die Einsatzmöglichkeiten digitaler Medien im Kita-Bereich gegeben. Dazu werden exemplarisch Systeme vorgestellt und die notwendigen technischen Voraussetzungen, die erforderlichen Kompetenzen für die frühpädagogischen Fachkräfte sowie die didaktischen Einsatzmöglichkeiten einführend beschrieben. Darauf aufbauend werden in den Fortbildungseinheiten zu konkreten digitalen Spiel- und Lernwerkzeugen die Fachkräfte an diese Systeme herangeführt. Sie erwerben die notwendigen Kompetenzen, um Kindern an die kreative Nutzung dieser Spielzeuge und informatische Denkweisen zur Problemlösung heranzuführen. Die Fachkräfte werden weiterhin befähigt, Kinder altersangemessen mit den Begriffen der Informatik zur Benennung von Komponenten und Vorgehensweisen vertraut zu machen. Die von den Herstellern der konkreten Systeme bereitgestellten Schulungsmaterialien werden in die Fortbildungseinheiten integriert.

2. Anwendung der Materialien

Was kann mit dem Material erreicht werden?

Kernstück des Materials sind verschiedene Instrumente zur Reflexion der Haltungen und Handlungspraktiken der Fachkräfte, Eltern und Kinder in Bezug auf digitale Medien. Die Analyse der Handlungsweisen der pädagogischen Fachkräfte bildet die Grundlage für die Selbstreflexion (auch gemeinsam im Team) sowie für die Identifikation von Potenzialen und Bedarfen für weitere Fortbildungen. Diese (Selbst-) Sicht der Fachkräfte kann dann zu Kontextfaktoren der Kita (bspw. mediale Ausstattung etc.) und zu Vorstellungen und Wünschen der Eltern und Kinder in Beziehung gesetzt werden.

Das Fortbildungsmaterial ist besonders zum Einstieg in das Thema mit bzw. für Kita-Teams geeignet. Mittels der entwickelten Instrumente kann die Selbstreflexion der Fachkräfte angeregt werden, die für den Einstieg in Entwicklungs- und Veränderungsprozesse wichtig und förderlich ist. Auch können individuelle Stärken, Wünsche, Vorbehalte und Fortbildungsbedarfe erkannt werden. Die Ergebnisse können Ausgangspunkt für die Teamentwicklung in Hinsicht auf den Umgang mit digitalen Medien sein sowie für die Entwicklung eines Medienkonzepts der Kita in Abstimmung mit Eltern und Kindern oder auch für eine weitere Vertiefung im Rahmen von Fortbildungen, die bspw. auf Aspekte der pädagogischen Umsetzung eingehen. Exemplarisch kann die Auseinandersetzung mit digitalen Spiel- und Lernwerkzeuge mithilfe der Praxisbeispiele aus Modul 2 erfolgen.

Wie können die Materialien eingesetzt werden und an wen richten sie sich?

Konkrete Hinweise zur Anwendung werden bei der Vorstellung der einzelnen Materialien gegeben. Zudem werden Durchführungsvorschläge in einem separaten Gliederungspunkt (siehe Kapitel III.6., *Exemplarische Ablaufpläne für Modul 1*, S. 104) ausführlich behandelt, in dem die Abläufe zum Einsatz der Materialien in einer Fortbildung genauer beschrieben werden. An dieser Stelle soll nur kurz angerissen werden, wie die Anwendung grundsätzlich funktioniert, um eine Vorstellung zu den Einsatzmöglichkeiten zu vermitteln.

Die Materialien können in der Art eines Baukastensystems genutzt werden. Das heißt, dass es verschiedene Möglichkeiten der Anwendung gibt. Alle Materialien können gemeinsam als mehrtägige abgeschlossene Fortbildung genutzt werden. Da die Fachkräfte durch den Einsatz der Instrumente in die Lage versetzt werden, zunächst ihren medialen Habitus zu erkennen und zu reflektieren, können darauf aufbauend weitere individuelle oder kitabezogene Entwicklungsschritte bzgl. des Umgangs mit digitalen Medien und/oder weitergehende Fortbildungsbedarfe bestimmt werden. Zudem können die Materialien auch zum Einstieg in Fortbildungsangebote eingesetzt werden, um durch diese die Auseinandersetzung mit der jeweiligen Positionierung der Teilnehmenden zu digitalen Medien zu starten. Weiterhin ist es auch möglich, nur eines der beiden Module oder nur Teile der Module I und II wie eine Art Baukasten zu nutzen.

Durch diese Flexibilität ergeben sich zahlreiche Einsatzmöglichkeiten. So können Fachkräfte oder Kita-Leitungen selbstständig einzelne Instrumente oder ein gesamtes Modul nutzen. Besonders wertvoll für Modul I erscheint allerdings die Anwendung in Teams, sodass hier Orientierungen und Handlungspraktiken auch im Sinne der Teamarbeit zueinander in Beziehung gesetzt und zur Team- oder Organisationsentwicklung genutzt werden können. Weiterhin ergeben sich Nutzungsmöglichkeiten durch Fachberatungen oder Fortbildner*innen, die das Fortbildungsmodul oder Teile davon als Einstieg für weiterführende (andere) Module nutzen und so gezielt an den Bedarfen der Fachkräfte bzw. Kitas ansetzen können. Für den Einsatz von Modul I sind somit verschiedene Szenarien denkbar, bspw.:

- *Szenario 1* – Verschiedene Fachkräfte, die sich nicht kennen, besuchen gemeinsam eine Fortbildung zum Thema „Reflexion zur Digitalisierung in Kitas", in der es darum geht, die eigene Haltung sowie die Erwartungen und Wünsche der Eltern und Kinder zu ermitteln und diese gemeinsam auf ihre Passung zu prüfen. Alle Materialien des Moduls I werden im Detail vorgestellt, die Fachkräfte wenden die Materialien an und zu einem anderen Termin werden diese gemeinsam ausgewertet und besprochen. Eine externe Person ist geschult darin, die Materialien einzusetzen und sie gemeinsam in einer Gruppe zu nutzen und auszuwerten. Die Fachkräfte gehen mit ihrer Auswertung wieder in die Praxis.
- *Szenario 2* – Verschiedene Fachkräfte, Leitungen und/oder Fachberater*innen, die sich nicht kennen, besuchen gemeinsam eine Fortbildung zum Thema „Reflexion zur Digitalisierung in Kitas", in der es darum geht, Instrumente kennenzulernen, mithilfe derer die eigene Haltung, sowie die Erwartungen und Wünsche der Eltern und Kinder in den (eigenen) Kita-Teams ermittelt werden können. Alle Materialien werden vorgestellt, gleichzeitig werden auch die Möglichkeiten zur Auswertung anhand von Beispielen exemplarisch besprochen. Eine externe Person ist in der Anwendung und Auswertung der Materialien geschult und schult nun wiederum ausgewählte Fachkräfte/Leitungen darin, die Materialien selbstständig anzuwenden und auszuwerten, bspw. im eigenen Kita-Team. Sie gehen mit den Materialien nach Hause und sind befähigt, diese einzusetzen.
- *Szenario 3* – Eine interessierte Kita oder Fachkraft kauft sich unabhängig das Buch und kann sich durch eigenständiges Einlesen die Anwendung und Auswertung selbst aneignen (Selbststudium) und sie dann erfolgreich in der eigenen Praxis anwenden bzw. ihr Kita-Team bei der Anwendung unterstützen.

Weitere Szenarien sind denkbar.

II. Aufbau des Buches und Anwendung der Materialien

Um einen möglichst breiten Einsatz zu gewährleisten, werden in Kapitel III.2. – III.4. (S. 31 ff.) alle Instrumente einzeln vorgestellt. Hier finden sich auch detaillierte Hinweise zur Durchführung und Auswertung. Fachkräfte/Leitungen, die die Instrumente eigenständig nutzen wollen, sowie Fortbildner*innen, die andere beim Einsatz der Instrumente anleiten und begleiten wollen, sollten diese Hinweise genau durcharbeiten. Für die Anwendung des Moduls I im Rahmen einer Fortbildung gibt es darüber hinaus Ablaufpläne, welche beispielhaft die Durchführung des gesamten Moduls darstellen. Hierin sind auch konkrete Handlungsempfehlungen enthalten inklusive eines genauen Zeit-/Ablaufplans mit Regieanweisung sowie Reflexionsfragen und Diskussionsimpulsen. Dies soll zur Anregung dienen und kann je nach Kontext, Zielgruppe und Zeitrahmen flexibel angepasst werden.

III. Modul I – Reflexionsmaterialien

Anja Stolakis, Eric Simon, Sven Hohmann, Jörn Borke und Annette Schmitt

1. Theoretischer Hintergrund

Nachfolgend wird zunächst eine theoretische Einführung zu den Themen Digitalisierung in der Kita, medialer Habitus sowie zu den Passungen von Erziehungs- und Bildungspartnerschaften gegeben. Anschließend werden die einzelnen Reflexionsmaterialien – der Selbstreflexionsfragebogen für pädagogische Fachkräfte, der Elternfragebogen sowie das Instrument zur Erhebung der Kinderperspektive – vorgestellt. Anhand von Fallbeschreibungen wird verdeutlicht, wie die Ergebnisse der einzelnen Reflexionsinstrumente kombiniert werden können. Zusätzlich werden exemplarische Abläufe für Fortbildungen dargestellt, um eine Vorstellung zu vermitteln, wie die Materialien in einer Fortbildungsveranstaltung eingesetzt werden können.

Dieses Kapitel soll theoretische Einblicke in das Themenfeld *Digitale Medien in der Kita* geben. Dabei werden einige Grundlagen und Begrifflichkeit in kompakter Form dargestellt. Außerdem enthält das Kapitel zahlreiche Lesetipps, die zur Vertiefung konkreter Themen hilfreich sein können.

a) „Kultur der Digitalität" in der Kita

 „Das Thema Medien polarisiert sehr, deshalb ist die Meinung oft schwarz oder weiß, ohne die Zwischentöne zu beachten."
(Zitat aus einem Expert*inneninterview mit einer Kitaleitung)

Das einleitende Zitat unterstreicht eine wesentliche Erkenntnis, die während der Coronapandemie zusätzlich untermauert wurde: Medien, Medieneinsatz, Medienbildung, informatische Bildung, Digitalisierung, digitale Medien in der Kita sind sehr kontrovers diskutierte Themen. Sie sind es vor allem deshalb, weil die meisten Pädagog*innen einen persönlichen Bezug oder eigene Vorerfahrungen damit verbinden (z. B. durch das Nutzungsverhalten in Bezug auf Smartphones, digitale Sprachassistenten, Spielekonsolen und weiteres im eigenen Haushalt, Eggert, 2019; Friedrichs-Liesenkötter, 2018; Nieding & Klaudy, 2020). Das zeigt wiederum, dass Medien im Alltag und dementsprechend auch im pädagogischen Alltag nicht mehr wegzudenken sind. Hier wird oftmals von einer „Mediatisierung der Gesellschaft" gesprochen (Süss, 2018, S. 1ff.). Das digitale Eingebundensein über Social Media oder über die Musik- und Hörspielwiedergabe des Smartphones bilden dabei nur einen kleinen Teil der digitalen Realitäten ab (Fleischer & Hajok, 2019a; Hepp et al., 2014). Selbst wenn eine Kita über keinerlei digitale Geräte verfügt, bringen mindestens die Kinder ihre Erfahrungen aus dem Elternhaus und aus dem Freundeskreis, medienvermittelte Helden und Identifikationsfiguren usw. mit in die Einrichtungen (gelegentlich wird hier auch der Begriff der „Quasi-Omnipräsenz" von Medien verwendet, Nieding & Klaudy, 2020, S. 32). Allein aufgrund dieser enormen Präsenz digitaler Medien und medialer Inhalte kann von einer „Kultur der Digitalität" in der Kita gesprochen werden (Kratzsch, 2022, S. 47; Stalder, 2016). Darunter vereinen sich die vielfältigen Tendenzen einer begrüßenden Mediennutzung genauso wie die unterschiedlichen Vorbehalte von Kita-Mitarbeiter*innen. Das heißt, die Nutzung digitaler Medien zur Kommunikation mit den Eltern, der medienpädagogische Einsatz von Lernwerkzeugen, die Bedenken der Pädagog*innen aufgrund von erhöhten Bildschirmzeiten und viele weitere Aspekte zeigen die Umgangsweisen und damit die digitale Kultur, die durch die Mitarbeiter*innen der jeweiligen Kita geformt und getragen wird (Kratzsch, 2022; Nieding & Klaudy, 2020).

Ausgehend von dieser *Kultur der Digitalität* sollte berücksichtigt werden, dass es in Kindertageseinrichtungen verschiedene Einsatzbereiche für digitale Medien gibt. Je nach Einsatzmöglichkeit bestehen unterschiedliche Anforderungen, Erwartungen und Kompetenzen, d. h. es ist u. a. zu fragen, ob

(a) es um die Medienbildung der Kinder und den Einsatz medialer Spiel- und Lernwerkzeuge geht (z. B. Computersoftware „Schlaumäuse – Kinder entdecken Sprache")?
(b) digitale Medien eingesetzt werden, um die Bildungs- und Entwicklungsprozesse der Kinder zu beobachten und zu dokumentieren (z. B. digitales Portfolio)?
(c) durch digitale Medien der Austausch und die Vernetzung mit den Familien stattfinden soll (z. B. digitale Aushänge und Kommunikationstools per Kita-App, digitale Dienstpläne)? (Reichert-Garschhammer, 2020)

Für den Alltag der pädagogischen Mitarbeiter*innen ist derzeit die unmittelbare medienpädagogische Arbeit mit dem Kind (Einsatzbereich a) die am häufigsten eingesetzte Variante, wenn es um das Thema digitale Medien in der Kita geht (Reichert-Garschhammer, 2020). Es stellt sich jedoch die Frage, wie Pädagog*innen Medien einsetzen, d. h. ob sie Medien als normalen Bestandteil des Alltags verstehen oder als isoliertes Angebot und den bloßen Einsatz von Geräten. Zu den Gründen und Motiven der Mediennutzung gibt es weitere Informationen im Kapitel III.1.b), *(Medialer) Habitus*, (S. 22). Grundsätzlich gilt, dass die Art und Weise der Mediennutzung durch die Fachkräfte nicht nur entscheidend für die Umsetzung von medienpädagogischen Inhalten ist, sondern vor allem prägend für die Umgangsweise der Kinder mit Medien (Nieding & Klaudy, 2020). Daraus ergeben sich drei Schlüsselfragen:

(1) Was sollen eigentlich die Ziele von Medienbildung in der Kita sein?
(2) Wie könnte Medienbildung in der Kita umgesetzt werden?
(3) Welche Kompetenzen sollten die Pädagog*innen in Bezug auf Medien und Medienbildung mitbringen?

Zu 1. Was sollen eigentlich die Ziele von Medienbildung in der Kita sein?

Die Entwicklung von Medienkompetenzen ist für Kinder entscheidend, um ihre Chancen auf gleichberechtigte Bildung und Teilhabe zu verwirklichen (Ullrich et al., 2020). Denn ausgehend von der selbstverständlichen Nutzung von Medien in unserer Gesellschaft und konkret in der Lebenswelt der Kinder, entstehen auch Erwartungen und Bedarfe, Kompetenzen im Umgang mit Medien zu entwickeln. Gleichzeitig muss, speziell bei Kindern bis zum sechsten Lebensjahr, auch das Risikopotenzial von Medien berücksichtigt werden. In diesem Altersbereich geht es zunächst um Risikoausschluss sowie ein Höchstmaß an Sicherheit im Umgang mit digitalen Medien. Gleichzeitig besteht die Zielstellung darin, Kinder zu einem selbstständigen und verantwortungsvollen Umgang mit Medien zu befähigen. Das heißt, mit zunehmender Kompetenz und zunehmendem Reflexionsvermögen sollte die Verantwortung für das eigene Medienhandeln allmählich an die Kinder übergehen (Croll & Gräter, 2015).

Für die Medienbildung in Kindertageseinrichtungen ergibt auch daraus ein grundsätzlicher *Schutz- und Begleitbedarf* von Kindern im Umgang mit digitalen Medien (Reichert-Garschhammer, 2020). Das Ziel von Medienbildung in der Kita ist, allgemein formuliert, die Vermittlung von Medienkompetenz. Konkret geht es um das Erlernen eines *kritischen*, *selbstbestimmten*, *sozialverantwortlichen* und *kreativen Umgangs* mit Medien (Ullrich et al., 2020). Diese vier wichtigen Punkte lassen sich sehr gut in das folgende Modell zu den Dimensionen von Medienkompetenz einordnen (Abbildung 1).

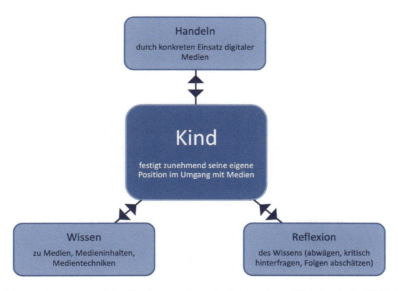

Abbildung 1: Dimensionen von Medienkompetenz (orientiert an: Ullrich et al., 2020, S. 601)

Im Zentrum des Modells steht das Kind mit seinen Einschätzungen, Bewertungen, Vorlieben etc., die für oder gegen bestimmte Medien sprechen. Es findet die Spielekonsole womöglich ganz toll, die Tatsache, dass seine*ihre Eltern oftmals allein ihr Smartphone benutzen, vielleicht weniger. Hieraus entwickelt und festigt das Kind dann eine eigene *Position* im Umgang mit Medien. Diese Position wird immer wieder aktualisiert, indem es neues *Wissen* zu Medien, Medieninhalten, Medientechniken etc. dazugewinnt. Das gewonnene Wissen wird jedoch auch abgewogen, durchdacht, kritisch hinterfragt und mit zunehmender Verantwortung beinhaltet der Punkt *Reflexion* dann auch die Abschätzung von Folgen des Medienhandelns für sich und andere. Auf der Grundlage des Medienwissens, dessen (kritischer) Reflexion und dem entstehenden eigenen Standpunkt handelt das Kind dementsprechend. *Handeln* beschreibt dabei vor allem, wie das Kind Medien nutzt und einsetzt, z. B. kreativ, kommunikativ, spielerisch usw.

Zu 2. Wie könnte Medienbildung in der Kita umgesetzt werden?

Bei der Medienbildung oder generell der digitalen Bildung geht es nicht darum, den pädagogischen Alltag ins Digitale zu übersetzen. Es sollen vielmehr Gelegenheiten geschaffen werden, in denen Kinder selbstbestimmt Medienerfahrungen sammeln können. Andererseits besteht jedoch auch kein Medienzwang, sondern das Medium kann als Instrument im Kita-Alltag eingesetzt werden, wenn die Gelegenheiten es zulassen, sich bieten oder sogar erfordern (Ullrich et al., 2020).

Die nachfolgende Übersicht bietet einen Rahmen für den Einsatz von Medien und kann als Orientierung für den Kita-Alltag genutzt werden. Die Umsetzung der Medienarbeit erfolgt entlang einer *Bildungs- und Hilfefunktion* und gliedert sich in:

(a) Die Schaffung von Strukturen und Gelegenheiten zur Medienbildung: Das schließt vor allem die Anregung zu Prozessen der Medienbildung mit ein. Hierzu zählen etwa die Anschaffung/Nutzung von digitalen Geräten oder auch die Planung von Angeboten/Projekten mit Medienunterstützung [*Bildungsfunktion*].
(b) Die Vermittlung von Kompetenzen im Umgang mit Medien: Das fängt an beim ersten haptischen Ertasten bis hin zu Technikfragen und Themen der Privatsphäre [*Bildungsfunktion*].
(c) Die Wahrnehmung und Bearbeitung erster Probleme im Umgang mit Medien: Hierzu zählen erste Anzeichen eines Suchtverhaltens oder auch mögliche Auswirkungen durch die erhöhte Konfrontation mit medialen Reizen [*Hilfefunktion*].
(d) Die methodische Bearbeitung von Problemen, die im Zusammenhang mit dem Medienhandeln der Kinder auftreten können: Bei exzessivem oder sogar pathologischem Mediennutzungsverhalten ist abzuwägen, welche weiteren Hilfe-Instanzen einbezogen werden sollten [*Hilfefunktion*] (Ullrich et al., 2020).

Zu 3. Welche Kompetenzen sollten die Pädagog*innen in Bezug auf Medien und Medienbildung mitbringen?

Wie bereits betont, haben die Pädagog*innen eine wichtige Vorbildfunktion, wenn es um die Vermittlung digitaler Kompetenzen geht. Angefangen bei ihren eigenen Vorlieben beim Medieneinsatz bis hin zu ihrer *Bildungs- und Hilfefunktion* (siehe weiter oben) bringen sie den Kindern eine bestimmte (Medien-) Umwelt nahe (Fleischer & Hajok, 2019b). Demnach stellt sich die Frage, welche Kompetenzen die Pädagog*innen ihrerseits mitbringen sollten.

Hier lassen sich zunächst zwei grundlegende Varianten digitaler Kompetenz unterscheiden: Einerseits beschreibt digitale Kompetenz die technischen Fertigkeiten einer Person, andererseits zeigt sich digitale Kompetenz darin, dass Personen in einer *Kultur der Digitalität* auf der Grundlage ihrer Fähigkeiten und Fertigkeiten handlungsfähig sind (auch bekannt unter dem Begriff „Digital Literacy", Nieding & Klaudy, 2020, S. 44). Es stellt sich somit die Frage, ob Pädagog*innen gezielt technische Kompetenzen für die Nutzung eines neuen Mediums erwerben müssen oder ob der Gebrauch von Medien für sie selbstverständlich erscheint und ein neues Medium mit dem vorhandenen technischen Verständnis erschlossen werden kann.

III. Modul I – Reflexionsmaterialien

Ausgehend von dem technischen Verständnis, das die Pädagog*innen erwerben oder bereits mitbringen, sollen nachfolgend einige medienbezogene Kompetenzen aufgeführt werden, die eine konkrete Orientierung geben können (z. T. angepasst und orientiert an Reichert-Garschhammer, 2020, S. 48):

(a) Allgemeine Bereitschaft, sich in dem Bereich der digitalen Bildung zu bilden und auch weiterzubilden (*lebenslanges digitales Lernen*).
(b) Zur allgemeinen Bereitschaft zählt auch, den eigenen Umgang mit digitalen Medien zu reflektieren. Hier wäre das Ziel, einen möglichst bewussten Umgang mit Medien zu erreichen, ohne eine persönliche Be- oder Abwertung eines bestimmten Medienumgangs vorzunehmen. Wichtig sind hier die gemeinsame Einordnung und Reflexion des Medienumgangs.
(c) Medienpädagogische Grundlagen kennen (z. B. Kindheit und Kinderrechte in der digitalen Welt, Chancen und Risiken für Kinder bei der Nutzung digitaler Medien, aktuelle Ergebnisse aus der Forschung zur frühen Bildung in der digitalen Welt).
(d) Konkrete Bereitschaft, digitale Medien (Geräte und Anwendungen/Programme) so zu verstehen und zu beherrschen, dass sie im Berufsalltag sicher eingesetzt werden können. Hier können Kinder, Eltern, Kolleg*innen eine wichtige Unterstützung darstellen.
(e) Beispiele zum Einsatz von Medien in der Kita kennen und altersgemäßen Schutz des Kindes bzw. der Kinder berücksichtigen (z. B. Praxisbeispiele zur frühen Medienbildung; gute/angemessene Medien für Kinder auswählen; Sicherheitseinstellungen in technischen Geräten vornehmen)[2].
(f) Reaktionen der Kinder auf die Nutzung digitaler Medien beobachten, bewerten und im Team reflektieren.
(g) Eltern beim Einsatz digitaler Medien aktiv einbeziehen (z. B. eigene Wünsche und Vorbehalte sowie Wünsche und Vorbehalte der Eltern besprechen; die Kommunikation mit den Eltern auf sichere digitale Medien ausweiten).

 Auf einen Blick

„Kultur der Digitalität" in der Kita

Grundsatzfrage: Einsatz von Medien für

(a) unmittelbare pädagogische Arbeit

(b) Beobachtung & Dokumentation

(c) Austausch & Kommunikation?

➢ Zielstellung: Befähigung der Kinder zur Medienkompetenz unter Berücksichtigung ihres *Schutz- und Begleitbedarfs*!

➢ Medienkompetenzen von Fachkräften:

- *Bereitschaft* sich auf das Themenfeld einzulassen
- *Grundlagen* zu Geräten, Inhalten, Sicherheits- und Datenschutzfragen kennen
- Kinder genau *beobachten*, um Medienschutz gewährleisten zu können

---

[2] Das Staatsinstitut für Frühpädagogik (IFP) hat eine Checkliste mit dem Titel „Chancen- und Risikomanagements konkret" herausgegeben. Hier werden neben einer Auswahl an Kindermedien und Altersgrenzen auch Beispiele zur pädagogischen Umsetzung gegeben. Sie können die Checkliste über das Internet abrufen: https://www.ifp.bayern.de/imperia/md/images/stmas/ifp/checklistechancenrisikomanagement_stand_18-10-2021.pdf.

b) (Medialer) Habitus

Im Rahmen der Reflexionsmaterialien erfolgt eine Einordnung der Pädagog*innen in bestimmte Fachkraft-Typen. Jeder Fachkraft-Typ zeichnet sich durch eine ganz bestimmte Art und Weise des Medienhandelns aus. Eine Möglichkeit, um Erklärungen und Gründe für eine bestimmte Art und Weise des Medienhandelns zu finden, liegt in der genaueren Betrachtung und Analyse ihres persönlichen Habitus. Der Begriff des *Habitus* ist ein fester Bestandteil soziologischer Theoriegeschichte und eng mit dem Begriff des *sozialen Feldes* verknüpft. Zusammengenommen beschreiben *Habitus* und *Feld* die Art und Weise des sozialen und kulturellen Miteinanders der Menschen:

(a) *Habitus* als Ausdruck der vielfältigen Lebenserfahrungen, die eine Person von der Geburt bis zum jetzigen Zeitpunkt prägen. Diese Prägungen regen sie dazu an, die Geschehnisse in ihrem Alltag auf eine bestimmte, eben die eingeprägte Art und Weise zu beurteilen. In Folge dieser Vorerfahrungen werden beispielsweise das Denken, das Handeln, das Sprechen, das Schmecken und nicht zuletzt die Haltung einer Person maßgeblich beeinflusst.

(b) *Feld* als Ausdruck dessen, was Personen geschaffen haben und täglich schaffen, angefangen von Gegenständen über Gruppen, Vereine, Organisationen bis hin zu Städten, Staaten, Vereinigungen/Bündnissen usw. All diese Errungenschaften tragen historische Fußspuren in sich, die Menschen und den Umgang der Menschen untereinander geprägt haben und prägen (Bohn & Hahn, 2007; Bourdieu, 2020[1987]; Hahn, 2004).

Auf eine Formel gebracht, bezeichnet der Habitus einer Person also einerseits das Geprägt-sein durch die verschiedenen Personen ihres sozialen Umfeldes (z. B. Familie, Freunde, Kolleg*innen usw.) (a) und andererseits das Geprägt-sein durch Gegenstände (z. B. bestimmte Bücher, Medien usw.) und Institutionen (z. B. Sportvereine, Schulen, den Staat usw.) (b). Kennzeichnend ist, dass einer Person ihr Habitus regelrecht *in den Körper eingeschrieben* ist. Ohne, dass sie sich dessen bewusst ist, beeinflusst der Habitus ihr Wahrnehmen, Denken und Handeln. Der Habitus ist also eine Art *Taktgeber im Hintergrund*, der sich in wiederkehrenden Handlungen zeigt, also Handlungen, die von Routinen[3] und Gewohnheiten geprägt sind. Im Gegensatz dazu stehen Handlungen, die geplant, zielgerichtet, durchdacht und reflektiert stattfinden. Routinen und Gewohnheiten sorgen regelrecht dafür, dass sich bestimmte Handlungsweisen teilweise über Generationen hinweg ähneln und Personen immer wieder die Neigung empfinden, auf diese typische Weise zu handeln, zu denken, zu schmecken usw. (in der Fachliteratur findet man für den Ausdruck des Geneigtseins auch den Begriff der „Disposition", Bourdieu, 2001, S. 23ff.; Meder, 2013, S. 6f.).

Darüber hinaus besteht zwischen Habitus und sozialem Feld ein Wechselverhältnis, d. h. das Feld und die darin handelnden Personen prägen und strukturieren den Habitus einer Person (das Fachwort dafür lautet „strukturierte Struktur"). Andererseits prägen und strukturieren die Personen auch ihr soziales Umfeld sowie die anderen darin handelnden Personen (hier wird von einer „strukturierenden Struktur" gesprochen, Bourdieu, 2020[1987], S. 98ff.).

In der soziologischen Tradition diente der Habitusbegriff vielfach als Erklärungsansatz, um zu analysieren, warum soziale Ungleichheit teilweise mitvererbt wird und sich über mehrere Generationen hinweg aufrechterhalten kann. Auch der Zugang zu Wissen, Bildung oder etwa digitalen Geräten sind nicht für alle Personen gleichermaßen gegeben. Der Habitusbegriff lässt sich also auch auf den vergleichsweisen kleinen Bereich der Nutzung von digitalen Geräten anwenden. Im Rahmen von

---

[3] Mit Routinehandlungen sind Abläufe gemeint, die uns selbstverständlich erscheinen und gewissermaßen automatisch funktionieren, wie z. B.: Das Zähneputzen, die immer gleiche Fahrt mit der Straßenbahn zur Arbeit oder auch einzelne Abläufe, wie etwa der tägliche Gang zur Mittagspause um 12:00 Uhr mit denselben Kolleg*innen.

Habitustheorien schaut man dabei auf das sogenannte Kapitalvermögen[4]. Zugänge und die Möglichkeiten der Nutzung von Medien lassen sich so entlang des Kapitalvermögens von Personen darstellen.

Dabei bilden die finanziellen Möglichkeiten (*ökonomisches Kapital*) nur einen Aspekt ab. Angenommen, eine Person ist geprägt durch ein soziales Umfeld, in dem allgemein eine geringe Finanzkraft besteht (geringes *ökonomisches Kapital*). Sie selbst besitzt, aufgrund ihres ökonomischen Kapitals, keinerlei (oder kaum) digitale Geräte. Dadurch, dass sie vielleicht viele Freunde hat, die Medien besitzen, könnte sie sich diese jedoch ausleihen oder gemeinsam mit den Freunden benutzen. Hier kompensiert die Person also ein geringes *ökonomisches Kapital* mit einem hohen Vermögen an sozialen Beziehungen (*soziales Kapital*). Möglicherweise bekommt sie durch ihr soziales Umfeld auch ein digitales Gerät geschenkt, durch die Lebensumstände in ihrem Elternhaus (geringes *ökonomisches Kapital*) hatte sie jedoch keine Möglichkeit, die Nutzung oder den intuitiven Umgang mit solchen Geräten zu erlernen. Das könnte die Person jedoch dadurch ausgleichen, dass sie sich Wissen, also ein Vermögen im Umgang mit dieser Art von Geräten aneignet (hohes *kulturelles Kapital*). Die verfügbaren Kapitalsorten sind im Grunde ein Gradmesser dafür, was eine Person geprägt hat und welche Position sie in der Gesellschaft einnimmt, also schließlich ein Gradmesser ihres jeweiligen Habitus (Bourdieu, 1983).

Insgesamt darf jedoch keinesfalls angenommen werden, dass Personen mit ähnlichen Lebensläufen identische Habitus hätten, denn trotz zahlreicher Überschneidungen und vergleichbarer Lebensverhältnisse wird der Habitus von jeder Person individuell gelebt (Helsper et al., 2020).

Beispiel

Man denke etwa an den pädagogischen Alltag einer Fachkraft. Sie ist in einem sozialen Feld (z. B. Kindertageseinrichtung) tätig, das sich einerseits durch Gegenstände auszeichnet, die sich z. T. seit Generationen pädagogisch bewährt haben (Kindermöbel, Spiel- und Lernwerkzeuge usw.) und andererseits durch Personen, die mit vielfältigen pädagogischen Erwartungen und Ambitionen (z. B. Kinder, Eltern, andere Mitarbeiter*innen) in die Einrichtung kommen. Die Fachkraft handelt also in einem Umfeld, das schon zu Routinehandlungen einlädt: Das Windelwechseln auf dem Wickeltisch, das Tür- und Angelgespräch, das pädagogische Angebot mit Büchern oder Musikinstrumenten. Sie selbst bringt, durch ihren Habitus und die privaten und beruflichen Stationen ihres Lebenslaufs, bereits einen bestimmten Erziehungsstil mit und prägt dadurch ihr soziales (Um-)Feld. Gleichzeitig erfährt sie jedoch auch durch ihr Umfeld eine Prägung.

Ob eine Fachkraft etwa in den achtziger Jahren oder 2022 ihre Ausbildung absolviert hat, ob sie in einem eher einkommensschwachen oder einkommensstarken Milieu sozialisiert wurde oder ob sie eher musik- oder sportaffin ist – all diese Aspekte können unterschiedliche Prägungen zur Folge haben, die wiederum auch unterschiedliche Denk- und Handlungsweisen sozusagen zur Gewohnheit übergehen lassen. Hinzu kommen dann die Leitlinien der Arbeitsstelle, eine Natur-Kita verfolgt konzeptuell womöglich andere Idealvorstellungen als eine Medien- oder Sport-Kita. Hier zeigt sich also, wie die unterschiedlichen Prägungen aufeinandertreffen und im Umkehrschluss, weshalb eine Fachkraft womöglich geneigt ist, auf eine ganz bestimmte Art und Weise zu handeln.

Bei dem medialen Habitus werden nun die Facetten im Habitus einer Person betrachtet, die konkret auf Medien bezogen sind. Auf Basis ihrer medialen oder auch nicht-medialen Erfahrungen und Prägungen entwickelt jede Person eine für sich typische Art und Weise mit Medien umzugehen. Unser Habitus, also unser *Taktgeber im Hintergrund*, lässt uns dazu neigen, Medien auf eine bestimmte Art

---

[4] Die verschiedenen Kapitalsorten meinen ein Vermögen an: Finanzkraft, sozialen Beziehungen, verinnerlichtem Wissen oder Wissen, das in Form von Gegenständen und Institutionen zum Ausdruck kommt, sowie Ausdrucksmitteln, die eine Person charakterisieren.

und Weise wahrzunehmen, einzuordnen, zu beurteilen, zu bewerten und womöglich dementsprechend zu handeln. Das heißt, die Bedeutung, die Medien und der Medienumgang innerhalb einer Generation, einer Berufsbranche, der Familiengeschichte usw. hatten, nimmt unmittelbar Einfluss darauf, wie und in welchem Umfang Medienhandeln als selbstverständlich, störend, gewinnbringend, überflüssig usw. empfunden wird (Kommer, 2013). Umgekehrt bedeutet dies wiederum, dass ein bestimmter Medienumgang ganz wesentlich auf die Ereignisse innerhalb der Lebensgeschichte einer Person zurückzuführen ist. Möchte man also herausfinden, wo Potenziale für persönliche und berufliche Weiterentwicklungen bestehen, könnte zunächst der mediale Habitus einer pädagogischen Fachkraft analysiert werden.

 Beispiel

Wir denken erneut an den pädagogischen Alltag in Kindertageseinrichtungen und stellen uns vier Fachkräfte vor. Die Fachkräfte 1 und 2 lehnen den Medieneinsatz in der KiTa ab, die Fachkräfte 3 und 4 begrüßen den Einsatz von digitalen Medien. Die ablehnende oder befürwortende Haltung sagt jedoch wenig darüber aus, warum sie diese ablehnen oder befürworten bzw. was mögliche Ursachen dafür sind.

Fachkraft 1 könnte Medien ablehnen, weil sie gänzlich kein Interesse an Medien zeigt. Es wäre nun zu analysieren, warum sie dazu neigt (Stichwort Dispositionen) dieses Desinteresse zu empfinden. Möglicherweise gab es in ihrem Lebenslauf keinerlei Berührungspunkte mit Medien, die ihr Interesse hätten wecken können?

Fachkraft 2 hat ebenfalls eine ablehnende Haltung, hat aber möglicherweise vielfältige Erfahrungen in der Benutzung digitaler Medien. Bei ihr zeigt sich ein erhöhtes Bewusstsein für Datenschutz, das womöglich bereits in der Kindheit habituell geprägt wurde.

Fachkraft 3 nutzt Medien sowohl beruflich als auch privat sehr umfangreich. Über den Datenschutz, etwa bei dem Verschicken von Bildern, macht sie sich jedoch weniger Gedanken. Die Tatsache, dass sie sich eher dem gebotenen Funktionsumfang der Medien als dem technischen Hintergrund zugeneigt fühlt, ist womöglich ebenfalls Ergebnis eines eingeschriebenen Habitus.

Fachkraft 4 setzt gern ausgewählte Medien ein. Beim Einsatz digitaler Medien ist es ihr wichtig, das Medium und dessen Möglichkeiten weitestgehend durchdrungen zu haben und für Belange des Datenschutzes ist sie besonders sensibilisiert. Auch hier findet sich eine Erklärung für ihre Handlungsweisen wahrscheinlich in ihrem Habitus begründet.

Angenommen alle vier Fachkräfte würden sich nun für den Besuch derselben Fortbildung (etwa zum Thema *Digitale Lernwerkzeuge in der Kita*) entscheiden, so kann davon ausgegangen werde, dass sie zunächst mit unterschiedlichsten Voraussetzungen beginnen. In der Folge würde womöglich auch jede Fachkraft die Inhalte unterschiedlich aufnehmen, verstehen, deuten und es stellt sich im Nachhinein die Frage, ob dieses spezifische Thema für alle den erwünschten Lerneffekt hatte.

Eine andere Variante wäre, dass die Pädagog*innen erst einmal die Möglichkeit bekämen, ihren eigenen Habitus zu reflektieren. In Form von Fragen an die eigene Person (z. B. zum Medienhandeln in der Kindheit, zur Medienausstattung im Elternhaus oder zur heutigen Beziehung zu Medien) lernt die Fachkraft zunächst etwas über sich selbst. Mit diesen Anlässen zur Selbstreflexion könnten eigene Stärken, Potenziale, Vorbehalte, aber auch Ängste im Umgang mit digitalen Medien erkennbar und auch interessante Anschlusswege für die persönliche oder berufliche Weiterentwicklung entdeckt werden. Diese Art der Habitusanalyse ließe sich auch gut in weitere Fortbildungen integrieren bzw. auch mit anderen Fort- und Weiterbildungen kombinieren.

> **Auf einen Blick**
>
> **(Medialer) Habitus**
>
> – Habitus: Ausdruck für die *Prägung* einer Person durch vielfältige Lebenserfahrungen
>
> – Prägungen: Beeinflussen Art und Weise des Beurteilens, Denkens, Handelns sowie die *Haltung* einer Person
>
> – Analyse des medialen Habitus: Möglicher Erklärungsansatz für eine bestimmte *Haltung* zu und einem bestimmten Umgang mit Medien

c) Passungen von Erziehungs- und Bildungsvorstellungen vor dem Hintergrund einer Kultur der Digitalität

Im Abschnitt „*Kultur der Digitalität" in der Kita* wurde bereits betont, wie sehr Kinder von Medien/Medieninhalten umgeben und mit diesen konfrontiert sind. Gleiches gilt selbstverständlich auch für die am Erziehungs- und Bildungsprozess beteiligten Eltern und Pädagog*innen. Allein das Smartphone als digitales Endgerät war bereits 2016 in einer umfangreichen Studie des Medienpädagogischen Forschungsverbundes Südwest zu einhundert Prozent in den Elternhäusern vorhanden (Feierabend et al., 2017). Im Rahmen unserer eigenen Studie mit 511 beteiligten Fachkräfte zeigte sich, dass über 95 % der Fachkräfte ein Smartphone nutzen und auch in unseren Interviews wurde es oftmals thematisiert.

Es ist wahrscheinlich auch kein Zufall, dass das Smartphone sowohl für die pädagogischen Mitarbeiter*innen als auch die Elternschaft zentral ist, da es u. a. ein kommunikatives Bindeglied in Erziehungs- und Bildungspartnerschaften darstellen kann. Wohingegen bei dem Thema digitale Medien in der Kita häufig an den unmittelbaren Einsatz digitaler Spiel- und Lernwerkzeuge gedacht wird (siehe Kapitel III.1.a), „*Kultur der Digitalität" in der Kita*, S. 17), steht an der Schnittstelle Kind-Eltern-Pädagog*innen zunehmend der Medieneinsatz in Bezug auf die gemeinsame Kommunikation im Vordergrund.[5] Kommunikation (ob analog oder digital), die transparent und auf Augenhöhe zwischen Kindern, Eltern und Pädagog*innen stattfindet, ist ein zentrales Element für einen gemeinsamen pädagogischen Kurs (Schubert et al., 2018). Hierfür haben sich Formate und Rituale, wie die Eingewöhnungsphase des Kindes, fortlaufende Entwicklungsgespräche, Tür- und Angelgespräche, Elternabende oder auch Kita-Feste in der Praxis bewährt. Diese und weitere Formate müssen jedoch im Kita-Alltag auch proaktiv durchgeführt und gelebt werden, um eine gemeinsame Basis des *Vertrauens* und des *Dialoges* zu schaffen. Diese gemeinsame Basis ist leichter zu erreichen, wenn zwischen Eltern und Fachkräften bereits eine *habituelle Übereinstimmung* besteht (siehe Kapitel III.1.b), *(Medialer) Habitus*, S. 22). Beispiele für habituelle Übereinstimmung wären etwa gemeinsame Erfahrungen und Prägungen durch ein ähnliches oder gleiches soziales Umfeld, das Aufwachsen innerhalb der gleichen Generation, das Besuchen ähnlicher Bildungsinstanzen und -einrichtungen usw. Wenn diese Übereinstimmungen nicht auf den ersten Blick erkennbar werden, dann ist es erforderlich, sich eine gemeinsame Basis des Vertrauens, des Dialogs und der Kooperation zu erarbeiten. Hier gilt: Es lohnt sich, genauer hinzuschauen (Nentwig-Gesemann & Hurmaci, 2020)!

---

[5] Einen aktuellen Überblick zu den verschiedenen Einsatzmöglichkeiten digitaler Zusammenarbeit zwischen Kindern, Eltern und Pädagog*innen finden Sie in dem folgenden Buch: Lepold, Lill & Rittner, 2023, S. 28ff.

Wie lässt sich eine gemeinsame Basis zwischen Eltern, Fachkräften und auch Kindern herstellen?

Wie bereits formuliert, ist der Schlüssel zu gelungener Erziehungs- und Bildungspartnerschaft in erster Linie Kommunikation. Allerdings kommt die Kommunikation zwischen Fachkräften und Eltern im praktischen Kita-Alltag leider häufig zu kurz. Die Hol- und Bringsituationen im hektischen Alltagstrott oder auch ein kurzes Tür- und Angelgespräch lassen oft nur Momentaufnahmen der jeweils anderen Erziehungs- und Bildungspartner*innen zu. In der Folge resultieren daraus teilweise gegenseitige Vermutungen, Zuschreibungen oder sogar Vorurteile. Solche Zuschreibungen fanden sich auch in unseren Interviews mit pädagogischen Fachkräften, wie in diesem Zitat deutlich wird:

„Also da haben unsere Eltern glaub ich gar keine Vorstellungen über Medien, für die ist das Handy ganz wichtig, das sieht man auch oft, wenn die ihre Kinder abholen, wenn die rausgehen, ist das Handy an der Nase und das Kind läuft nebenbei."

(Zitat aus einem Interview mit einer Fachkraft)

Es geht bei dem Zitat nicht darum, ob die Aussage wahr oder falsch ist und sie hätte genauso gut auch von einem Elternteil gegenüber einer Fachkraft geäußert werden können. Das Zitat zeigt jedoch, dass auf der Grundlage des ersten Blicks (charakteristisch durch die Aussagen „glaub ich" oder „das sieht man auch oft") oft vorschnell Vermutungen über eine*n Gegenüber getroffen werden. Womöglich erwartet die Person mit dem Handy gerade eine wichtige Nachricht oder sie will ihrem Kind ein Bild von der Oma zeigen.

An dieser Stelle lohnt sich ein genauerer Blick. Es geht darum, ggf. habituelle Übereinstimmungen zu entdecken, Parallelen und Gemeinsamkeiten zu erkennen oder zumindest ein Minimum an Verständnis, Empathie und Kooperationsbereitschaft im Miteinander aufzubringen. Unseren Erkenntnissen aus der Erprobung der Reflexionsmaterialien zufolge gelingt ein genauerer Blick füreinander über die Schaffung von gemeinsamen Gesprächsanlässen. Diese Gesprächsanlässe passieren jedoch nicht zufällig, sondern benötigen eine konkrete Orientierungsgrundlage. Hierfür können die in diesem Modul vorgestellten Reflexionsinstrumente eingesetzt werden (siehe Kapitel III.2. – III.4., S. 31 ff.). Sie können pädagogische Fachkräfte, Eltern und Kinder dabei unterstützen, ihre jeweiligen (teilweise versteckten) Stärken, Ressourcen, Wünsche und Bedarfe zu erkennen und sich darüber auszutauschen. Womöglich eint Elternteil und Fachkraft eine begründete Berührungsangst vor Geräten, vielleicht entdecken sie Parallelen in ihrer Biografie, derart dass sie in den 80er Jahren vielfach Musik aus dem Radio auf Musikkassetten aufgezeichnet haben oder sie bemerken, dass der Daten-/Kinderschutz beim Einsatz digitaler Medien in der Kita oberste Priorität hat. Vielleicht finden Kinder und Fachkräfte heraus, dass beide am liebsten ein bestimmtes Brettspiel spielen oder dass beide es nicht mögen, wenn bei einer gemeinsamen Unterhaltung eine/r Gesprächspartner*in auf das Smartphone schaut. Bei dem letzten Beispiel ist es sehr gut denkbar, dass der Impuls von dem Kind ausgeht und die Fachkraft das Instrument zur Erhebung mit Kindern nutzt, um solche Impulse der Kinder wahrzunehmen. Umgekehrt wäre es jedoch auch möglich, dass Kinder die Perspektive der Erwachsenen besser verstehen lernen, beispielsweise könnte es in der Situation mit dem Smartphone Ausnahmen geben, wenn etwa ein wichtiger Anruf erwartet wird. Unabhängig von den themenspezifischen Erkenntnissen verhilft der konkrete, strukturierte Austausch dazu, dass die Beteiligten tiefgreifender miteinander kommunizieren und sich besser kennen- und einschätzen lernen.

Was können Erfolge einer gelungenen Erziehungs- und Bildungspartnerschaft sein und wie können digitale Medien dabei unterstützen?

Ausgehend von z. T. sehr unterschiedlichen, vielfältigen Bedürfnissen seitens der Familien und der individuellen konzeptuellen pädagogischen Herangehensweisen der Kita-Mitarbeiter*innen, ist es als großer Erfolg anzusehen, wenn ein vertrauensvolles Miteinander entsteht. Hierbei können auch digitale Medien unterstützen. Nachfolgend sollen einige Eckpunkte aufgeführt werden, mit denen dies erreicht werden kann.

- *Transparenz und Einblicke in den pädagogischen Alltag* gehören zu den größten Bedürfnissen der Elternschaft (Nentwig-Gesemann & Hurmaci, 2020). Die Eltern können während der Kita-Betreuung einen beträchtlichen Abschnitt im Leben ihres Kindes oftmals nicht direkt miterleben und streben nach Informationen und Einblicken. Was erlebt mein Kind den Tag über, welche Bildungsangebote gibt es und warum, und wie agiert mein Kind innerhalb dieser Angebote oder in der Gruppe überhaupt? Diese und weitere Fragen beschäftigen die Elternschaft. Es gilt, „je besser die Familien Einblick bekommen, desto mehr Vertrauen entwickelt sich auch in der Zusammenarbeit" (Lepold, Lill & Rittner, 2023, S. 16). In Form von DSGVO-konformen[6] Kita-Apps zur Dokumentation oder dem Versenden von Fotos und Videos kann die Teilhabe von Familien zusätzlich unterstützt werden. Eltern können etwa pädagogische Herangehensweisen oder Entwicklungsschritte mitverfolgen. Womöglich ergeben sich daraus auch Impulse für vertiefende Gespräche zwischen Pädagog*innen und Eltern oder auch Eltern und Kindern. Das wäre wiederum einem gemeinsamen pädagogischen Kurs zuträglich (Lepold, Lill & Rittner, 2022).
- *Kommunikation und Informationsaustausch am Laufen halten*, beginnt zunächst damit, dass überhaupt Kommunikation zwischen Familien und Pädagog*innen stattfindet. Man denke nur an Zeitdruck und Hektik seitens der Elternschaft und Abhol- und Bringsituationen, die sehr kurzgehalten werden. Oder an Übergabesituationen in Früh- und Spätgruppen, in denen die Bezugspädagog*innen z. T. noch nicht bzw. nicht mehr anwesend sind und ein individueller, kindbezogener Austausch nicht unmittelbar möglich ist. Es geht also bei der Kommunikation immer auch darum, Gelegenheiten zu schaffen, die sowohl den Eltern als auch den Pädagog*innen entgegenkommen und diese Gelegenheiten sind teilweise sehr individuell. Einige Eltern werden durch Aushänge oder Tür- und Angelgespräche erreicht, andere bevorzugen das E-Mail-Format oder fest terminierte Entwicklungsgespräche. Auch hier können digitale Medien einen unterstützenden Beitrag leisten. Angesichts der umfänglichen Nutzung von Smartphones, PC/Laptops oder Tablets stellen diese eine Option dar, um Kommunikation schnell und auf kurzem Weg herzustellen (Kieninger et al., 2020). Man denke hier etwa an die morgendliche Anmeldung, die krankheitsbedingte Abmeldung, die direkte Benachrichtigung aller Eltern beim Ausbruch schwerwiegender Krankheitsbilder per Kita-Apps. Oder die Nutzung von sicheren Kita-Apps für verschiedene Formen von Kommunikation sowie die unmittelbare Teilhabe von Eltern über die digitale Portfolioarbeit. Neben diesen kommunikativen Möglichkeiten können Kita-Apps auch eingesetzt werden, um wichtige Informationen zum Kind jederzeit abrufbar zu haben (z. B. Geburtstage, Liste der Abholkontakte, Allergien usw.). Oder auch, um Barrieren zu reduzieren,

---

[6] Die Datenschutzgrundverordnung (DSGVO) regelt den Umgang mit personenbezogenen Daten und soll zu mehr Selbstbestimmung und Kontrolle persönlicher Daten beitragen. Beispielsweise gibt es den Aspekt des *besonderen Schutzes der Daten von Kindern*, einsehbar unter: https://dsgvo-gesetz.de/erwaegungsgruende/nr-38/. Eine gute Übersicht zu Aspekten des Datenschutzes und Risiken bei Kita-Apps findet sich in der folgenden Expertise: https://www.ifp.bayern.de/imperia/md/content/stmas/ifp/kitaapps_ifp-expertise_auflage_2_august_2021_final.pdf.

indem Gesprächsinhalte in andere Sprachen übersetzt werden oder Unterstützungssysteme für Menschen mit Behinderung (z. B. Apps für Menschen mit Seh- oder Hörbeeinträchtigung, leichte Sprache usw.) per Software implementiert werden (Lepold, Lill & Rittner, 2023).

- *Aktive Teilnahme und Teilhabe der Kinder* ist ein wesentlicher Aspekt, wenn es um die Passung gemeinsamer Interessen, Wünsche und Bedarfe der Erziehungs- und Bildungspartner*innen geht. Am Beispiel der digitalen Medien in der Kita bieten diese einerseits gute Möglichkeiten, um Kinder und auch Eltern aktiv am Kita-Alltag teilhaben zu lassen. So könnten Kinder im Prozess oder bei der Auswahl von Ereignissen/Fotos/Videos aktiv mitgestalten und mitauswählen, was sie mit ihren Eltern teilen möchten. Familien könnten durch digitale Medien wiederum Einblicke in den Kita-Alltag gegeben werden, die Anlässe für vertiefende Gespräche zwischen Eltern und Kindern oder Eltern und Pädagog*innen sein können (Lepold, Lill & Rittner, 2023). Ein anderes Beispiel aus unserer Studie zeigt, wie digitale Medien auch Sprachbarrieren überwinden und zunächst die Teilnahme am Kita-Alltag ermöglichen können:

> „An sich war das Tablet dafür da, um mit dem Kind in den Austausch zu kommen. Das Kind konnte zu dem Zeitpunkt schon recht gut Deutsch, aber hat sich halt wenig getraut zu sprechen und um da einfach diesen Anfang zu haben, um irgendwo reinzukommen, um mit dem Kind was zu machen, war das Tablet halt ganz praktisch. Erstmal haben wir die Bindung übers Tablet aufgebaut, dass wir da das Memory zum Beispiel gespielt haben und dann konnte man das ja aufs klassische Memory projizieren und sagen, wir holen noch jemanden dazu."
>
> (Zitat aus einem Interview mit einer pädagogischen Fachkraft)

Hier eröffnet das Tablet den Zugang zu einem gemeinsamen Spiel zwischen Kind und Fachkraft sowie der Kinder untereinander und kann eine gute Grundlage für die aktive Teilhabe des Kindes darstellen. Neben den Beispielen, bei denen digitale Medien proaktiv eingesetzt wurden, sollte jedoch vorrangig berücksichtigt werden, ob denn bestimmte Medien auch die tatsächliche Realität der Kinder widerspiegeln. So zeigte etwa die miniKIM-Studie von 2020, dass das „drinnen Spielen" (83 %), das „draußen Spielen" (77 %) und das „Buch anschauen" (70 %) bei den 2- bis 5-jährigen Kindern am beliebtesten war. „Hörspiele/Hörbücher/Podcast hören" (35 %), „ein Tablet nutzen" (9 %) oder gar „digitales Spielen" (3 %) wird hingegen von weitaus weniger Kindern tatsächlich genutzt (Kieninger et al., 2020, S. 9).

Das zeigte sich teilweise auch in unserer Studie. Nicht immer ist die Hörspielbox mit entsprechenden Figuren oder bestimmte Apps für Smartphones oder Tabletts wirklich auch das, was Kinder im Moment interessiert. Es gilt also, bei einer gelebten Erziehungs- und Bildungspartnerschaft nicht allgemeine, vermutete Bedarfe oder Ressourcen der Pädagog*innen und Eltern anzunehmen, sondern die tatsächlichen Bedarfe der Kinder wahrzunehmen, zu erfragen und zu dokumentieren, um ein allseits passendes Miteinander im Rahmen von Bildungs- und Erziehungspartnerschaften sicherzustellen.

Auf einen Blick:

Passungen von Erziehungs- und Bildungspartnerschaften vor dem Hintergrund einer „Kultur der Digitalität"

- Ziel: Gemeinsame Basis des *Vertrauens*, des *Dialogs* und der *Kooperation* schaffen
- Ein genauerer Blick: *Habituelle Übereinstimmungen* entdecken – Verständnis, Empathie, Kooperationsbereitschaft im Miteinander aufbringen
- Erfolgsfaktoren: Transparenz und Einblicke in den päd. Alltag – Kommunikation und Informationsaustausch am Laufen halten – Aktive Teilhabe der Kinder

 Lesetipps

- Fischer, L., Stolakis, A., Simon, E., Hohmann, S., Borke, J. & Schmitt, A. (2022). *Digitale Medien in Kindertageseinrichtungen – Perspektiven aus Theorie und Praxis*. Hürth: Carl Link.
- Friedrichs-Liesenkötter, H. (2018). Und das Handy hat sie von der Zahnfee gekriegt – Medienerziehung in Kindertagesstätten unter dem Blickwinkel des medienerzieherischen Habitus angehender Erzieher/innen. In J. G. Brandt, C. Hoffmann, M. Kaulbach, T. Schmidt & B. Barbara (Hrsg.), *Frühe Kindheit und Medien. Aspekte der Medienkompetenzförderung in der Kita* (S. 54–60). Opladen: Budrich.
- Kieninger, J., Feierabend, S., Rathgeb, T., Kheredmand, H. & Glöckler, S. (2020). *miniKIM-Studie 2020 – Kleinkinder und Medien*. Stuttgart: Medienpädagogischer Forschungsverbund Südwest (mpfs). https://www.mpfs.de/studien/minikim-studie/2020/.
- Lepold, M., Lill, T. & Rittner, C. (2023). *Digitale Zusammenarbeit mit Familien in der Kita*. Freiburg: Herder Verlag.
- Reichert-Garschhammer, E., Knoll, S., Helm, J., Holand, G., Lorenz, S., Möncke, U. & Oeltjendiers, L. (2021). *KitaApps – Apps und Softwarelösungen für mittelbare pädagogische Aufgaben in der Kita*. https://www.ifp.bayern.de/imperia/md/content/stmas/ifp/kitaapps_ifp-expertise_auflage_2_august_2021_final.pdf.

d) Fazit

Professionelles Handeln ist die Grundlage für eine adäquate frühe Medienbildung und wird ihrerseits entscheidend durch den medialen Habitus der Fachkraft geprägt. Daraus ergibt sich der Ansatz dieses Moduls, den medialen Habitus im Rahmen von Fortbildungen zu thematisieren und zu reflektieren. Dem Modul liegt die Auffassung zu Grunde, bei der Weiterentwicklung der digitalen Bildung in der Kita am medialen Habitus der Fachkräfte anzusetzen und sie dazu anzuregen, sich diesen bewusst zu machen und zu reflektieren. Rein inhaltsvermittelnde Fortbildungsansätze, ohne diesen selbstreflexiven Anteil, bergen hingegen die Gefahr, dass sie an den Erfahrungen und habituellen Voraussetzungen der Teilnehmenden vorbei konzipiert und durchgeführt werden und die Teilnehmenden nicht erreichen, geschweige denn zu einer Weiterentwicklung der medienpädagogischen Praxis beitragen.

Im Rahmen dieses Fortbildungsmoduls bildet diese Reflexion die Grundlage und ermöglicht zudem die Identifikation von Potenzialen und Bedarfen für weitere Fortbildungen. Durch den Einsatz des Selbstreflexionsfragebogens sollen Fachkräfte in die Lage versetzt werden, zunächst ihren Habitus zu erkennen und zu reflektieren. Die Anregung zur Reflexion der eigenen medienbezogenen Orientierungen und Handlungspraktiken hat zudem das Potenzial, Fachkräfte langfristig dazu zu befähigen, den eigenen medialen Habitus zu dem von Kolleg*innen in Bezug zu setzen und gemeinsam als Team darüber in den Austausch zu kommen, um sich auch konzeptionell mit medienpädagogischen Fragen auseinandersetzen zu können. Zudem können die eigenen Orientierungen und Handlungspraktiken zu Kontextfaktoren der Kita (bspw. mediale Ausstattung etc.), aber auch zu den Vorstellungen und Wünschen der Kinder und Eltern in Beziehung gesetzt werden. Dafür werden Materialien zur Ermittlung der Perspektive von Kindern auf digitale Medien und zur Erfassung der Erwartungen und Bedürfnisse von Eltern zur Verfügung gestellt.

Die einzelnen Reflexionsinstrumente werden nachfolgend detailliert vorgestellt. Sie wurden aus den Erhebungsinstrumenten im DiKit-Projekt entwickelt und in der Praxis erprobt. Projektergebnisse werden ausschnitthaft innerhalb der einzelnen Materialien beschrieben. Diese wurden praxistauglich ausgewählt, um den Umgang mit dem Material zu verdeutlichen. Für die Erhaltung einer Vorstellung vom Einsatz der Materialien, soll in diesem Kapitel zudem beispielhaft die Durchführung des gesamten Moduls dargestellt werden. Dabei werden auch konkrete Handlungsempfehlungen für den Einsatz der Materialien angeführt. Diese sollen zur Anregung dienen und können ja nach Kontext, Zielgruppe und Zeitrahmen flexibel angepasst werden.

2. Selbstreflexionsfragebogen

Material im Anhang	Anhang 2 – Selbstreflexionsfragebogen Anhang 3 – Beschreibung der Fragebogenskalen
Online-Material (Datei-Format)	Selbstreflexionsbogen (PDF) Methodische Hintergründe des Selbstreflexionsfragebogens (PDF) Schablonen Fachkräfte-Typen (PDF)

Beschreibung und Zielstellung des Materials

Die nachfolgende Beschreibung bezieht sich auf den Selbstreflexionsfragebogen, welcher in Anhang 2 (S. 117) und online zu finden ist. Ziel des im Projekt DiKit entwickelten Selbstreflexionsfragebogens ist es, die Auseinandersetzung mit dem eigenen Habitus und/oder den Habitus eines gesamten Kita-Teams zu fördern. Dies geschieht dadurch, dass die Verbindung zwischen dem eigenen (privaten) Medienhandeln und der Nutzung digitaler Medien in der pädagogischen Arbeit transparent gemacht werden soll. Dabei werden nicht nur Facetten der praktischen Umsetzung, sondern auch die dahinterstehenden Vorlieben und Interessen erhoben. Unter anderem ermöglicht dies zu erkennen, ob der Einbezug digitaler Medien in unterschiedlichen Lebensbereichen konträr oder komplementär zueinander verläuft. Zusammenfassend sollen durch die Bestimmung des eigenen medialen Habitus Fachkräfte selbst dazu angeleitet werden, das eigene mediale Handeln zu reflektieren und kausale Zusammenhänge daraus ableiten zu können. Diese neu gewonnenen Erkenntnisse können sowohl im Rahmen der Teamarbeit, aber auch für die Inanspruchnahme gezielter Fort- und Weiterbildungsangebote genutzt werden. Von besonderer Bedeutung dabei ist das Erkennen und Stärken bereits vorhandener Ressourcen im Team, aber auch das Erkennen und Berücksichtigen sowie bei Bedarf auch der Abbau von Barrieren, wie bspw. Ängsten, Sorgen, Vorbehalten sowie eigene Unsicherheiten im Umgang mit digitalen Medien.

Für die Entwicklung des Selbstreflexionsfragebogens wurden Inhalte sowohl aus der Literatur als auch aus der im Projekt DiKit durchgeführten qualitativen Erhebung einbezogen. Die Ausarbeitung der im Fragebogen enthalten Fragen und Skalen erfolgte dabei auf wissenschaftlicher Grundlage quantitativer Forschungsmethoden zur Fragebogenkonstruktion nach Moosbrugger und Kelava (2020). Für die spätere Einordnung der eigenen Ergebnisse ist es wichtig zu wissen, dass im Projekt DiKit eine Normierungsstichprobe erhoben wurde, welche folglich als *Vergleichsstichprobe* bezeichnet wird. Sie liefert die Werte, mit denen die eigenen Ergebnisse verglichen werden können. Die Stichprobengröße wurde so gewählt, dass sie ein möglichst repräsentatives Bild der Berufsgruppe frühpädagogischer Fachkräfte widerspiegelt. Dadurch können im Rahmen der Auswertung und Ergebnisdarstellung Aussagen dahingehend ermöglicht werden, ob jemand in einem bestimmten Merkmalsbereich (im Selbstreflexionsfragebogen als *Skalen* aufgeführt) im Vergleich zum durchschnittlichen Antwortverhalten frühpädagogischer Fachkräfte einen hohen oder geringen Wert hat. Dies hat also den großen Vorteil, dass die eigenen Ergebnisse ins Verhältnis zu einer repräsentativen Vergleichsgruppe gesetzt werden können. Dabei ist es wichtig zu beachten, dass ein über- oder unterdurchschnittlicher Wert nicht per se bedeutet, dass ein bestimmtes Merkmal bei einer Person über- bzw. unterdurchschnittlich ausgeprägt ist, sondern nur im Vergleich zu der Vergleichsstichprobe, die im Projekt erhoben wurde. Ein Vergleich mit einer anderen Stichprobe, die sich bspw. aus Personen aus dem Fachbereich Informatik zusammensetzt, würde mit hoher Wahrscheinlichkeit ganz anders ausfallen. Beispielsweise würde eine geringe Merkmalsausprägung der Skala *Angst*, die aussagt, dass man verglichen mit den frühpädagogischen Fachkräften der Vergleichsstichprobe wenig Angst im Umgang mit digitalen Medien hat, im Vergleich mit Personen aus dem Bereich Informatik vielleicht einem eher durchschnittlichen Wert entsprechen. Daher ist es ein wichtiger Hinweis, dass die Ergebnisse immer im Kontext betrachtet und entsprechend nicht überinterpretiert werden sollten. Weiterführende Informationen über die methodischen Hintergründe können dem Online-Material *Methodische Hintergründe des Selbstreflexionsfragebogens* entnommen werden.

Aufbau des Selbstreflexionsfragebogens

Für ein besseres Verständnis darüber, welche eigenen Wahrnehmungs-, Denk- und Handlungsschemata hinsichtlich des digitalen Medieneinsatzes verinnerlicht wurden, beinhaltet der Selbstreflexionsfragebogen sowohl die Ebene des privaten Medienhandelns als auch die Ebene des Medienhandelns in der pädagogischen Arbeit. Denn wie eine Fachkraft den Einsatz digitaler Medien selbst erlebt und bewertet bzw. wie die eigene Haltung und Einstellung zu digitalen Medien im Rahmen der eigenen pädagogischen Arbeit ist, steht in einem engen Zusammenhang mit der eigenen Biografie. Dabei muss selbst eine privat sehr medienaffine Fachkraft nicht zwangsläufig dem digitalen Medieneinsatz im Rahmen ihrer pädagogischen Tätigkeit befürwortend gegenüberstehen. Die Gründe für oder gegen den Einsatz digitaler Medien sind sehr individuell und aus dem eigenen Erleben heraus meist gut begründet. Für die hierfür benötigten Reflexionsprozesse und die eigene Auseinandersetzung mit diesem Thema soll der Selbstreflexionsfragebogen eine Struktur bieten, die sich über das Erleben in der eigenen Kindheit und Jugend zum privaten Medienhandeln heute bis hin zum Medienhandeln in der pädagogischen Arbeit erstreckt. Wie in der Abbildung 2 dargestellt, besteht der Selbstreflexionsfragebogen insgesamt aus drei Teilbereichen, die sich insgesamt aus 6 Kategorien zusammensetzen und 21 verschiedene Skalen in sich vereinen.

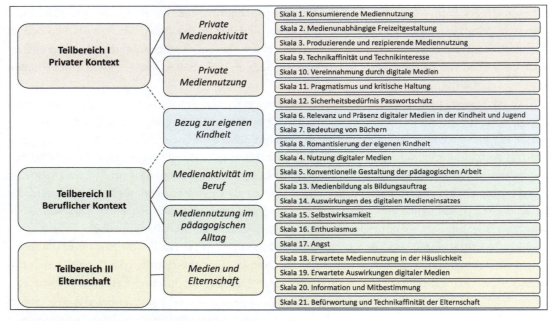

Abbildung 2: Aufbau eines Selbstreflexionsfragebogens[7]

Die drei Teilbereiche beziehen sich zum einen auf den privaten (Teilbereich I) sowie den beruflichen (Teilbereich II) Kontext. Zum anderen werden diese um den Kontext der Elternschaft (Teilbereich III) ergänzt. Während es sich im Hauptteil des privaten und beruflichen Kontextes um ein Selbstbeurtei-

---

[7] Für die Darstellung wurden die Skalen nach ihrer Kontextzugehörigkeit und nicht nach aufsteigender Nummerierung sortiert. Das bedeutet, dass bspw. alle Skalen, die sich auf den privaten Kontext beziehen, zusammen dargestellt werden. Eine ausführliche Übersicht darüber, welche der im Fragebogen enthaltenen Fragen zu der jeweiligen Skala zugeordnet werden, kann dem Anhang 3 (S. 126) – Beschreibung der Fragebogenskalen entnommen werden.

lungsverfahren handelt, schätzen die Fachkräfte im Teilbereich III, in Form eines Fremdbeurteilungsverfahrens, die Perspektive der Elternschaft ein. Die Teilbereiche I und II setzen sich jeweils aus zwei Kategorien zusammen. Der Teilbereich I gliedert sich somit noch einmal in die Kategorien *private Medienaktivität* und *private Mediennutzung*. Während es in den Skalen zur privaten Medienaktivität vorrangig darum geht, selbst einzuschätzen, womit eine Person am liebsten die eigene Freizeit verbringt, geht es in der Kategorie der privaten Mediennutzung darum abzubilden, welche Haltung und Einstellung eine Person über digitale Medien im privaten Bereich hat. Ähnlich ist es im Teilbereich II des beruflichen Kontextes. Auch hier geht es in der Kategorie *Medienaktivität im Beruf* eher darum, welche Medien bevorzugt und gern in der pädagogischen Arbeit eingesetzt werden, also bezogen auf konkrete Anwendungsbereiche, während es in der Kategorie *Mediennutzung im pädagogischen Alltag* ebenfalls eher um die konkrete Haltung und Einstellung bezüglich des digitalen Medieneinsatzes im Rahmen der pädagogischen Arbeit geht. Der zwischen den Teilbereichen I und II stehende *Bezug zur eigenen Kindheit* kann dabei als Schnittmenge beider Teilbereiche verstanden werden. Obwohl die Skalen vorrangig auf den eher privaten Teilbereich in Form des eigenen Erlebens und Verhaltens in der eigenen Kindheit Bezug nehmen, wird davon ausgegangen, dass gerade dieses eigene Erleben maßgeblich damit in Zusammenhang damit stehen könnte, wie eine Person digitale Medien heute erlebt und entsprechend eher befürwortet, diese eher ablehnt oder sowohl Vor- als auch Nachteile in dem Einsatz dieser sieht. Die Skalen selbst haben sowohl in der Abbildung 2 als auch in der zur Verfügung gestellten Auswertungsdatei dieselbe farbliche Kennzeichnung und werden im Folgenden näher beschrieben. Eine ausführlichere Kurzbeschreibung der Skalen kann ebenfalls dem Anhang 3 (S. 126) entnommen werden.

Beschreibung der Fragebogenskalen

Teilbereich I Privater Kontext

Dieser Bereich setzt sich aus den zwei Kategorien *private Medienaktivität* und *private Mediennutzung* zusammen. Bei der Kategorie *private Medienaktivität* wird danach gefragt, womit eine Person am liebsten die eigene Freizeit verbringt. Sie umfasst folgende Skalen:

- Skala 1 Konsumierende Mediennutzung erfasst die eigene Nutzung von digitalen Medien in der Freizeit.
- Skala 2 Medienunabhängige Freizeitgestaltungen erfasst all jene Aktivitäten, bei denen keine digitalen Medien aktiv genutzt oder benötigt werden.
- Skala 3 Produzierende und rezipierende Mediennutzung fragt danach, wie häufig eine Person digitale Medien nutzt, um sich selbst Wissen anzueignen und/oder um selbst aktiv Inhalte mithilfe digitaler Medien zu produzieren.

Bei der *privaten Mediennutzung* werden die Haltung und Einstellung einer Person gegenüber digitalen Medien im privaten Bereich betrachtet. Die Kategorie setzt sich aus den folgenden Skalen zusammen:

- Skala 9 erfasst die subjektiv wahrgenommene Technikaffinität sowie das eigene Technikinteresse.
- Skala 10 erhebt das Ausmaß der selbsterlebten Vereinnahmung durch digitale Medien.
- Skala 11 erhebt, ob und wie pragmatisch bzw. kritisch eine Fachkraft digitalen Medien gegenübersteht.
- Skala 12 erfasst das eigene Sicherheitsbedürfnis im Umgang mit Onlinepasswörtern.

Teilbereich II Beruflicher Kontext

Auch hier finden sich zwei Kategorien. Die *Medienaktivität im Beruf* erhebt, welche Medien bevorzugt in der pädagogischen Arbeit eingesetzt werden und umfasst folgende Skalen:

- Skala 4 Nutzung digitaler Medien erhebt die persönliche Präferenz, digitale Medien in die eigene pädagogische Arbeit einzubeziehen.
- Skala 5 Konventionelle Gestaltung der pädagogischen Arbeit ermöglicht Aussagen darüber, wie gern eine Person auf analoge bzw. nicht internetbasierte Beschäftigungsmöglichkeiten im Rahmen der pädagogischen Tätigkeit zurückgreift.

Die Kategorie *Mediennutzung im pädagogischen Alltag* bezieht sich auf die Haltung und Einstellung bezüglich des digitalen Medieneinsatzes im Rahmen der pädagogischen Arbeit, die damit in Zusammenhang stehen können, ob digitale Medien in der pädagogischen Arbeit eingesetzt werden oder nicht. Hier finden sich folgende Skalen:

- Skala 13 erfasst, inwieweit eine Fachkraft digitale Medienbildung als Teil ihres Bildungsauftrags versteht.
- Skala 14 erhebt die Einstellung zu den möglichen Auswirkungen des digitalen Medieneinsatzes für die kindliche Entwicklung.
- Skala 15 erfasst das eigene Selbstwirksamkeitserleben im Umgang mit digitalen Medien.
- Skala 16 Enthusiasmus erfasst, in welchem Ausmaß eine pädagogische Fachkraft bei der Nutzung digitaler Medien Freude empfindet und wie motiviert sie ist, diese aktiv im beruflichen Alltag zu integrieren.
- Skala 17 bezieht sich auf die selbst wahrgenommenen Ängste im Umgang mit digitalen Medien.

Zwischen den Teilbereichen I und II steht die Kategorie *Bezug zur eigenen Kindheit*, die als Schnittmenge beider Teilbereiche verstanden werden kann. Die Skalen beziehen sich zwar auf einen eher privaten Teilbereich, nämlich das eigene Erleben und Verhalten bezüglich (digitaler) Medien in der eigenen Kindheit, es wird aber davon ausgegangen, dass dieses Erleben maßgeblich in Zusammenhang damit stehen könnte, wie eine Person digitale Medien heute erlebt, welche Vor- und Nachteile sie in dem Einsatz sieht und ob sie digitale Medien eher befürwortet oder eher ablehnt. Hier finden sich die Skalen:

- Skala 6 Relevanz und Präsenz digitaler Medien in der eigenen Kindheit und Jugend erfasst, ob und in welchem Maß digitale Medien in der eigenen Kindheit und Jugend eine Rolle spielten.
- Skala 7 stellt die Bedeutung von Büchern in der eigenen Kindheit und Jugend heraus.
- Skala 8 Romantisierung der eigenen Kindheit erfasst das Erleben der eigenen Kindheit im Unterschied zum heutigen Aufwachsen von Kindern mit Bezug auf digitale Medien.

Teilbereich III Elternschaft

Im Teilbereich III geht es darum, Medieneinsatz und -nutzung der Elternschaft in Form einer Fremdbeurteilung einzuschätzen. Die Ergebnisse können gemeinsam mit den Ergebnissen der Elternbefragung (siehe Kapitel III.3., *Elternfragebogen*, S. 67) interpretiert und eingeordnet werden. Die Kategorie *Medien und Elternschaft* setzt sich aus den folgenden Skalen zusammen:

- Skala 18 erhebt die Einschätzung der Fachkräfte darüber, wie Mediennutzung im häuslichen Umfeld der Kinder stattfindet.
- Skala 19 erfasst die Meinung der Fachkräfte darüber, wie die Elternschaft die Auswirkungen durch den Einsatz digitaler Medien einschätzen würden.
- Skala 20 erhebt die Einschätzung der Fachkräfte darüber, wie die Elternschaft die Information und Mitbestimmung in der Kita erleben.
- Skala 21 erfasst die Sicht der Fachkräfte, wie technikaffin die eigene Elternschaft zu sein scheint bzw. wie aufgeschlossen sie dem Einsatz digitaler Medien gegenüberstehen.

Nutzung des Selbstreflexionsfragebogens im Kita-Kontext und/oder im Rahmen von Fort- und Weiterbildungen

Bei der nachfolgenden Nutzungsempfehlung handelt es sich lediglich um Vorschläge und Anregungen darüber, wie und in welcher Reihenfolge das Instrument des Selbstreflexionsfragebogens in der pädagogischen Praxis genutzt werden kann. Wenn Sie dieses Vorgehen bspw. aus zeitlichen Gründen auf den wesentlichen Teil des Ausfüllens des Fragebogens/der Fragebögen beschränken wollen (Schritt 2), bleibt dies selbstverständlich vollkommen Ihnen überlassen. Die Auswertung selbst wird dadurch nicht beeinflusst.

1. Schritt: Eigene Reflexion vorab

Vor dem Beantworten des Selbstreflexionsfragebogens empfiehlt es sich zunächst, dass jede teilnehmende Person sich selbstständig freie Notizen darüber macht, welche Rolle (digitale) Medien für sie in den entsprechenden Lebensbereichen einnahmen bzw. noch immer einnehmen und wieso dies so ist.

 Lebensbereiche

➤ Lebensbereich I
  - Mediennutzung in der eigenen Kindheit- und Jugend
➤ Lebensbereich II
  - Private Mediennutzung heute
➤ Lebensbereich III
  - Mediennutzung im Rahmen der eigenen pädagogischen Tätigkeit

Für die Beantwortung können zudem die Überlegungen darüber hilfreich sein, welche (digitalen) Medien in den verschiedenen Bereichen mehr oder weniger genutzt wurden bzw. werden und welche Hintergründe diese verschiedenen Präferenzen haben könnten. Die folgenden Reflexionsfragen können dabei helfen, die Notizen zu den einzelnen Lebensbereichen anzufertigen.

Reflexionsfragen

- Welche (digitalen) Medien nutze ich heute am meisten bzw. habe ich in meiner eigenen Kindheit und Jugend am meisten genutzt?
- Welche (digitalen) Medien bevorzuge ich?
- Wofür nutze bzw. nutzte ich (digitale) Medien vorrangig?
- Warum bevorzuge ich die Nutzung bestimmter (digitaler) Medien in verschiedenen Lebensbereichen bzw. warum nicht?
- Welche Rolle spielten bzw. spielen (digitale) Medien für mich in den verschiedenen Lebensbereichen?
- Deckt sich die Nutzung (digitaler) Medien über die verschiedenen Lebensbereiche hinweg oder gibt es dort Unterschiede? Wenn ja, welche?

Die Beantwortung der Reflexionsfragen kann eine Orientierung darüber geben, welche Inhalte in den verschiedenen Lebensbereichen von Interesse sein könnten. Darüber hinaus können, im Sinne der eigenen Reflexion, sehr gerne individuelle Inhalte ergänzt werden, die für Sie von besonderer Bedeutung sind.

2. Schritt: Beantwortung des Selbstreflexionsfragebogens

Nachdem der 1. Schritt abgeschlossen wurde, kann nun der Selbstreflexionsfragebogen ausgegeben und beantworten werden (siehe *Hinweise zur Nutzung und Anwendung des Selbstreflexionsfragebogen*, S. 39).

3. Schritt: Selbstreflexion unter Einbezug der Notizen

Es wird empfohlen, nachdem die Auswertung selbstständig oder durch eine vorab benannte Person erfolgt ist, abschließend die Inhalte der ersten beiden Schritte zusammenzuführen. Durch Hinzunahme der im 1. Schritt angefertigten Notizen und der eigenen Auswertung – insbesondere unter Einbezug der grafischen und schriftlichen Auswertung oder durch Abgleich mit den Schablonen der Fachkräfte-Typen (siehe *Auswertung und Ergebnisdarstellung*, S. 45) – bzw. der Auswertung des Kita-Teams könnten nun exemplarisch folgende Fragestellungen bearbeitet werden:

Reflexionsfragen

- Inwiefern decken sich die Ergebnisse des Selbstreflexionsfragebogens mit der vorab angefertigten Selbsteinschätzung bzw. inwiefern stimmen diese nicht miteinander überein?
- Welche Ergebnisse des Selbstreflexionsfragebogens waren besonders überraschend?
- Inwiefern hat sich der Blick auf Ihr eigenes (digitales) Medienhandeln in Bezug auf mögliche Zusammenhänge im Rahmen der pädagogischen Tätigkeit verändert?
- Wie bewerten Sie die Ergebnisse des Fragebogens für Ihre pädagogische Praxis? Welche Handlungsbedarfe können daraus abgeleitet werden?

Die Ergebnisse des Selbstreflexionsfragebogens und der Fragen zur Selbstreflexion können auch für weitere Reflexionen und Ergänzungen genutzt werden.

4. Optional: Reflexion im Team

Nachdem sich jede Fachkraft selbst mit den eigenen Themen des digitalen Medienhandelns beschäftigt hat, könnte nun die Reflexion im Team erfolgen. Als wichtige Regel sollte dabei beachtet werden, dass jede Person sich im Rahmen eines solchen Austauschformates im eigenen Tempo und nur mit dem, was sie berichten möchte, einbringt (siehe *Hinweise zum Datenschutz*, S. 41). Es empfiehlt sich zudem, vorab eine moderierende Person festzulegen, die auf allgemeingültige Gruppenregeln achtet. Hierzu gehört unter anderem, dass Diskussionen wertschätzend und auf Augenhöhe geführt werden. Dabei kann auch der Hinweis hilfreich sein, dass es im Rahmen des Austausches nicht darum geht, Haltungen und Einstellungen verschiedener Fachkräfte in eine vorab festgelegte Richtung zu verändern. Beispielsweise sollte es nicht Ziel einer solchen Reflexion sein, unabhängig von den teilnehmenden Personen, am Ende ausschließlich medienbefürwortende Fachkräfte im Team zu haben. Insbesondere sehr kritische Fachkräfte können sehr bereichernd dabei sein, Anwendungen und Einsatzbereiche digitaler Medien konstruktiv zu hinterfragen. Demgemäß sollte es vorrangig Ziel einer solchen Reflexion sein, eine offene Gesprächskultur zu schaffen, in der sich jede Person wertfrei äußern kann und möchte. Erst dadurch kann es ermöglicht werden, ein gegenseitiges Verständnis für die individuellen Haltungen und Einstellungen aller Fachkräfte im Team zu entwickeln, denn sie haben zumeist, insbesondere aufgrund eigener biografischer Erfahrungen, gute Gründe. Daher lohnt es sich im Rahmen eines solchen Austauschformates aktiv die Heterogenität eines Teams zu nutzen, um gemeinsam Ressourcen und Potenziale im Team herauszuarbeiten.

5. Optional: Wiederholung der Befragung

Insbesondere dann, wenn Sie den Eindruck haben, dass die erste Anwendung der Selbstreflexionsfragebögen sehr konstruktiv war und im Team daran anschließend Maßnahmen erarbeitet werden konnten, kann die Befragung auch wiederholt durchgeführt werden. Beispielsweise könnte als Ergebnis der ersten Erhebung gemeinsam erarbeitet worden sein, dass Fachkräfte, die Unsicherheiten und Ängste geäußert haben, diese gerne abbauen möchten. In diesem Fall könnten Fachkräftepaare gebildet werden, bestehend aus einer unsicheren und einer sicheren Fachkraft bezüglich des digitalen Medieneinsatzes. Durch eine Heranführung an die digitalen Medien könnte ein Abbau der Unsicherheiten und Ängste erfolgen. Nach einem Jahr könnte ein wiederholter Einsatz der Selbstreflexionsmaterialien genutzt werden, um zu schauen, ob die entsprechenden Unsicherheiten und Ängste abgebaut werden konnten. Im Gegensatz dazu könnte das Ergebnis der gemeinsamen Reflexion aber auch sein, dass Kolleg*innen des Kita-Teams auf der einen Seite sehr gerne digitale Medien in ihrer pädagogischen Arbeit einsetzen, auf der anderen Seite jedoch wenig kritisch im Umgang mit diesen sind und dadurch möglicherweise Risiken des digitalen Medieneinsatzes unterschätzen. Auch hier könnte die Bildung geeigneter Fachkräftepaare die wiederholte Erhebung zur Erfassung von Veränderungen hilfreich sein. Eine andere Einsatzmöglichkeit besteht darin, aus den Ergebnissen der ersten gemeinsamen Erhebung zu schließen, welche Fachkräfte digitale Medien eher sicher und gerne nutzen und welche Fachkräfte eher auf analoge Medien zurückgreifen. Dadurch kann eine ressourcenorientierte Verteilung der Aufgaben innerhalb der Kita erfolgen. Bei einem wiederholten Einsatz des Selbstreflexionsmaterials können Veränderung hinsichtlich der Wünsche und Bedürfnisse, was den Einsatz verschiedenartiger Medien betrifft, erhoben werden.

Auf einen Blick

Selbstreflexionsfragebogen für frühpädagogische Fachkräfte

Zielstellung

Ermöglicht die Auseinandersetzung mit:

➢ dem eigenen medialen Habitus

➢ dem Medienhandeln in der Kita

- den eigenen Wahrnehmungs-, Denk- und Handlungsschemata hinsichtlich des digitalen Medieneinsatzes

Aufbau

➢ Teilbereich I Privater Kontext

- private Medienaktivität
- private Mediennutzung

➢ Teilbereich II Beruflicher Kontext

- Medienaktivität im Beruf
- Mediennutzung im pädagogischen Alltag

➢ Teilbereich III Elternschaft

Nutzung des Selbstreflexionsfragebogens

➢ 1. Schritt – Eigene Reflexion vorab

➢ 2. Schritt – Beantwortung des Selbstreflexionsfragebogens

- keine Zeitbegrenzung, durchschnittliche Beantwortungsdauer 20 Minuten
- Auswertung erfolgt mithilfe der materialbegleitenden Excel-Datei (siehe Online-Material: Auswertungsdatei)
- Werte des Fragebogens in die Tabelle eintragen
- Einzel- oder Team-Auswertung möglich
- Ergebnisdarstellung: tabellarisch, grafisch und schriftlich
- Abgleich darüber, ob die eigene Auswertung einem bestimmten Fachkräfte-Typ ähnelt (Schablonen)

➢ 3. Schritt – Selbstreflexion unter Einbezug der Notizen

➢ 4. Optional – Reflexion im Team

➢ 5. Optional – Wiederholung der Befragung

Hinweise zur Nutzung und Anwendung des Selbstreflexionsfragebogens

Der Selbstreflexionsfragebogen kann sowohl digital über eine zur Verfügung gestellte PDF-Datei (siehe Online-Material: Selbstreflexionsfragebogen) als auch in ausgedruckter Form ausgefüllt werden. Zudem ist der Fragebogen auch in Anhang 2 (S. 117) zu finden. Für die Nutzung der beschreibbaren PDF-Datei sollte vorab geprüft werden, ob die abgegebenen Antworten zuverlässig von der genutzten Software übernommen und gespeichert werden. Für eine zuverlässige Beantwortung wird daher die Nutzung des Acrobat Readers empfohlen, da dieser im Rahmen der Projektphase zuverlässig funktionierte.

Die Instruktionen zum Ausfüllen des Selbstreflexionsfragebogens befindet sich direkt auf dem Fragebogen. Es sollte darauf geachtet werden, dass der Fragebogen vollständig ausgefüllt wird, da die Aussagekraft der automatisch errechneten Summen der Skalenwerte durch das Fehlen von Antworten (Missing-Data) sehr verzerrt und dadurch deutlich vermindert wird. Zudem sollte darauf geachtet werden, dass pro Frage nur eine Antwort abgegeben wird. Sofern der Selbstreflexionsfragebogen in ausgedruckter Form bearbeitet und versehentlich eine falsche Antwort angekreuzt wird, sollte dies so korrigiert werden, dass das irrtümlich angekreuzte Feld vollständig ausgemalt und anschließend die neue Antwort wie üblich angekreuzt wird. Dadurch ist erkennbar, dass es sich hierbei um eine Korrektur handelt. Die ausfüllende Person sollte zudem bei der Beantwortung des Selbstreflexionsfragebogens darauf achten, dass die Fragen intuitiv, also aus dem Bauch heraus, beantwortet werden. Hierbei ist es wichtig zu erwähnen, dass es um die eigene Meinung geht und es daher im gesamten Selbstreflexionsfragebogen keine richtigen oder falschen Antworten gibt.

Nachdem der Selbstreflexionsfragebogen von einer oder mehreren Personen des Kita-Teams beantwortet wurde, müssen die Daten in die kostenfrei zum Download zur Verfügung gestellte Excel-Datei überführt werden (siehe Online-Material: Auswertungsdatei).

Nutzung der Auswertungsdatei (Excel-Datei)

Die Auswertung des Selbstreflexionsfragebogens erfolgt durch Nutzung einer speziell dafür vorgesehenen, materialbegleitenden Auswertungsdatei in Form eines Excel-Dokuments.

Nachdem Sie die Datei geöffnet haben, sehen Sie auf dem ersten Tabellenblatt zunächst die Eingabemaske, in die Sie alle Fragebögen übertragen können (siehe Abbildung 3). Dieses Tabellenblatt ist dasjenige, in das Sie selbst in die farbig unterlegten Zellen (Kästchen) die jeweiligen Werte des Selbstreflexionsfragebogens bzw. der Fragebögen eintragen müssen. Alle weiß oder grau hinterlegten Zellen sind nicht zur Veränderung vorgesehen und können daher nicht bearbeitet bzw. verändert werden (die Zellen sind vor Änderungen geschützt, damit im Rahmen der Nutzung durch versehentliche Änderungen die Funktionalität der Excel-Datei keinesfalls beeinträchtigt werden kann).

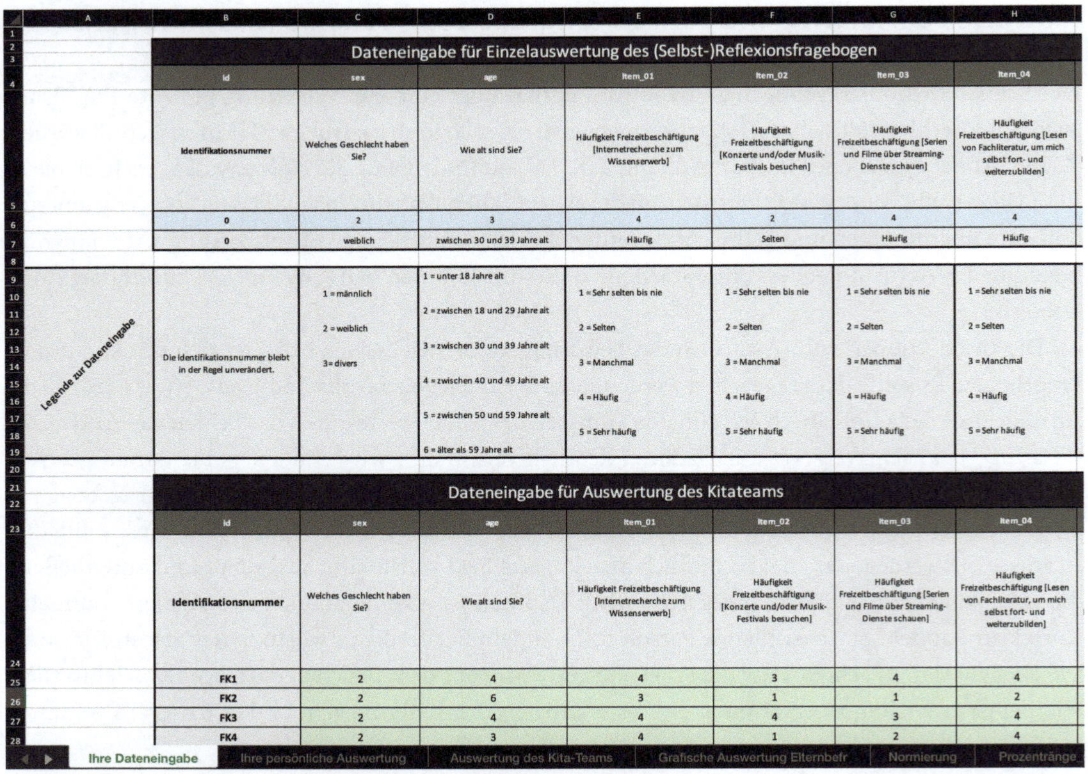

III. Modul I – Reflexionsmaterialien

Abbildung 3: Allgemeine Übersicht der Auswertungsdatei

Im Anschluss können Sie mithilfe der unten zu sehenden Reiter zwischen den verschiedenen Tabellenblättern hin und her wechseln. Neben dem Tabellenblatt *Ihre Dateneingabe*, in dem Sie die Werte der Fragebögen eintragen, sind für die Auswertung die nachfolgenden drei Tabellenblätter *Ihre persönliche Auswertung*, *Auswertung des Kita-Teams* und *Grafische Auswertung der Elternbefragung* von Bedeutung (siehe Abbildung 4). Alle weiteren Tabellenblätter sind ausschließlich für die Funktionalität des Dokuments von Bedeutung, für Sie jedoch vernachlässigbar.

Abbildung 4: Übersicht der Tabellenblätter in der Auswertungsdatei

Für die Dateneingabe müssen nicht die angegebenen Antworten in Textform eingetragen werden, sondern wie in Abbildung 5 (S. 41) zu sehen lediglich die dazugehörigen Zahlenwerte. Unter bzw. zwischen den Tabellen zur Einzelauswertung des Selbstreflexionsfragebogens, der Dateneingabe der Selbstreflexionsfragebögen des Kita-Teams sowie der Dateneingabe der Elternfragebögen finden sie jeweils eine Legende, aus der hervorgeht, welche Zahl welcher Antwort entspricht. Die Legende für die Einzelauswertung des Selbstreflexionsfragebogens sowie der Selbstreflexionsfragebögen des Kita-Teams ist identisch, weil sich die Tabellen lediglich darin unterscheiden, ob Sie einen Fragebogen oder mehrere Fragebögen eingeben wollen.

III. Modul I – Reflexionsmaterialien

id	sex	age	Item_01	Item_02
Identifikationsnummer	Welches Geschlecht haben Sie?	Wie alt sind Sie?	Häufigkeit Freizeitbeschäftigung [Internetrecherche zum Wissenserwerb]	Häufigkeit Freizeitbeschäftigung [Konzerte und/oder Musik-Festivals besuchen]
0	2	3	4	1
0	weiblich	zwischen 30 und 39 Jahre alt	Häufig	Sehr selten bis nie

| Legende zur Dateneingabe | Die Identifikationsnummer bleibt in der Regel unverändert. | 1 = männlich
2 = weiblich
3 = divers | 1 = unter 18 Jahre alt
2 = zwischen 18 und 29 Jahre alt
3 = zwischen 30 und 39 Jahre alt
4 = zwischen 40 und 49 Jahre alt
5 = zwischen 50 und 59 Jahre alt
6 = älter als 59 Jahre alt | 1 = Sehr selten bis nie
2 = Selten
3 = Manchmal
4 = Häufig
5 = Sehr häufig | 1 = Sehr selten bis nie
2 = Selten
3 = Manchmal
4 = Häufig
5 = Sehr häufig |

Abbildung 5: Dateneingabe in der Auswertungsdatei

In Abbildung 6 ist noch einmal exemplarisch die Tabelle der Dateneingabe für das Kita-Team zu sehen. Die in der linken grau unterlegten Spalte aufgeführten Bezeichnungen FK1, FK2, …, FK9, … stehen für Fachkraft 1, Fachkraft 2, etc. Jede Zeile steht entsprechend für einen einzutragenden Fragebogen (von links nach rechts).

| Legende zur Dateneingabe | Die Identifikationsnummer bleibt in der Regel unverändert. | 1 = männlich
2 = weiblich
3 = divers | 1 = unter 18 Jahre alt
2 = zwischen 18 und 29 Jahre alt
3 = zwischen 30 und 39 Jahre alt
4 = zwischen 40 und 49 Jahre alt
5 = zwischen 50 und 59 Jahre alt
6 = älter als 59 Jahre alt | 1 = Sehr selten bis nie
2 = Selten
3 = Manchmal
4 = Häufig
5 = Sehr häufig | 1 = Sehr selten bis nie
2 = Selten
3 = Manchmal
4 = Häufig
5 = Sehr häufig |

Dateneingabe für Auswertung des Kitateams

id	sex	age	Item_01	Item_02
Identifikationsnummer	Welches Geschlecht haben Sie?	Wie alt sind Sie?	Häufigkeit Freizeitbeschäftigung [Internetrecherche zum Wissenserwerb]	Häufigkeit Freizeitbeschäftigung [Konzerte und/oder Musik-Festivals besuchen]
FK1	2	4	4	3
FK2	2	6	3	1
FK3	2	4	4	4
FK4	2	3	4	1
FK5	2	5	4	1
FK6	2	6	4	1
FK7	2	3	4	1
FK8	2	5	2	2
FK9	2	6	3	1

Abbildung 6: Dateneingabe der Selbstreflexionsfragebögen des Kita-Teams

Hinweise zum Datenschutz

Es ist nicht vorgesehen, Namen in der Tabelle einzutragen. Daher ist keine Namensspalte vorgesehen. An dieser Stelle wird ausdrücklich empfohlen, eine Befragung mit mehreren Personen stets anonym durchzuführen, unabhängig ob der Selbstreflexionsfragebogen im Rahmen einer Fort- und Weiterbildung oder in einem kleinen bzw. großen Kita-Team durchgeführt wird. Zum einen gelten die

Daten von Fragebögen, die sich auf eigene Haltung, Perspektiven und Einstellungen beziehen, als sehr sensibel, zum anderen können so Verzerrungen vermieden werden, falls eine Person dazu neigt, ihr Antwortverhalten zu verändern, wenn sie weiß, dass ihr ihre Antworten zugeordnet werden können (auch im Sinne dessen, was sozial erwünscht sein könnte und was nicht). Für die Arbeit im Kita-Team, wenn jede Person die eigene Auswertung kennen soll, sollte daher jede Person selbst ihren Selbstreflexionsfragebogen durch Nutzung der Tabelle für die Einzelauswertung eingeben und automatisch auswerten lassen. So können die persönlichen Auswertungen zu einem Arbeitstreffen selbstständig mitgebracht werden, sodass jede Person im Rahmen der gemeinsamen Arbeit selbst darüber entscheiden kann, welche Informationen sie mit Kolleg*innen des Kita-Teams teilen möchte und welche nicht.

Sofern nicht jede Fachkraft ihren Bogen selbstständig auswertet und eine Person alle Fragebögen bspw. des gesamten Teams auswerten möchte oder die Erhebung im Rahmen einer Veränderungsmessung durchgeführt wird, kann für die Dokumentation der Codierungsschlüssel aus Anhang 2 (S. 117) verwendet werden. Durch Nutzung der Codierung ist es Dritten nicht möglich zuzuordnen, welche Fachkraft welchen Selbstreflexionsfragebogen ausgefüllt hat. Somit wird es ermöglicht, dass alle Fragebögen zunächst gemeinsam ausgewertet werden können. Die Auswertungen können anschließend ausgedruckt oder digital zur Verfügung gestellt werden. Der Vorteil ist, dass die Auswertung durch Nutzung der Codierung einem Selbstreflexionsfragebogen zugeordnet werden kann, jedoch durch Dritte keiner einzelnen Fachkraft – denn nur die Person selbst kennt ihren eigenen Code. Im Anschluss können die Fragebögen an einem Ort hinterlegt oder digital zur Verfügung gestellt werden, sodass sich jede Fachkraft anhand der eigenen Codierung die persönliche Auswertung ansehen bzw. diese entnehmen kann.

Die Dateneingabe bzw. die Umcodierung vom Antwortformat in Textform in das einzutragende Zahlenformat folgt immer der gleichen Logik der Leserichtung von oben nach unten bzw. von links nach rechts. Das bedeutet, dass die Antworten der allgemeinen Angaben, in denen die Antworten von oben nach unten aufgeführt sind (siehe Abbildung 7) auch von oben beginnend mit 1, 2, 3 codiert sind. Wie in Abbildung 7 zu sehen, müsste folglich in die Auswertungsdatei in der Tabellenspalte des Geschlechts der Zahlenwert 2 und in der Tabellenspalte des Alters der Zahlenwert 3 eingetragen werden. Gleichzeitig werden, wie in Abbildung 8 (S. 43) dargestellt, die Antworten im restlichen Teil des Fragebogens von links nach rechts immer beginnend mit 1 codiert. Somit würde hier in die Tabelle der Dateneingabe für die Frage 1 der Wert 5 eingetragen werden, für die Frage 2 der Wert 2, für Frage 3 der Wert 1 und für Frage 4 der Wert 4. Als letztes Beispiel verdeutlicht Abbildung 9 (S. 43) noch einmal die Codierung für ein 4-stufiges Antwortformat, bei dem Frage 72 den Wert 2, Frage 73 den Wert 3 und Frage 74 den Wert 4 in der Eingabemaske der Auswertungsdatei erhalten würde.

Allgemeine Angaben

Welches Geschlecht haben Sie?
○¹ männlich
⊗² weiblich
○³ divers

Wie alt sind Sie?
○¹ unter 18 Jahre alt
○² zwischen 18 und 29 Jahre alt
⊗³ zwischen 30 und 39 Jahre alt
○⁴ zwischen 40 und 49 Jahre alt
○⁵ zwischen 50 und 59 Jahre alt
○⁶ Älter als 59 Jahre alt

Abbildung 7: Erstes Beispiel für Dateneingabe – Geschlecht und Alter

III. Modul I – Reflexionsmaterialien

Private Medienaktivität

Es folgen ein paar allgemeine Fragen zu Ihrer eigenen Ausstattung, Vorlieben und Nutzungsweise von (digitalen) Medien. Bitte kreuzen Sie jeweils nur eine Antwort an.

	Bitte schätzen Sie ein, wie häufig sie sich in Ihrer Freizeit mit den nachfolgenden Dingen beschäftigen?	Sehr selten bis nie	selten	manchmal	häufig	sehr häufig
01	Internetrecherche zum Wissenserwerb	○¹	○²	○³	○⁴	⊗⁵
02	Konzerte und/oder Musik-Festivals besuchen	○¹	⊗²	○³	○⁴	○⁵
03	Serien und Filme über Streaming-Dienste schauen	⊗¹	○²	○³	○⁴	○⁵
04	Lesen von Fachliteratur, um mich selbst fort- und weiterzubilden	○¹	○²	○³	⊗⁴	○⁵

Abbildung 8: Zweites Beispiel für die Dateneingabe – Private Medienaktivität

	Bitte wählen Sie die zutreffende Antwort für jeden Punkt aus	Stimme gar nicht zu	Stimme eher nicht zu	Stimme eher zu	Stimme vollkommen zu
72	Ich finde es gut, wenn digitale Medien bis zum Schuleintritt für Kinder noch keine Rolle spielen.	○¹	⊗²	○³	○⁴
73	Die beste Art Kindern einen behutsamen Umgang mit digitalen Medien beizubringen, ist es, diese auch in der pädagogischen Arbeit einzusetzen.	○¹	○²	⊗³	○⁴
74	Jedem technikinteressierten Kind sollte die Möglichkeit geboten werden, das Wissen in der Kita weiter zu vertiefen.	○¹	○²	○³	⊗⁴

Abbildung 9: Drittes Beispiel für die Dateneingabe – Mediennutzung im pädagogischen Alltag (4-stufiges Antwortformat)

Besonderheiten und Spezifikationen der Auswertungsdatei

In die vorgesehenen Zellen zur Dateneingabe können nur die Zahlenwerte eingetragen werden, die für die jeweilige Frage möglich sind. Beispielsweise können bei einem 3-stufigen Antwortformat, wie der Frage zu dem Geschlecht auch nur die Zahlenwerte 1 bis 3 eingegeben werden. Sofern, wie in Abbildung 10 und Abbildung 11 (S. 44) veranschaulicht, versehentlich ein anderer Zahlenwert oder Buchstabe in die Zelle eingetragen wurde, handelt es sich um eine *fehlerhafte Eingabe* und die Zelle wird automatisch mit einer roten Markierung hervorgehoben. Dadurch soll die Wahrscheinlichkeit vermindert werden, dass versehentlich ein falscher Wert eingetragen wird bzw. erleichtert es abschließend, einen falsch eingetragenen Wert in der Tabelle wiederzufinden und durch einen gültigen Wert zu ersetzen.

III. Modul I – Reflexionsmaterialien

id	sex	age
Identifikationsnummer	Welches Geschlecht haben Sie?	Wie alt sind Sie?
0	eingegebener Text	7
0	Bitte gültigen Wert eingeben	Bitte gültigen Wert eingeben

Die Identifikationsnummer bleibt in der Regel unverändert.	1 = männlich 2 = weiblich 3= divers	1 = unter 18 Jahre alt 2 = zwischen 18 und 29 Jahre alt 3 = zwischen 30 und 39 Jahre alt 4 = zwischen 40 und 49 Jahre alt 5 = zwischen 50 und 59 Jahre alt 6 = älter als 59 Jahre alt

Abbildung 10: Fehlerhafte Eingabe – Dateneingabe der Einzelauswertung

Die Identifikationsnummer bleibt in der Regel unverändert.	1 = männlich 2 = weiblich 3= Divers	1 = unter 18 Jahre alt 2 = zwischen 18 und 29 Jahre alt 3 = zwischen 30 und 39 Jahre alt 4 = zwischen 40 und 49 Jahre alt 5 = zwischen 50 und 59 Jahre alt 6 = Älter als 59 Jahre alt	1 = Sehr selten bis nie 2 = Selten 3 = Manchmal 4 = Häufig 5 = Sehr häufig

Dateneingabe für Auswertung des Kitateams			
id	sex	age	Item_01
Identifikationsnummer	Welches Geschlecht haben Sie?	Wie alt sind Sie?	Häufigkeit Freizeitbeschäftigung [Internetrecherche zum Wissenserwerb]
FK1	eingegebener Text	7	5
FK2	2	3	4
FK3	2	5	4
FK4	2	5	5

Abbildung 11: Fehlerhafte Eingabe – Dateneingabe des Kita-Teams

Darüber hinaus enthält das Tabellenblatt der Auswertung des Kita-Teams unter der automatisch ausgegebenen grafischen Auswertung auch noch einmal den Hinweis, wie viele vollständige Fragebögen in die Auswertung einbezogen wurden und zudem, wie viele Fragebögen unvollständig ausgefüllt wurden oder mindestens einen fehlerhaften Wert enthalten (siehe Abbildung 12). Es wird empfohlen, fehlerhafte oder unvollständige Fragebögen zu korrigieren bzw. zu vervollständigen oder, sofern dies nicht möglich ist, sie von der Befragung auszuschließen (aus der Tabelle zu löschen), da der Einschluss dieser zu Verzerrungen in der Auswertung führen könnte.

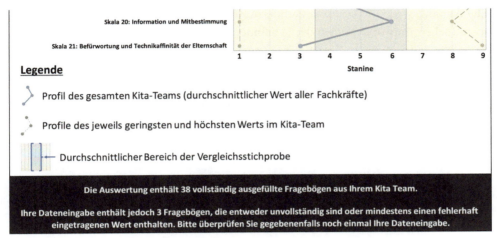

Abbildung 12: Hinweis auf Vollständigkeit – Auswertung des Kita-Teams

Auswertung und Ergebnisdarstellung

Nachdem ein einzelner Selbstreflexionsfragebogen oder die Fragebögen eines Kita-Teams eingegeben wurden, generiert sich automatisch unter den entsprechenden beiden Tabellenblättern *Ihre persönliche Auswertung* oder *Auswertung des Kita-Teams* in der Auswertungsdatei die Ergebnisdarstellung (siehe Abbildung 13).

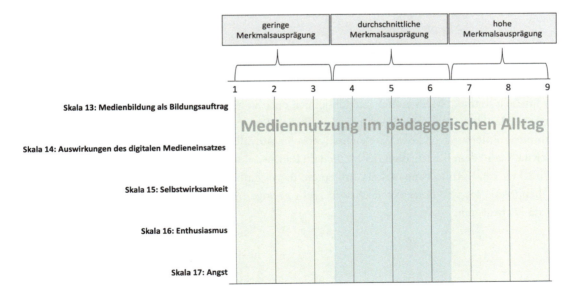

Abbildung 13: Ergebnisdarstellung und Stanine-Werte

Die Ergebnisse des Selbstreflexionsfragebogens werden mithilfe von sogen. *Stanine-Werten* ausgegeben. Das bedeutet, dass die Ergebnisse aller 21 Skalen des Selbstreflexionsfragebogens immer einen Wert von 1 bis 9 annehmen können. Das bietet den Vorteil, dass die Ergebnisse immer einheitlich veranschaulicht werden und somit schnell zu erfassen sind. Für die Auswertung ist es dabei hauptsächlich wichtig zu wissen, dass auf der 9-stufigen Skala die Werte 1, 2 und 3 auf eine geringe Merkmalsausprägung in der jeweiligen Skala hinweisen, die Werte 4, 5 und 6 auf eine durchschnittliche Merkmalsausprägung und die Werte 7, 8 und 9 auf eine hohe Merkmalsausprägung. Zur Erinnerung: Die ermittelten Werte stellen immer den Bezug zu der im Projekt erhobenen Vergleichsstichprobe her (siehe Anhang 3, S. 117). Dadurch kann ermittelt werden, wie eine Person im Vergleich zum durchschnittlichen Antwortverhalten der 511 einbezogenen Personen im Rahmen der Normierung geantwortet hat – also, ob sie im Vergleich dazu eine geringe, eine hohe oder eine dem Durchschnitt entsprechenden Wert in einer bestimmten Skala hat. Der durchschnittliche Bereich (die durchschnittliche Merkmalsausprägung, Skala 4–6,) ist in der Ergebnisdarstellung immer in der Mitte dargestellt und wird mit einer hellblauen Markierung noch einmal hervorgehoben (siehe Abbildung 13, S. 45). Alle Werte, die links von diesem Bereich zu finden sind, entsprechen einer geringen Merkmalsausprägung und alle abgebildeten Werte, die rechts von dieser hellblau unterlegten Markierung sind, entsprechen einer hohen Merkmalsausprägung.

Zusammenfassend können die Stanine-Werte im Vergleich zur Vergleichsstichprobe wie folgt eingeordnet werden:

- Stanine Werte 1 und 2 = sehr geringe Merkmalsausprägung
  (89 % der Vergleichsstichprobe haben höhere Werte)
- Stanine Wert 3 = leicht unterdurchschnittliche Merkmalsausprägung
  (77 % der Vergleichsstichprobe haben höhere Werte)
- *Stanine Werte 4 bis 6 = durchschnittliche Merkmalsausprägung*
  (in diesem Bereich befinden sich 54 % aller befragten Personen der Vergleichsstichprobe)
- Stanine Wert 7 = leicht überdurchschnittliche Merkmalsausprägung
  (77 % der Vergleichsstichprobe haben niedrigere Werte)
- *Stanine Werte 8 und 9 = sehr hohe Merkmalsausprägung*
  (89 % der Vergleichsstichprobe haben niedrigere Werte)

Die in Abbildung 14 (S. 47) exemplarisch dargestellten Werte einer Fachkraft (oder des gesamten Kita-Teams) würden bedeuten, dass eher die Ansicht vertreten wird, dass Medienbildung ein Teil des Bildungsauftrages ist (Skala 13). Dennoch scheint gleichzeitig die Meinung zu bestehen, dass der Einfluss digitaler Medien nicht ausschließlich positive Aspekte mit sich bringt – auch wenn sich der Wert der Skala 14 hierbei im durchschnittlichen Bereich befindet – also in dem am häufigsten verbreiteten Meinungsbild der Vergleichsstichprobe. Auffällig hingegen ist, dass die Fachkraft (oder das Kita-Team) dem Einsatz digitaler Medien im Rahmen ihrer pädagogischen Arbeit mit überdurchschnittlich viel Enthusiasmus (Skala 16), einem damit einhergehenden hohen Selbstwirksamkeitserleben (Skala 15) und einer vergleichsweise sehr geringen Merkmalsausprägung im Bereich Angst (Skala 17) begegnet.

III. Modul I – Reflexionsmaterialien 47

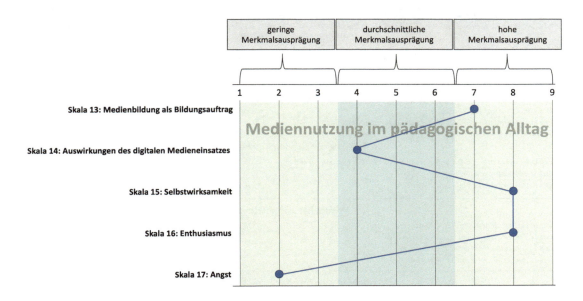

Abbildung 14: Beispiel der Ergebnisinterpretation der Stanine-Werte

Das Tabellenblatt der Auswertung gliedert sich in drei Bereiche. Diese drei Bereiche setzen sich zusammen aus einer tabellarischen, einer grafischen und einer schriftlichen Auswertung.

Aus der *tabellarischen Auswertung* kann für jede Skala der entsprechend errechnete Skalensummenwert entnommen werden. Der Skalensummenwert allein ist allerdings wenig aussagekräftig. Neben dem automatisch errechneten Skalensummenwert ist der dazugehörige Prozentrang angegeben. Dieser gibt Auskunft darüber, wie viele Personen eine niedrigere bzw. höhere Merkmalsausprägung in der jeweiligen Skala haben. Entscheidend ist in dieser Tabelle jedoch der Stanine-Wert, da dieser der finalen Interpretation am ehesten dienlich ist (siehe Abbildung 15, S. 48).

Skala	Ihr erreichter Skalensummenwert	Prozentrang	Stanine-Wert
Private Medienaktivität			
Skala 1: Konsumierende Mediennutzung	19	78,2	7
Skala 2: Medienunabhängige Freizeitgestaltung	11	15,9	3
Skala 3: Produzierende und rezipierende Mediennutzung	23	97,2	9
Medienaktivität im Beruf			
Skala 4: Nutzung digitaler Medien	39	97,7	9
Skala 5: Konventionelle Gestaltung der pädagogischen Arbeit	45	98,2	9
Bezug zur eigenen Kindheit			
Skala 6: Relevanz und Präsenz digitaler Medien in der Kindheit und Jugend	16	32,6	4
Skala 7: Bedeutung von Büchern	12	84,8	7
Skala 8: Romantisierung der eigenen Kindheit	27	80,2	7
Private Mediennutzung			
Skala 9: Technikaffinität und Technikinteresse	22	97,0	9
Skala 10: Vereinnahmung durch digitale Medien	11	67,5	6
Skala 11: Pragmatismus und kritische Haltung	4	3,2	1
Skala 12: Sicherheitsbedürfnis Passwortschutz	6	38,0	4
Mediennutzung im pädagogischen Alltag			
Skala 13: Medienbildung als Bildungsauftrag	31	83,0	7
Skala 14: Auswirkungen des digitalen Medieneinsatzes	29	59,5	5
Skala 15: Selbstwirksamkeit	26	96,5	9
Skala 16: Enthusiasmus	29	91,9	8
Skala 17: Angst	6	4,7	2
Mediennutzung und Elternschaft			
Skala 18: Erwartete Mediennutzung in der Häuslichkeit	12	26,9	4
Skala 19: Erwartete Auswirkungen digitaler Medien	4	35,5	4
Skala 20: Information und Mitbestimmung	10	60,7	6
Skala 21: Befürwortung und Technikaffinität der Elternschaft	6	8,4	2

Abbildung 15: Exemplarische Darstellung der tabellarischen Auswertung

Der zweite Auswertungsbereich enthält die *grafische Auswertung* (siehe Abbildung 16, S. 49). Mithilfe der grafischen Auswertung soll eine Übersicht geboten werden, mit der visuell schnell zu erfassen ist, welche Werte (verglichen mit der Vergleichsstichprobe) niedrig, hoch oder im durchschnittlichen Bereich liegen. Zudem können mit dieser, nachdem sich mit den einzelnen Skalen (siehe Anhang 3, S. 126) vertraut gemacht wurde, erste Rückschlüsse und mögliche Reflexionen angeregt werden, wodurch eine eher ablehnende oder befürwortende Einstellung zum Einsatz digitaler Medien sichtbar werden kann.

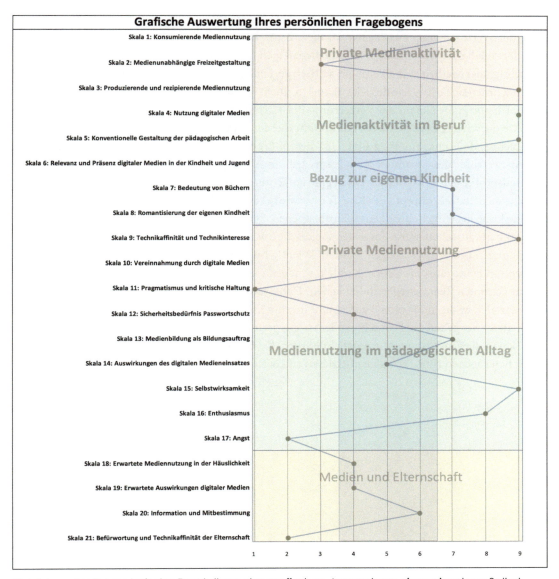

Abbildung 16: Exemplarische Darstellung der grafischen Auswertung eines einzelnen Selbstreflexionsfragebogens

Bei der *grafischen Auswertung eines gesamten Kita-Teams* ist zu berücksichtigen, dass sich starke Ausreißer-Werte in dieser ausgleichen können. Bspw. könnten sich die hohen Werte einer im Team besonders medienbefürwortenden und medienaffinen Person mit den Werten einer Person, die dem Einsatz digitaler Medien eher ablehnend-kritisch gegenübersteht, ausgleichen. Mit hoher Wahrscheinlichkeit würden sich die Werte des Kita-Teams in einem solchen Fall im durchschnittlichen Bereich befinden. Dies birgt die Gefahr der Verzerrung (Bias) dahingehend, dass das Team als im Durchschnitt liegend eingeschätzt werden könnte, obwohl in diesem sowohl sehr medienbefürwortende als auch sehr ablehnende Fachkräfte tätig sind. Um diesem Problem entgegenzuwirken, beinhaltet die grafische Auswertung des gesamten Kita-Teams, wie in Abbildung 17 (S. 51) dargestellt, zwei weitere Merkmalsprofile. Diese werden jeweils in grau aufgeführt und mit einer gestrichelten Linie verbunden, um sich von dem Gesamtprofil des Kita-Teams (wie bei der Einzelauswertung durch eine blaue, durchgehende Linie hervorgehoben) kenntlich abzuheben. Die beiden Profile sollen veranschaulichen, wie die Merkmale aussehen, wenn entweder überall die höchsten oder überall die niedrigsten Merkmalsausprägungen pro Skala vorliegen würden. Wichtig hierbei zu erwähnen ist, dass es sich bei diesen Profilen um keine einzelne Person handelt, sondern die jeweils geringsten und höchsten Werte, die sich im gesamten Team wiederfinden lassen. Dabei kann Person A bspw. auf Skala 1 die höchsten Werte erzielen, während Person B auf Skala 2 den höchsten Wert für die Erstellung des Profils liefert. Durch dieses Vorgehen der Darstellung der jeweils geringsten und höchsten Merkmalsausprägungen einer Skala soll es insbesondere ermöglicht werden, Kompetenzen und Ressourcen aber auch Bedarfe in sehr heterogenen Kita-Teams identifizieren zu können.

III. Modul I – Reflexionsmaterialien

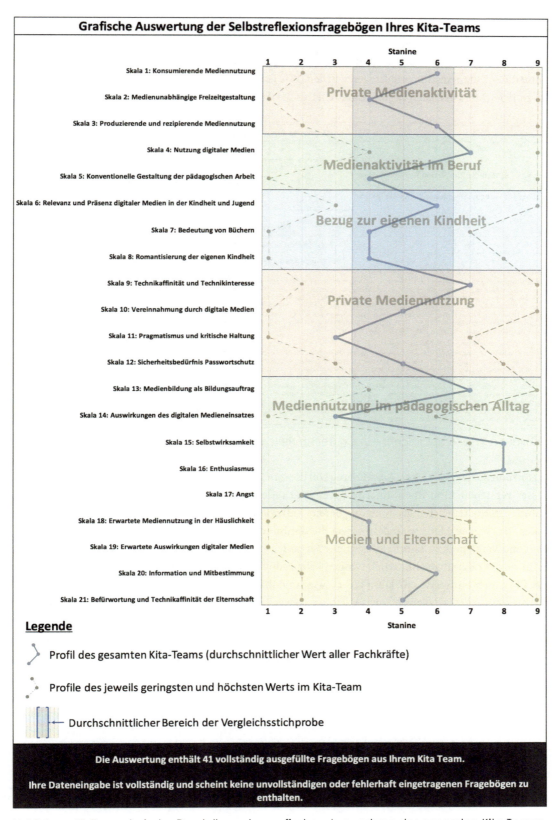

Abbildung 17: Exemplarische Darstellung der grafischen Auswertung des gesamten Kita-Teams

Im letzten und abschließenden dritten Teil der Auswertung wird im unteren Teil des Tabellenblattes *Ihre persönliche Auswertung* eine *schriftliche Auswertung* aufgeführt. Die Erstellung der schriftlichen Auswertung erfolgt ebenfalls automatisch, nachdem der/die Fragebogen/Fragebögen im ersten Tabellenblatt der Dateneingabe eingetragen wurden. Wie in Abbildung 18 exemplarisch dargestellt, erhalten Sie zu jeder Merkmalsausprägung eine schriftliche Auswertung.

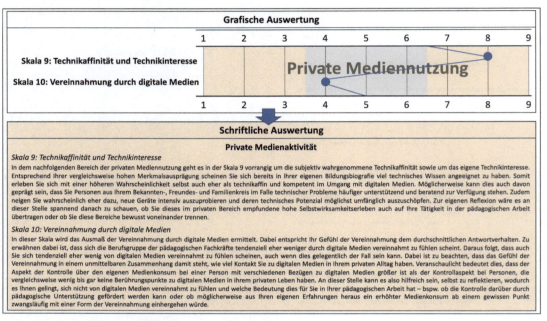

Abbildung 18: Exemplarischer Auszug der schriftlichen Auswertung

Ergänzend zu der grafischen Auswertung soll die schriftliche Auswertung dabei helfen, die Ergebnisse besser verstehen, einordnen, interpretieren und reflektieren zu können. Teilweise eröffnen sich im Rahmen der schriftlichen Auswertung bereits Reflexionsansätze, die insbesondere dabei unterstützen sollen, das eigene Medienhandeln sowie die dahinterliegende Haltung und Einstellung zusammenhängend verstehen zu können. Mögliche Gründe, wieso der Einsatz digitaler Medien in der Kita befürwortet oder abgelehnt wird, können sehr individuell sein. Dabei ist es wichtig zu wissen, dass das Erkennen teilweise sehr komplexer Zusammenhänge und Hintergründe durch alleinige Beantwortung eines Fragebogens nicht möglich ist. Dieser kann lediglich dabei helfen, einen systematischen Überblick über verschiedene Bereiche, die für das eigene Medienhandeln von Relevanz sein können, zu geben und auf dieser Grundlage weitere vertiefende Reflexionsmöglichkeiten zu schaffen. Eine mögliche Anwendung zur eigenen Reflexion wäre, die für Sie besonders interessanten Textpassagen zu markieren. Dies können sowohl Passagen sein, in denen Sie selbst Ressourcen und Potenziale erkennen, aber auch Passagen, in denen Sie Handlungsbedarfe sehen. Dabei kann es für die eigene Reflexion auch von Interesse sein, sich Aussagen zu markieren, mit denen Sie vorab gerechnet haben und von denen Sie daher eher weniger überrascht sind sowie Aussagen, die Sie vorab selbst anders eingeschätzt hätten und deren Erkenntnisse Sie entsprechend eher überraschen.

Auf einen Blick

Übersicht der Auswertungen

Die Ergebnisse des Selbstreflexionsfragebogens gliedern sich in:

➢ **Tabellarische Auswertung**

Ermöglicht zahlenmäßigen Überblick darüber, welche Werte der einzelnen Skalen des Selbstreflexionsfragebogens in Bezug auf die Werte der Vergleichssichtprobe eher niedrig (Stanine Wert 1–3), durchschnittlich (Stanine Wert 4–6) oder hoch (Stanine Wert 7–9) sind.

➢ **Grafische Auswertung**

Ermöglicht visuelle Darstellung darüber, wie die eigenen Werte der verschiedenen Skalen des Selbstreflexionsfragebogens im Vergleich zur Vergleichsstichprobe einzuordnen sind.

➢ **Schriftliche Auswertung**

Ermöglicht besseres Verständnis darüber, was die Werte des eigenen Selbstreflexionsfragebogens bedeuten. Anhand der schriftlichen Auswertung sollen weitere Reflexionsprozesse angeregt werden.

Druck der Auswertungen

Die Druckbereiche der jeweiligen Tabellenblätter sind so formatiert, dass Sie für die Einzelauswertung sowie die Auswertung des Kita-Teams jeweils zwei Seiten benötigen (≙ 1 Blatt Papier, wenn es doppelseitig bedruckt wird). Auf der ersten Seite befinden sich die Zahlenwerte sowie die grafische Auswertung, auf der zweiten Seite ist die schriftliche Auswertung aufgeführt.

Auswertung mithilfe unterschiedlicher Fachkraft-Typen

Wie bereits erwähnt, kann mithilfe des Fragebogens ein sehr umfangreicher Überblick darüber gewonnen werden, wie das eigene Mediennutzungsverhalten im Vergleich zu anderen im frühpädagogischen Feld tätigten Fachkräften einzuordnen ist. Dies birgt jedoch auch eine Begrenzung dahingehend, dass ohne die eigene weiterführende Auseinandersetzung, in Form der durch den Fragebogen angeregte Selbstreflexion, komplexe Zusammenhänge verborgen bleiben. Unter komplexen Zusammenhängen werden an dieser Stelle die Wechselwirkungen zwischen der eigenen Medienbiografie, dem heutigen privaten Medienhandeln und dem Medienhandeln im beruflichen Kontext verstanden – also welche eigenen Erfahrungen in den jeweiligen Bereichen das Wahrnehmen, Denken, Fühlen und Handeln in den jeweiligen Situationen prägen. Aus diesem Grund wurden im Projekt sogenannte Fachkräftetypen ermittelt, welche dabei helfen können, eben jene komplexen Zusammenhänge herzustellen. Diese Typen wurden im Projekt anhand von Interviews mit frühpädagogischen Fachkräften ermittelt (siehe Anhang 1, S. 115). Dabei erfolgte die Bildung der Typen durch Auswertung mittels qualitativer Forschungsmethoden. Zusammengefasst verfolgt die Bildung von Typen das Ziel, ein Verständnis für mögliche Zusammenhänge und die Komplexität der Motive zu erhalten, da davon auszugehen ist, dass unterschiedlichen Haltungen gegenüber digitalen Medien eng mit der beruflichen und persönlichen (Medien-) Biografie der jeweiligen Person verbunden sind.

Bei der Ermittlung und Analyse der Typen wurden verschiedene Themenbereiche unterschieden. Der Themenbereich *Medienbezogene Orientierungen* bezieht sich auf das private Medienhandeln. Hierunter fallen u. a. biografische Aspekte, wie Medien in der eigenen Kindheit, aber auch die private Mediennutzung und die Beziehung zu Medien. Der zweite Themenbereich *Medienerzieherische Orientierungen* bezieht sich auf Aspekte des pädagogischen Medieneinsatzes. Diese Unterteilung wurde auch entsprechend für den Fragebogen mit den Teilbereichen I und II übernommen. Folgende Typen wurden im Projekt ermittelt.

Themenbereich Medienbezogene Orientierungen (entspricht den Skalen 1 bis 3 und Skalen 6 bis 12 im Selbstreflexionsfragebogen)

1. Enthusiastisch-medienaffiner Typ (S. 56)
2. Pragmatisch-reflexiver Typ (S. 57)
3. Motiviert-selbstermächtigender Typ (S. 58)
4. Unerfahren-unsicherer Typ (S. 59)
5. Unabhängig-analoger Typ (S. 60)

Themenbereich Medienerzieherische Orientierungen (entspricht den Skalen 4 und 5 sowie 13 bis 21 im Selbstreflexionsfragebogen)

1. Proaktiv-alltagsintegrierender Typ (S. 61)
2. Pragmatisch-zweckorientierter Typ (S. 62)
3. Zurückhaltend-skeptischer Typ (S. 64)
4. Bewahrend-ablehnender Typ (S. 65)

Anhand der nachfolgenden Typenbeschreibungen können Fachkräfte ihre Auswertung mit denen der Typen vergleichen und herausfinden, mit welchen Typen Ähnlichkeiten bestehen. Hierdurch kann eine weiterführende Reflexion ermöglicht werden, die jene des Fragebogens erweitert. Während die Auswertung des Selbstreflexionsfragebogens abbildet, wie die eigenen Antworten im Vergleich zu anderen frühpädagogischen Fachkräften zu betrachten sind, können mittels der Typenbeschreibungen zusätzlich mögliche Zusammenhänge mit der eigenen Haltung gegenüber digitalen Medien und dem eigenen Medienhandeln erkannt werden.

Für die Darstellung der Typen wurden neben der schriftlichen Beschreibung auch grafische Profile erarbeitetet, die kennzeichnend für einen bestimmten Typen sind. Diese grafischen Abbildungen dienen zeitgleich als Schablonen (siehe Online-Material: Schablonen der Fachkräfte-Typen), die, wie in Abbildung 19 (S. 55) abgebildet, über die eigene Profillinie der grafischen Auswertung des Selbstreflexionsfragebogens gelegt werden können, um Gemeinsamkeiten und Unterschiede zu erkennen. Für die Schablonen der Fachkräfte-Typen empfiehlt sich der Druck auf Folie.

III. Modul I – Reflexionsmaterialien

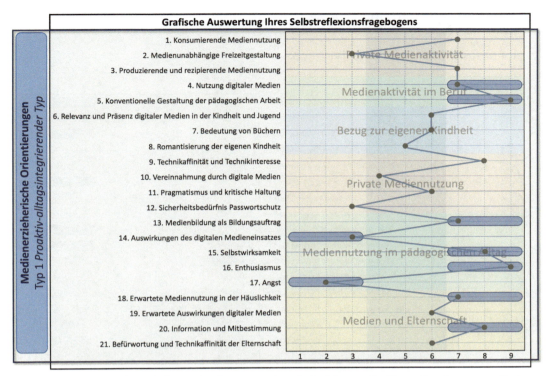

Abbildung 19: Beispieldarstellung der Passung einer Schablone, die über die eigene grafische Auswertung gelegt wurde

In dem abgebildeten Beispiel stimmen alle Werte (in der grafischen Auswertung als Punkte dargestellt) mit denen der für den proaktiv-alltagsintegrierenden Typs relevanten Skalen überein. Das bedeutet, dass hier eine sehr hohe Wahrscheinlichkeit besteht, dass diese Person viele gemeinsame Merkmale mit dem in der qualitativen Erhebung ermittelten proaktiv-alltagsintegrierenden Typ hat. Um dem näher nachzugehen, kann die Beschreibung dieses Typs (siehe Beschreibung des *proaktiv-alltagsintegrierenden Typs*, S. 61) ergänzend zu der in der Auswertungsdatei enthaltenen schriftlichen Auswertung dafür genutzt werden, die Beziehung zu den jeweiligen Merkmalsausprägungen der relevanten Skalen zu reflektieren – also mögliche Zusammenhänge und Wechselwirkungen zu erkennen, die durch alleinige Auswertung des Fragebogens in der Komplexität nicht erfasst werden können. Dennoch kann es möglich sein, dass nicht alle Punkte vollständig mit der eigenen Auswertung übereinstimmen. Sofern das eigene Profil nur leicht von einem Typ abweicht, aber visuell eine hohe Ähnlichkeit aufweist, kann es dennoch hilfreich und passend sein, die entsprechende Beschreibung eines Typs für die eigene Reflexion einzubeziehen. Zudem kann es vorkommen, dass bestimmte Punkte auf einen Typ passen, während andere Punkte sich einem anderen Typ zuordnen lassen. Hier kann dann anhand der schriftlichen Beschreibung reflektiert werden, welche Parallelen und Abweichungen zu den jeweiligen Typen bestehen und was das hinsichtlich der eigenen Ausprägungen bedeutet. Die Schablonen wurden hierfür etwas großzügiger angelegt, was bedeutet, dass die Ausprägungen nicht als Punkt auf einem Wert markiert sind, sondern als Balken über drei Werte hinweg. Eine Ausprägung der Merkmale folgt also einer Dreiteilung: geringe Ausprägung (Werte 1–3), durchschnittliche Ausprägung (Werte 4–6) und hohe Ausprägung (Werte 7–9). Das ermöglicht eine bessere Zuordnung zu einem jeweiligen Typ. Darauf hinzuweisen ist auch, dass nicht bei allen Typen alle entsprechenden Skalen markiert sind. Nichtmarkierte Skalen sind so zu interpretieren, dass sie für die Ausprägung des jeweiligen Typs keine Relevanz haben.

Nachfolgend sind die Abbildungen der Profile sowie die detaillierte Beschreibung der einzelnen Typen dargestellt.

Medienbezogene Orientierungen

Typ 1: Enthusiastisch-medienaffiner Typ

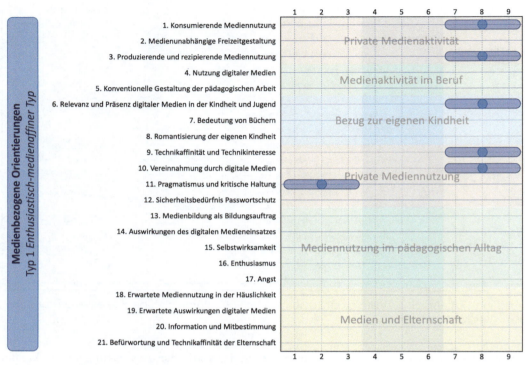

Abbildung 20: Grafisches Profil des Typ 1 Enthusiastisch-medienaffiner Typ

Beschreibung des enthusiastisch-medienaffinen Typs

Digitale Medien sind fester Bestandteil der eigenen Lebenswelt und gehören zum selbstverständlichen Kulturwerkzeug. Sie werden in ihrer ganzen Bandbreite und für unterschiedlichste Zwecke im privaten Alltag genutzt. Auch für Spaß- und Unterhaltungszwecke sowie zur Entspannung („berieseln lassen") werden digitale Medien als geeignet eingeschätzt.

Schon in der Kindheit hatten (elektronische) Medien in der Familie einen hohen Stellenwert, teilweise verbunden mit intensiver Mediennutzung der Eltern. Zum Teil zeigt sich große Begeisterung gegenüber Hardware und dem Umgang mit Technik, und die proaktive Förderung dieser Technikaffinität durch die Eltern wird hervorgehoben. Medien wurden hierbei auch vielfältig und aktiv für das gemeinsame Familienleben genutzt. So wurde beispielsweise das Anschauen und Anhören von Medieninhalten zusammen als Familienereignis zelebriert.

Für diesen Typ nehmen digitale Medien eine wichtige Funktion als Kommunikationsgerät ein und werden hier vor dem Hintergrund sozialer Zugehörigkeit thematisiert. In den Kommunikationsformen wird sich anderen Menschen angepasst, Geräte, Dienste und Inhalte werden aufgrund der Beeinflussung durch vertraute andere ausgewählt (teilweise wird dies auch als ein gewisser Gruppendruck wahrgenommen). Insbesondere das Smartphone wird als unentbehrliches Gerät angesehen, und es wird ein Unwohlsein empfunden, wenn es vergessen wurde. Es hat die Funktion, mit Freund*innen oder Familie in Kontakt zu stehen und es besteht zuweilen auch ein Erreichbarkeitsdruck. Dabei wird eine gewisse Ambivalenz in der Beziehung zu Medien deutlich, da die Beziehung zu Medien auch als *Abhängigkeit* und *Sucht* beschrieben wird.

Zudem besteht eine resignierende Haltung zum Thema Datenschutz. Auch hier zeigt sich eine gewisse Ambivalenz, da weitreichende Kenntnisse über Datenschutzthemen stärker als in anderen Typen vorhanden sind, sich aber resignierend damit abgefunden wird, dass bspw. Firmen Daten zu kommerziellen Zwecken speichern. Die Alternative, die Nutzung digitaler Medien einzuschränken, ist keine Option. Das zeigt sich weiter in der Beziehung zu digitalen Endgeräten. Hier wird eine starke emotionale Bindung mit Gefühlen wie Dankbarkeit, Liebe und Freiheit, aber auch mit Gefühlen der Unentbehrlichkeit bis hin zu *Sucht* zum Ausdruck gebracht. Insgesamt bestehen eine große Aufgeschlossenheit und Neugier gegenüber digitalen Medien, was damit einhergeht, dass keinerlei Berührungsängste oder Unsicherheiten im Umgang damit bestehen.

Typ 2: Pragmatisch-reflexiver Typ

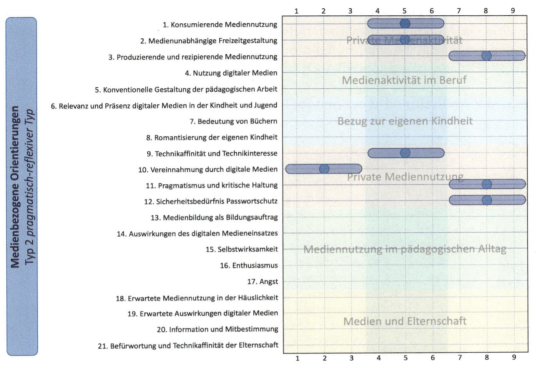

Abbildung 21: Grafisches Profil des Typ 2 pragmatisch-reflexiver Typ

Beschreibung des pragmatisch-reflexiven Typs

Medien sind fester Bestandteil des Alltags, es bestehen aber eine gewisse kritische Distanziertheit und ein gewisser Pragmatismus im Umgang mit Medien. Verschiedene digitale Endgeräte werden in der Funktion als Arbeitsgerät und Werkzeug genutzt. So dienen die Geräte zur Bearbeitung bestimmter Office-Aufgaben (Recherchieren und Informieren, Ausarbeiten und Schreiben, Onlinebanking). Dabei werden insbesondere die Aspekte der Arbeitserleichterung und Zeitersparnis hervorgehoben. Medien sind Werkzeuge zur Erreichung bestimmter Ziele. Gleichzeitig wird aber auch Wert auf ein gewisses Nutzungserleben gelegt. Auch analoge Medien werden von diesem Typ als Arbeitswerkzeuge gesehen.

Bei der Gestaltung sozialer Beziehungen wird ebenfalls deutlich, dass die Art des Mediums keinen gesonderten Stellenwert hat. Im Vordergrund steht die Interaktion mit anderen Menschen, und zwar unabhängig davon, ob dabei Medien zum Einsatz kommen oder nicht. Die Nutzung von Medien ist auf die gemeinsame Beschäftigung mit etwas ausgerichtet. Das gemeinsame Tun scheint hier Vorrang vor der Aktivität an sich zu haben; es geht darum, qualitative Zeit zu gestalten, wofür verschiedene digitale Medien eines von vielen Mitteln darstellen.

Die eigene Mediennutzung folgt einer Logik von Selbstkontrolle. Es dokumentiert sich eine gewisse Sensibilität im Umgang mit Technik. Es besteht ein Gefühl dafür, wenn eine Nutzung überhandnimmt und sich nicht mehr gut und richtig anfühlt, verbunden mit dem Wunsch, selbst darüber die Kontrolle zu behalten. Bspw. wird bei der Nutzung von digitalen Medien Spaß empfunden, aber gleichzeitig die Suchtgefahr abgewogen oder zeitweise insbesondere die Nutzung sozialer Netzwerke als stressig empfunden. Hierbei wird auf Strategien zurückgegriffen, um den Umgang mit Technik selbstdiszipliniert zu begrenzen, bspw. durch Kenntnis zur eigenen täglichen Bildschirmzeit. Dabei wird geprüft, ob der Einsatz digitaler Medien wirklich notwendig ist.

Teilweise zeigt sich auch ein Diskrepanzerleben zwischen der eigenen Einstellung zu bestimmten Medien und dem Handeln. Dabei wird auch deutlich, dass dem eigenen Anspruch nicht immer entsprochen werden kann. Gruppendruck und das Bedürfnis nach sozialer Zugehörigkeit zwingen auch hier zur Nutzung bestimmter Anwendungen, die eigentlich abgelehnt werden. Hierbei ist dieser Typ allerdings selbstkritisch. Womöglich scheinen Idealbild von Nutzungsverhalten und tatsächliche Nutzung etwas auseinanderzudriften. Insbesondere werden Fragen des Datenschutzes mitgedacht und das eigene Handeln dahingehend reflektiert und ausgerichtet.

Typ 3: Motiviert-selbstermächtigender Typ

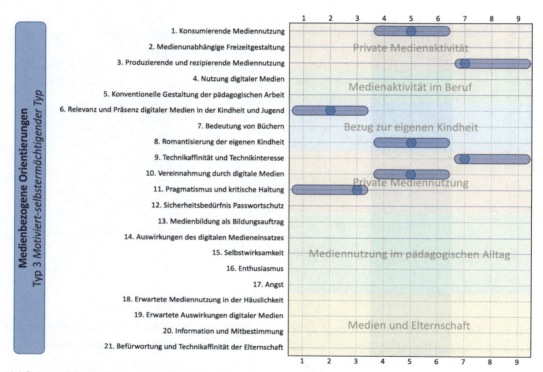

Abbildung 22: Grafisches Profil des Typ 3 Motiviert-selbstermächtigender Typ

Beschreibung des motiviert-selbstermächtigenden Typs

Dieser Typ beschreibt, in der eigenen Kindheit viel draußen gewesen zu sein, statt sich mit Medien zu beschäftigen, bspw. wurde der Fernseher in der Kindheit selten genutzt. Häufig wird das damit begründet, dass es in der Kindheit noch kaum elektronische Medien gab (DDR-Kindheit) und diese deshalb selten bis gar nicht genutzt wurden, was eher auf die Verfügbarkeit als auf die Bevorzugung des Draußenseins abhebt.

Durch die fehlenden Erfahrungen mit digitalen Medien besteht ein Gefühl der Herausforderung durch die zunehmende Digitalisierung. Auch war die Beziehung zu Medien zunächst durch Unsicherheiten und Berührungsängste geprägt, diese haben sich aber durch das proaktive Nutzen verschiedener Kurse verändert. Die Kurse sind Ausgangspunkt der weiteren Aneignung. Durch die Aneignung von Wissen konnten verschiedene Fähigkeiten im Umgang mit unterschiedlichen Geräten erworben bzw. Fähigkeiten erweitert werden.

Dieser Typ ist gekennzeichnet durch ein hohes Maß an Eigeninitiative und dem Wunsch und Bestreben nach eigenständiger Handlungsfähigkeit mit den verschiedenen Geräten und Anwendungen, um diese auch unabhängig von Hilfe nutzen zu können. Hilfe wird nur mit dem Ziel gesucht, im Anschluss daran einen selbstständigen Umgang zu erlernen. Neben diesen unmittelbaren Gründen spielen aber auch mittelbare positive Folgen von Medienkompetenz eine Rolle, z. B. die Erhöhung beruflicher Chancen oder die Erfüllung curricularer Anforderungen).

Typ 4: Unerfahren-unsicherer Typ

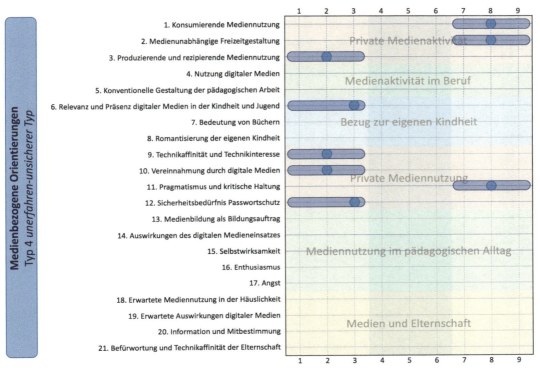

Abbildung 23: Grafisches Profil des Typ 4 unerfahren-unsicherer Typ

Beschreibung des unerfahren-unsicheren Typs

In Bezug auf die Mediennutzung in der Kindheit wird insbesondere das Fernsehen als etwas Besonderes erinnert. Es hatte eine große Anziehungskraft und wurde durch die Eltern begrenzt und kontrolliert. Das Fernsehen wurde auch heimlich genutzt und galt als etwas Verbotenes, als etwas, vor dem gewarnt wurde. Demnach war Fernsehen eher ein Highlight.

Hinsichtlich der Beziehung zu Medien zeigt sich eine gewisse Vorsicht und Skepsis, denen auch Sorge zu Grunde liegt. Insbesondere wird die Suchtgefahr thematisiert, aber auch Angst vor der Technik selbst (Angst vor Strahlung, Angst etwas falsch zu machen). Dadurch bestehen Berührungsängste gegenüber digitalen Medien bis hin zu Vermeidungsstrategien. Digitale Medien werden als Anstrengung empfunden, was auch mit einer gewissen Überforderung einhergeht, teilweise besteht Frustration wegen fehlender Kompetenzen. Die eigene Auseinandersetzung wird vermieden, eher wird sich jemand gesucht, der Aufgaben mit digitalen Medien übernimmt. Neue Geräte oder Anwendungen werden erst einmal mit Skepsis betrachtet und eher abgelehnt.

Wenn digitale Medien genutzt werden, wird die einfache und unkomplizierte Bedienung bevorzugt. So werden bestimmte Geräte gegenüber anderen lieber genutzt, weil sie intuitiver handhabbar sind und keine weitere Auseinandersetzung benötigen. Anstrengung oder Aufwand sollen möglichst vermieden werden, was oft auch zu Lasten von Aspekten wie Datenschutz und -sicherheit geht. Datenschutz wird in Bezug auf das Posten von Fotos oder Einsetzen von Fotos in Statusmeldungen thematisiert und somit nur innerhalb eines engen Rahmens betrachtet.

Medien werden privat in einer konsumorientierten Logik genutzt, insbesondere das Internet als Zugang zu spezifischen Inhalten. Zudem ist oftmals keine feste Vorstellung zu Modalitäten der Mediennutzung vorhanden (Art, Dauer, Häufigkeit), wobei aber schon der Wunsch nach Orientierung und die Suche nach einer Positionierung gegenüber Medien deutlich wird.

Typ 5: Unabhängig-analoger Typ

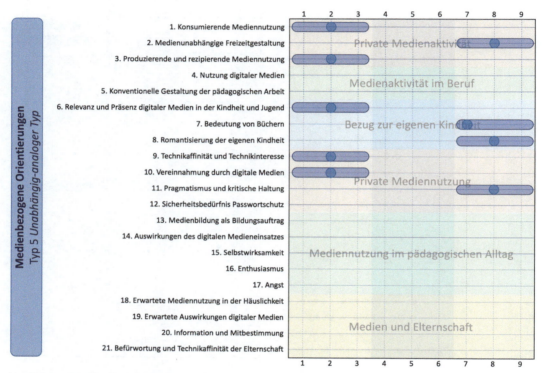

Abbildung 24: Grafisches Profil des Typ 5 Unabhängig-analoger Typ

Beschreibung des unabhängig-analogen Typs

In diesem Typ wird die geringe Mediennutzung in der Kindheit (teilweise DDR-Kindheit) damit begründet, viel lieber draußen gewesen zu sein, wobei sich gleichzeitig zeigt, dass Mediengebrauch mit drinnen sein assoziiert ist. Zudem wird bezüglich der Kindheit das Lesen von Büchern thematisiert. Entsprechend erfolgt die Darstellung der eigenen Mediennutzung in der Kindheit vor allem über analoge Medien wie bspw. Bücher.

Diese Hervorhebung analoger und ihrer Vorteile gegenüber digitalen Medien setzt sich fort. Das reicht von einer bloßen Gegenüberstellung (beide haben Vor- und Nachteile) über eine Bevorzugung analoger Medien (angenehmer, etwas in der Hand halten) bis hin zu Bewahrungswünschen und Verlustängsten, insbesondere in Bezug auf Bücher.

Es zeigt sich auch, dass insbesondere das Handy als Störung oder gar als Verhinderer sozialer Interaktionen wahrgenommen wird. Dabei wird vorrangig das Mediennutzungsverhalten des Gegenübers thematisiert, nicht die eigene Verwendung des Handys in den persönlichen Interaktionen.

Dieser Typ zeichnet sich ebenfalls dadurch aus, dass der Wunsch deutlich wird, von digitalen Medien unabhängig zu sein oder dass die bereits bestehende eigene Unabhängigkeit von digitalen

Medien hervorgehoben wird (Ablehnung ständiger Erreichbarkeit). Zudem ist keine Bereitschaft erkennbar, sich mit digitalen Medien auseinanderzusetzen, teilweise verbunden mit einer Ablehnung bestimmter Medien (bspw. Handy zur Kommunikation oder Fernseher).

Medienerzieherische Orientierungen

Typ 1: Proaktiv-alltagsintegrierender Typ

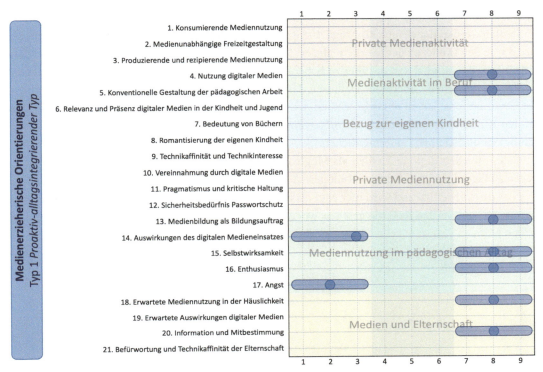

Abbildung 25: Grafisches Profil des Typ 1 Proaktiv-alltagsintegrierender Typ

Beschreibung des proaktiv-alltagsintegrierenden Typs

Bei diesem Typ stehen die Vorteile digitaler Medien im Vordergrund der Auseinandersetzung mit dem Thema Medienerziehung. In Abhängigkeit der Ausstattung der Kita werden die vorhandenen digitalen Medien selbstverständlich eingesetzt, auch in der pädagogischen Arbeit. Dabei haben (digitale) Medien keine Sonderrolle, sondern werden in das alltägliche Handeln integriert. Es existieren weitreichende Vorstellungen und kreative Ideen dazu, wie Medien zum Einsatz kommen können. Das Verständnis von digitalen Medien geht weit über das Suchen im Internet und das Schauen von Filmen hinaus. Digitale, aber auch analoge Medien werden als Kulturwerkzeuge verstanden, die den Kindern nähergebracht werden sollten. Es besteht die Überzeugung, digitale Medien könnten als Teil der Lebenswelt nicht aus dem Kita-Alltag ausgeklammert werden – Medienbildung in der Kita wird von diesem Typ als Teil des Bildungsauftrags betrachtet.

Es wird ein hohes Verantwortungsgefühl für die Medienbildung der Kinder empfunden. Dabei geht es um ein ausgewogenes Verhältnis zwischen der Schaffung von Erprobungsräumen und der Aufklärung bezüglich möglicher Gefahren der Mediennutzung. Im Vordergrund stehen die Unterstützung und Begleitung, mit dem Ziel, dass Kinder zunehmend selbstständiger einen verantwortungsvollen Umgang mit digitalen Medien erlernen. Hierbei wird teilweise davon ausgegangen, dass die Kinder zu Hause digitale Medien inhaltlich falsch nutzen, verbunden mit der Intention, ausgleichend wirken zu wollen.

Medien bzw. Medieninhalte werden als etwas gesehen, was soziale Interaktion und Kommunikation durch das Schaffen von Gesprächsanlässen ermöglichen kann. Die Nutzung digitaler Medien und Kommunikation/Interaktion schließen sich nicht aus, sondern geschehen gemeinsam. Es geht also nicht vorrangig um die passive Rezeption eines Medieninhaltes, sondern darum, dass Inhalte mit den Kindern gemeinsam besprochen werden und zwar unabhängig von der Art des Mediums. Auch Medieninhalte im privaten Kontext, wie bspw. relevanten Figuren in einer geschauten Kinderserie, werden als Gesprächsanlass aufgegriffen.

Digitale Medien dienen zudem der Transparenz in der Elternarbeit, indem bspw. besondere Ereignisse aufgezeichnet werden oder durch digitale Bilderrahmen.

Medien werden dabei auch als Möglichkeit gesehen, mehr Teilhabe der Kinder zu bewirken. Das wird durch den Einbezug der Kinder realisiert (eigenständig Fotos machen, eigene CDs von zu Hause mitbringen, die Möglichkeit darüber zu haben, zu Hause gern genutztes elektronisches Spielzeug in der Kita vorzustellen), aber auch dadurch, dass digitale Endgeräte Gespräche ermöglichen (bspw. Übersetzungsapps). Auch analoge Medien, wie bspw. Bilder oder Piktogramme, werden eingesetzt, um den Kindern Orientierung und Information im Alltag zu geben und ihnen somit mehr Selbstständigkeit und Teilhabe zu ermöglichen.

Zudem werden digitale Medien als Möglichkeit gesehen, den Kindern sofortige Antworten auf Fragen zu liefern und ihnen eine vielfältigere Auswahl an Wissen zur Verfügung zu stellen. Das Buch (welches direkt greifbar ist) wird hier eher als begrenzter und einseitiger Wissensvorrat verstanden. Digitale Medien werden als etwas gesehen, wodurch das Spektrum an Wissen und Erfahrung erweitert werden kann.

Typ 2: Pragmatisch-zweckorientierter Typ

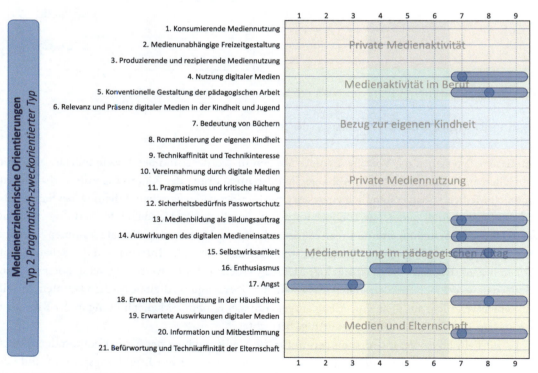

Abbildung 26: Grafisches Profil des Typ 2 Pragmatisch-zweckorientierter Typ

Beschreibung des pragmatisch-zweckorientierten Typs

Dieser Typ thematisiert Computer, Tablet und Smartphone im Bereich des pädagogischen Handelns eher als Arbeitsgerät. So dienen sie insbesondere der Vorbereitung und Planung von pädagogischen Angeboten oder der Beobachtung und Dokumentation. Dabei wird vor allem die Arbeitserleichterung betont.

Es wird auch die Notwendigkeit der Medienbildung diskutiert, wobei sich hier allerdings auf die Vorbereitung auf das spätere Leben bezogen wird. Hier steht die Förderung medienbezogener Kompetenzen für den späteren Schul- oder Arbeitskontext im Vordergrund, woraus ein eher leistungsbezogener Fokus deutlich wird.

Digitale als Ergänzung zu analogen Medien werden aber dennoch mit Bedacht und im Sinne einer pädagogisch sinnvollen und wertvollen Nutzung eingesetzt. Sinnvoller Einsatz wird entweder von der Seite des Inhalts her definiert, z. B. zur Förderung spezifischer Kompetenzen oder von der Seite des zeitlichen Rahmens der Nutzung (weniger Benutzung digitaler Medien wird als besser bewertet). Ein anderes Bewertungskriterium ist die Art des Mediums, wobei insbesondere Spielkonsolen oder Fernseher negativ bewertet werden. Die produzierende Mediennutzung wird hingegen positiv gesehen. Das geht auch mit der Bewertung des Mediennutzungsverhaltens der Eltern einher. Ausgangspunkt der Überlegungen ist dabei, dass Eltern zu viel Zeit am Smartphone verbringen oder dass Kinder vor digitalen Endgeräten geparkt werden. Zudem werden als sinnvoller eingeschätzte Aktivitäten (draußen sein, Freunde treffen) als eher weniger sinnvoll bewerteten Mediennutzung gegenübergestellt.

Wenn Medien in der Kita eingesetzt werden, dann sollten sie einen spezifischen pädagogischen Zweck verfolgen und sprachlich begleitet werden, um sicherzustellen, dass die Kinder die Inhalte verstanden haben, um Wissen zu wiederholen und zu festigen oder um die Sprachförderung zu unterstützen.

Zudem werden Medien als Mittel eingesetzt, um Gespräche zwischen Eltern und Kindern anzuregen und damit positiv auf die Eltern-Kind-Beziehung zu wirken. Das wird durch Fotowände angestrebt, oder dadurch, dass die Fachkräfte Bilder und Werke der Kinder ausstellen.

Typ 3: Zurückhaltend-skeptischer Typ

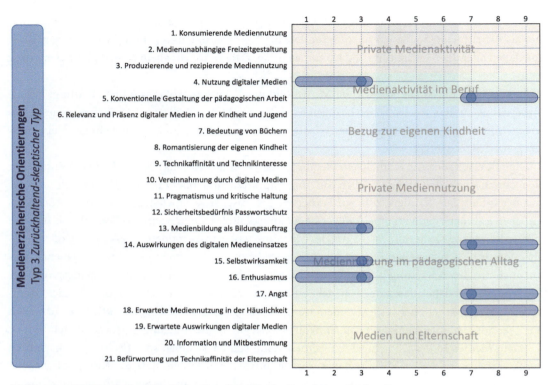

Abbildung 27: Grafisches Profil der Typ 3 Zurückhaltend-skeptischer Typ

Beschreibung des zurückhaltend-skeptischen Typs

Dieser Typ hat eher eine skeptische Haltung gegenüber digitalen Medien. Diese Skepsis resultiert aus Unsicherheiten gegenüber digitalen Medien und Zweifeln am pädagogischen Nutzen. Zudem werden verschiedene Gefahren und Befürchtungen bezüglich der Internetnutzung gesehen.

Es wird deutlich, dass es kaum Vorstellungen zu Einsatzmöglichkeiten digitaler Medien in der Kita gibt. Es werden nur wenig digitale Medien benannt und sie verweisen eher auf ein konsumorientiertes Medienverständnis (etwas im Internet zu suchen, Film schauen, Spiel am Smartphone, Anhören von Musik oder Hörspielen). Zugleich werden keine Vorstellungen von Einsatzmöglichkeiten außerhalb dieser Konsumlogik geäußert. Ein guter Umgang mit Medien ist zwar erwünscht, die Beschreibungen bleiben aber vage.

Zudem wird auf das Alter der Kinder Bezug genommen. Digitale Medien werden erst ab einem bestimmten Alter der Kinder für geeignet gehalten, denn Kinder sollen nicht zu früh mit Medien in Berührung kommen. Insgesamt werden die Möglichkeiten zum Einsatz digitaler Medien in der Kita als begrenzt angesehen.

Demnach werden digitale Medien auch nur sehr punktuell eingesetzt und als etwas Besonderes oder Highlight markiert. Ihr Gebrauch wird als Möglichkeit des Ausruhens und der passiven Unterhaltung eingeschätzt und es wird als passend angesehen, den Zugang ab und zu zur Belohnung einzusetzen. Digitale Medien erfahren hierdurch eine Verbesonderung (bspw. durch zeitliche Limitation) und zugleich werden sie als etwas gerahmt, dass man sich verdienen muss, als Anerkennung für eine besondere Leistung. So werden digitale Medien als Erziehungsmittel eingesetzt.

In einigen Fällen zeigt sich eine Diskrepanz zwischen dem eigenen und dem als pädagogisch wünschenswert eingeschätzten Handeln, mit dem Wunsch, die Kinder vor digitalen Medien zu bewahren und zu schonen. Während also selbst digitale Medien genutzt werden, soll den Kindern Wissen mittels Büchern nähergebracht werden. Eine weitere Diskrepanz zeigt sich bezüglich dessen, was selbst für pädagogisch sinnvoll erachtet wird und was denn hinsichtlich der eigenen Kinder umgesetzt wird, wobei dabei Anspruch und Realität auseinandergehen.

Typ 4: Bewahrend-ablehnender Typ

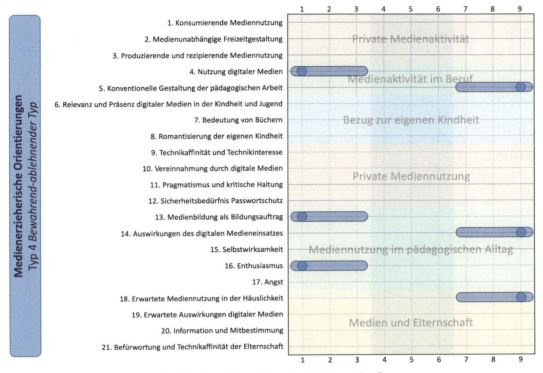

Abbildung 28: Grafisches Profil des Typ 4 Bewahrend-ablehnender Typ

Beschreibung des bewahrend-ablehnenden Typs

Die hier vorfindliche skeptische Haltung mündet in der entschiedenen Ablehnung digitaler Medien für den frühkindlichen Bereich. Digitale Medien werden deutlich negativ bewertet (als überflüssig oder ablenkend). Zudem werden digitale Medien als Gefahr wahrgenommen und es wird die Ansicht vertreten, dass Kinder nicht zu früh mit ihnen in Berührung kommen sollen. Implizit werden digitale Medien hierbei als etwas gesehen, vor dem Kinder beschützt werden müssen. Die eigene Rolle wird darin gesehen, Kinder vor digitalen Medien zu bewahren, indem diese entweder nicht eingesetzt oder analoge Medien bewusst genutzt werden, um diese den Kindern näher zu bringen oder um spezifische Kompetenzen zu fördern. Hier zeigt sich auch ein Bewahrungswunsch, insbesondere in Bezug auf Bücher. Bücher werden bewusst eingesetzt, um diese den Kindern als wertvoll zu vermitteln. Dabei geht es darum, etwas auszugleichen, um das Spektrum an Möglichkeiten für die Kinder zu erweitern. Häufig werden dabei Vermutungen oder Vorannahmen über das häusliche Mediennutzungsverhalten getroffen, die implizieren, dass die Kinder zu Hause zu viel und zu häufig digitale Medien nutzen. Obwohl formuliert wird, dass Kinder an den Umgang mit digitalen Medien herangeführt werden sollen, wird innerhalb dieses Typs keine Zuständigkeit dafür empfunden, was auch mit der Annahme einhergeht, Kinder hätten schon genug Umgang mit Medien zu Hause. Die digitale Medienbildung wird nicht als Verantwortungsbereich wahrgenommen.

Verantwortlichkeit wird darin gesehen, die Kommunikationsprozesse zwischen Eltern und ihren Kindern zu fördern. Insbesondere rührt das daher, dass die Nutzung digitaler Medien (in der Kita, aber auch generell) als Gegensatz zu sozialen Interaktionen verhandelt wird. Dabei stellt sich die Art der Verhandlung als ein Entweder-Oder dar und nicht als ein Sowohl-Als-Auch. Soziale Interaktionen werden in dieser Sicht durch digitale Medien eingeschränkt oder gar ganz verhindert.

Vorbehalte beziehen sich auch auf die kindliche Entwicklung. So wird argumentiert, die Beschäftigung mit Bildschirmmedien verhindere die Entwicklung sozialer Kompetenzen. Zudem komme es durch die Nutzung digitaler Medien zu einer Vernachlässigung anderer Kompetenzen und die Kinder würden in der Entwicklung beeinträchtigt. Digitale Medien werden deshalb als ungeeignet für den Einsatz in der Kita empfunden.

Analoge Medien werden dagegen teilweise besser bewertet. Die Bewertung geht von der körperlichen Erfahrung, etwas in der Hand zu halten, aus. In der Logik werden verschiedene Medien und Geräte verglichen (bspw. CD besser als Streaming, Buch besser als E-Reader, persönliche Handschrift besser als tippen). Verbunden ist das mit einem Wunsch nach Authentizität und nach echten Erfahrungen gegenüber der als künstlich eingeschätzten Erfahrung durch Technik. Dadurch, dass etwas in der Hand gehalten oder durch die Hand geschaffen wird, werde eine bessere Beziehungsqualität hergestellt.

3. Elternfragebogen

Material im Anhang	Anhang 4 – Elternfragebogen
Online-Material (Datei-Format)	Elternfragebogen (PDF) Auswertungsdatei (xlsx)

Beschreibung und Zielstellung des Materials

Zu dem entwickelten Selbstreflexionsfragebogen wurde im Projekt DiKit ergänzend ein Kurzfragebogen für die Elternschaft entwickelt. Dieser ist in Anhang 4 (S. 134) und online zu finden. Der Fragebogen soll vorrangig die Perspektive der Eltern in den Blick nehmen und dient der Erhebung, wie Eltern dem Einsatz digitaler Medien in der Kita gegenüberstehen. Gleichzeitig sollen mithilfe des Kurzfragebogens Passungen und/oder Brüche dahingehend identifiziert werden können, wie pädagogische Fachkräfte die eigene Elternschaft der Kita einschätzen und erleben, verglichen mit dem, wie die Eltern selbst ausgewählte Aspekte bezüglich des digitalen Medieneinsatzes erleben und beurteilen. Der Kurzfragebogen kann gezielt im Kontext von Erziehungspartnerschaften, aber auch für interne und externe (Team-) Fortbildungen eingesetzt werden, bei denen die Passung gegenseitiger Erwartungshaltungen von Eltern und Fachkräften von besonderem Interesse ist.

Die Skalen- und Itemkonstruktion (Entwicklung geeigneter Fragestellungen) des Elternfragebogens basiert auf den wissenschaftlich fundierten Erkenntnissen im Rahmen der Entwicklung des Selbstreflexionsfragebogens. Entsprechend orientiert sich der Elternfragebogen sehr stark an den ermittelten Konstrukten (Skalen) des Selbstreflexionsfragebogens für die pädagogischen Fachkräfte, die aus der ersten Analysestichprobe hervorgingen.

Im Gegensatz zum Selbstreflexionsfragebogen dient der Kurzfragebogen für die Elternschaft nicht der Einordnung, ob die Elternschaft der Kita verglichen mit anderen Eltern dem Einsatz digitaler Medien überdurchschnittlich begrüßend oder ablehnend gegenübersteht. Vielmehr sollen Eltern durch Nutzung des Fragebogens aktiv in die Entwicklungen der Kita einbezogen werden und ihre Bedürfnisse Berücksichtigung finden. Daher werden die Daten rein beschreibend ausgewertet und interpretiert. Dies geschieht anhand von Diagrammen bzw. Abbildungen, die der Veranschaulichung und schnellen Erfassung von Passungen und Ungleichheiten dienen.

Aufbau des Fragebogens

Wie in Abbildung 29 dargestellt, besteht der Kurzfragebogen für die Elternschaft aus vier verschiedenen Skalen mit insgesamt 12 Fragen (zuzüglich der Fragen nach dem Alter und dem Geschlecht zur Stichprobenbeschreibung). Diese beziehen sich auf die Bereiche *Mediennutzung in der Häuslichkeit* (Skala 1), *Erwartete Auswirkungen digitaler Medien* (Skala 2), *Information und Mitbestimmung* (Skala 3) sowie *Befürwortung und Technikaffinität* (Skala 4).

Abbildung 29: Aufbau des Kurzfragebogens für die Elternschaft

Wie bereits erwähnt, orientieren sich die Fragen des Kurzfragebogens an den Fragen des Selbstreflexionsfragebogens. Somit entsprechen nicht nur die vier Skalen des Kurzfragebogens für die Elternschaft den Skalen 18 bis 21 des Selbstreflexionsfragebogens. Auch bilden die Fragen beider Fragebögen jeweils entsprechende Paare, die sich nur hinsichtlich der Perspektive der beantwortenden Person voneinander unterscheiden. Exemplarisch für ein solches Paar wären die Aussagen „Kinder sollten schon frühzeitig einen angemessenen Umgang mit digitalen Medien lernen." (Item 3 des Kurzfragebogens für die Elternschaft) und „Unsere Elternschaft befürwortet es insgesamt, dass Kinder schon frühzeitig einen angemessenen Umgang mit digitalen Medien erlernen." (Item 115 des Selbstreflexionsfragebogens für pädagogische Fachkräfte).

Beschreibung der Fragebogenskalen

Im Gegensatz zu den ergänzenden Skalen 18 bis 21 aus dem Selbstreflexionsfragebogen, in denen die pädagogischen Fachkräfte eine Einschätzung darüber abgeben, wie die Elternschaft die ausgewählten Aspekte bewerten würde (Fremdbeurteilung), handelt es sich bei der Elternbefragung um eine Selbstbeurteilung. Das bedeutet, dass die Skalenbeschreibungen des Elternfragebogens auch die Perspektive der Elternschaft einnehmen. Nachfolgend werden die vier Skalen des Fragebogens vorgestellt.

Skala 1: Mediennutzung in der Häuslichkeit

Die Skala 1 gibt Auskunft darüber, wie viel Mediennutzung aus Elternperspektive im häuslichen Umfeld erfolgt. Unter anderem wird erhoben, ob Eltern der Meinung sind, dass die eigenen Kinder zu Hause etwas zu viel Fernsehen gucken und mehr mit digitalen Medien spielen als sie eigentlich sollten. Zudem wird erfasst, ob es beim gemeinsamen Essen häufiger vorkommt, dass der Fernseher nebenbei läuft und es als entspannend empfunden wird, wenn sich die eigenen Kinder alleine einen Film oder eine Serie anschauen – also digitale Medien eher bedacht oder unbedacht und/oder indirekt zur eigenen Entspannung genutzt werden.

Skala 2: Erwartete Auswirkungen digitaler Medien

Mithilfe der Skala 2 soll erfasst werden, wie Eltern dem Einsatz digitaler Medien hinsichtlich der erwarteten Auswirkungen gegenüberstehen. Erhoben wird das Meinungsbild darüber, ob der frühzeitige Kontakt zu digitalen Medien zu Problemen im sozialen Umgang führen könne (Auswirkungen auf sozial-emotionale Kindesentwicklung) und ob der allgemeine Eindruck besteht, dass Geräte wie Smartphones und Tablets Kindern eher schaden als nutzen (allgemein erwartete negative Auswirkungen).

Skala 3: Information und Mitbestimmung

In der Skala 3 geht es vorrangig um die Information und Mitbestimmung der Elternschaft, also wie gut sie sich in die pädagogische Arbeit eingebunden und integriert fühlen. Demgemäß wird erfasst, ob sich die Elternschaft gut darüber informiert fühlt, was ihr Kind in der Kita lernt und welche digitalen Medien in der Kita eingesetzt werden. Zudem können Eltern ihr Empfinden darüber einschätzen, wie gut sie im Kita-Kontext einbezogen werden.

Skala 4: Befürwortung und Technikaffinität der Elternschaft

Im Rahmen der Skala 4 schätzen Eltern ihre eigene Technikaffinität ein und geben Auskunft darüber, ob sie dem Einsatz digitaler Medien eher befürwortend oder eher ablehnend gegenüberstehen bzw. ob sie unter anderem der Auffassung sind, dass der Einsatz digitaler Medien, wie kindgerechte Lernvideos, die pädagogische Arbeit bereichern kann oder ob dies eher abgelehnt wird.

Nutzung des Instruments im Kita-Kontext und/oder im Rahmen von Fort- und Weiterbildungen

Bei der nachfolgenden Nutzungsempfehlung handelt es sich lediglich um Vorschläge und Anregungen darüber, wie und in welcher Reihenfolge der Kurzfragebogen für die Elternschaft in der pädagogischen Praxis eingesetzt werden kann. Wenn Sie dieses Vorgehen bspw. aus zeitlichen Gründen auf den wesentlichen Teil des Ausfüllens der Fragebögen (Schritt 2), der Auswertung (Schritt 3) und der Reflexion (Schritt 4) beschränken wollen, bleibt dies selbstverständlich vollkommen Ihnen überlassen. Die Auswertung selbst wird dadurch nicht beeinflusst.

1. Schritt: Eigene Reflexion vorab

Bevor oder während die Eltern (erziehungs- oder sorgeberechtigten Personen) den Fragebogen beantworten, kann es hilfreich sein, sich alleine oder im Kita-Team Notizen zu der Einschätzung darüber zu machen, wie die Elternschaft der Kita dem Einsatz digitaler Medien gegenüber steht. Für die Notizen können die folgenden Fragen als Impulse genutzt werden:

 Reflexionsfragen

- Glauben Sie, dass die Elternschaft Ihrer Kita den Einsatz digitaler Medien in der pädagogischen Arbeit eher befürwortet oder ablehnt? Begründen Sie kurz ihre Aussage. (Sie können hierbei auch verschiedene Bereiche der pädagogischen Arbeit getrennt berücksichtigen.)
- Wieso glauben Sie, dass die befragte Elternschaft dem Einsatz digitaler Medien in der pädagogischen Arbeit eher positiv oder negativ gegenüber eingestellt ist?
- Wie schätzen Sie selbst die Mediennutzung in der Häuslichkeit der befragten Elternteile ein?
- Wieso glauben Sie, werden die (digitalen) Medien in der Häuslichkeit so wie angenommen genutzt?

Sollten Fachkräfte davon ausgehen, dass die Haltung und Einstellung der befragten Elternschaft Ihrer Kita sehr unterschiedlich sein wird, kann es sinnvoll sein, auch die Verteilung vorab einzuschätzen, bspw.: „80 % befürworten eher den Einsatz digitaler Medien in der Kita, 20 % lehnen den Einsatz digitaler Medien eher ab" oder „90 % unserer Elternschaft setzt ihre Kinder vor den Fernseher, um selbst etwas Ruhe zu haben".

2. Schritt: Beantwortung des Fragebogens durch die Eltern

Nachdem die Vorabeinschätzung der Elternschaft abgeschlossen ist, können die Kurzfragebögen an die Elternschaft ausgegeben werden. Bitte beachten Sie hierbei die Hinweise zur Nutzung und Anwendung des Kurzfragebogens für die Elternschaft.

3. Schritt: Einpflegen der Daten und Auswertung

Es wird empfohlen, nachdem die Dateneingabe und Auswertung erfolgt sind, die Inhalte der ersten beiden Schritte abschließend zusammenzuführen. Dafür können zunächst die ausgegebenen Diagramme in der Auswertungsdatei angesehen werden. Unter Hinzunahme der im 1. Schritt angefertigten Notizen könnten nun exemplarisch folgende Fragestellungen bearbeitet werden:

 Reflexionsfragen

- Inwiefern decken sich die Ergebnisse des Elternfragebogens mit den von Ihnen vorab zusammengetragenen Einschätzungen bzw. inwiefern gibt es größere Unterschiede, mit denen Sie vorab nicht gerechnet haben?

- Inwiefern hat sich Ihre Perspektive auf Ihrer Elternschaft geändert? Bitte erläutern Sie kurz Ihre Aussage.

- Wie bewerten Sie die Ergebnisse des Fragebogens für Ihre pädagogische Praxis? Welche Handlungsbedarfe ergeben sich?

- Wie könnte die gemeinsame Arbeit mit der Elternschaft gestaltet bzw. weiter aufgebaut werden?

Die Ergebnisse des Fragebogens und der Reflexion können für eine weitere Reflexion im Team bzw. in der Kleingruppe genutzt werden.

4. Schritt: Reflexionen im Team und/oder mit der Elternschaft (optional)

Im letzten Schritt wird empfohlen, die Ergebnisse für die weitere Arbeit im Team zu nutzen sowie die Elternschaft einzubeziehen und über die Ergebnisse zu informieren. Möglicherweise könnte im Rahmen eines Thementages oder eines Elternabends anhand der Ergebnisse gemeinsam diskutiert werden, welche Ergebnisse für die Elternschaft eher weniger oder auch besonders überraschend sind. Zeitgleich sollte mit den Eltern gemeinsam reflektiert werden, wie diese Ergebnisse künftig verwendet werden können, um vorhandene Ressourcen zu nutzen, aber auch um Bedarfen, wie potenziellen Befürchtungen und Ängsten, adäquat zu begegnen. Eventuell wurde bereits mit dem Kita-Team diskutiert, welche Handlungsschritte aus den Ergebnissen abgeleitet werden können. Diese könnten zusätzlich im Rahmen einer solchen Veranstaltung vorgestellt werden.

Auf einen Blick

Elternfragebogen

Zielstellung

Ermöglicht den Abgleich darüber, wie gut die pädagogischen Fachkräfte des Kita-Teams die Elternschaft dahingehend einschätzen können, wie diese dem Einsatz digitaler Medien gegenüberstehen.

Aufbau

- Mediennutzung in der Häuslichkeit
- Erwartete Auswirkungen digitaler Medien
- Information und Mitbestimmung
- Befürwortung und Technikaffinität

Nutzung des Selbstreflexionsfragebogens

➤ 1. Schritt – Eigene Reflexion vorab

➤ 2. Schritt – Beantwortung des Fragebogens durch die Eltern
   - keine Zeitbegrenzung, durchschnittliche Beantwortungsdauer 3 bis 5 Minuten

➤ 3. Schritt – Einpflegen der Daten und Auswertung
   - Auswertung erfolgt mithilfe einer materialbegleitenden Excel-Datei [Link]
   - Werte des Fragebogens in die Tabelle eintragen
   - Ergebnisdarstellung: grafisch

➤ 4. Schritt – Selbstreflexion im Team und/oder mit der Elternschaft (optional)

Hinweise zur Nutzung und Anwendung des Kurzfragebogens für die Elternschaft

Genau wie der Selbstreflexionsfragebogen kann auch der Kurzfragebogen für die Elternschaft digital, über eine zur Verfügung gestellte PDF-Datei, von den Eltern beantwortet werden. Zudem ist der Fragebogen auch in Anhang 4 (S. 134) zu finden. Für die Nutzung der beschreibbaren PDF-Datei sollte den Eltern auch hier der Hinweis gegeben werden, vorab zu prüfen, ob die abgegebenen Antworten zuverlässig von der genutzten Software übernommen und gespeichert werden. Für eine zuverlässige Beantwortung wird die Nutzung des Acrobat Readers empfohlen, da dieser in der Projektphase zuverlässig funktionierte. Alternativ können Sie den Fragebogen auch ausdrucken und an die Eltern (erziehungs- oder sorgeberechtigten Personen) ausgeben. Sofern Sie in Ihrer Kita Gruppen haben, sollten wenigstens fünf Eltern (erziehungs- oder sorgeberechtigte Personen) einer Gruppe den Fragebogen beantworten. Sollten Sie keine festen Gruppen in der Kita haben, wird empfohlen, den Fragebogen an wenigstens fünf Eltern (erziehungs- oder sorgeberechtigte Personen) von Kindern in einer ähnlichen Altersspanne auszugeben. Um Verzerrungen zu vermeiden, sollte darauf geachtet oder zumindest darauf hingewiesen werden, dass die jeweiligen Elternteile den Fragebogen für sich und nicht gemeinsam ausfüllen. Alternativ kann pro Elternhaus auch nur ein Fragebogen ausgegeben werden. Dann wäre jedoch der Hinweis angebracht, dass es um die eigene Meinung geht und daher der Fragebogen auch nur von einem Elternteil ausgefüllt werden soll.

Die Instruktionen zum Ausfüllen des Fragebogens befinden sich direkt auf dem Fragebogen. Es sollte darauf geachtet werden, dass der Fragebogen vollständig ausgefüllt und dass pro Frage nur eine Antwort abgegeben wird. Sofern der Fragebogen in ausgedruckter Form bearbeitet und versehentlich eine falsche Antwort angekreuzt wird, sollte dies so korrigiert werden, dass das irrtümlich angekreuzte Feld vollständig ausgemalt und anschließend die neue Antwort wie üblich angekreuzt wird. Dadurch ist erkennbar, dass es sich hierbei um eine Korrektur handelt. Das ausfüllende Elternteil sollte zudem bei der Beantwortung des Fragebogens darauf achten, dass die Fragen intuitiv, aus dem Bauch heraus, beantwortet werden. Hierbei ist es wichtig zu erwähnen, dass es um die eigene Meinung geht und es daher im gesamten Fragebogen keine richtigen oder falschen Antworten gibt.

Nachdem die Elternschaft den Kurzfragebogen beantwortet hat, müssen auch diese Daten in die gleiche kostenfrei zum Download zur Verfügung gestellte Excel-Datei überführt werden, die auch für den Selbstreflexionsfragebogen für pädagogische Fachkräfte genutzt wird.

Nutzung der Auswertungsdatei (Excel-Datei)

Die Auswertung des Kurzfragebogens erfolgt durch Nutzung einer speziell dafür vorgesehenen materialbegleitenden Auswertungsdatei in Form eines Excel-Dokuments.

Nachdem Sie die Datei geöffnet haben, sehen Sie auf dem ersten Tabellenblatt zunächst die Eingabemaske, in die alle Elternfragebögen übertragen werden können (siehe Abbildung 30, S. 73). Zu beachten ist, dass sich die hellgelb hinterlegte Tabelle für die Eingabe der Elternfragebögen ganz unten befindet (unter der Tabelle für die Eingabe des Selbstreflexionsfragebogens einer einzelnen Fachkraft und der Tabelle für die Eingabe der Selbstreflexionsfragebögen des Kita-Teams). Dieses Tabellenblatt ist das einzige, indem Sie selbst in den farbig unterlegten Zellen (Kästchen) die jeweiligen Werte des Fragebogens bzw. der Fragebögen eintragen müssen. Alle weiß oder grau hinterlegten Zellen sind nicht zur Veränderung vorgesehen und können daher nicht bearbeitet bzw. verändert werden (die Zellen sind vor Änderungen geschützt, damit die Funktionalität der Excel-Datei keinesfalls durch versehentliche Änderungen beeinträchtigt werden kann).

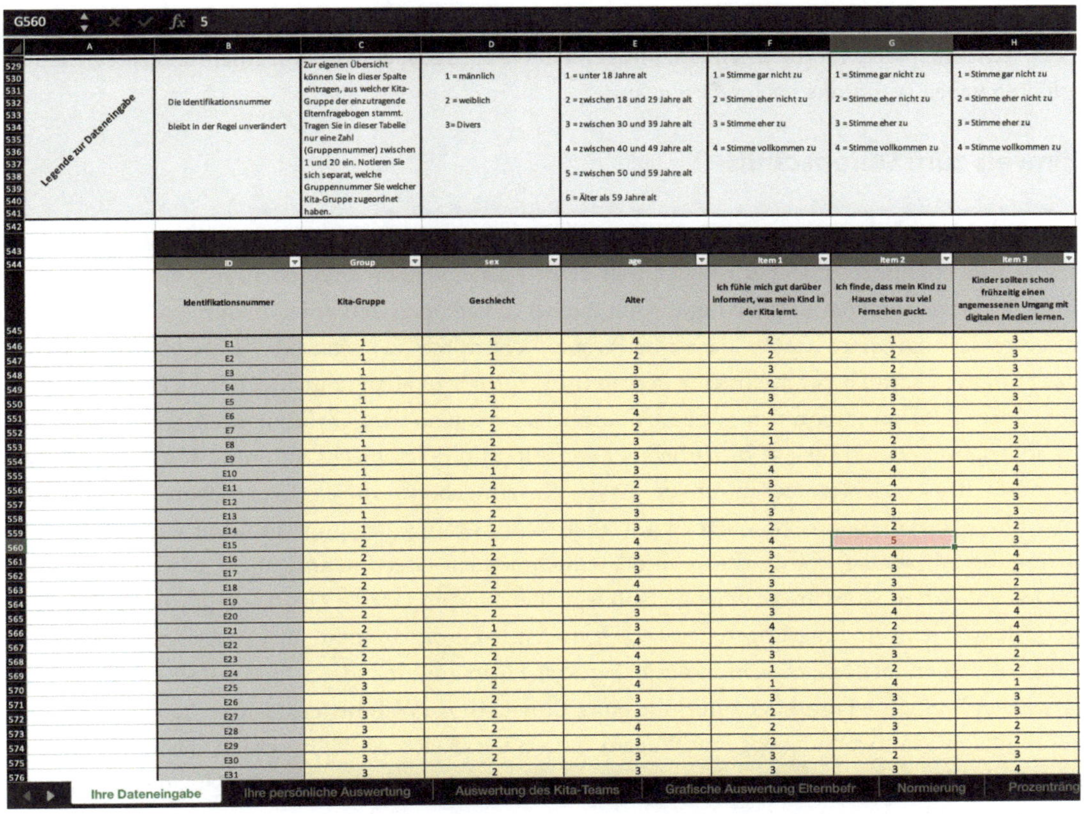

III. Modul I – Reflexionsmaterialien

Abbildung 30: Übersicht der Tabellenblätter in der Auswertungsdatei – Abschnitt Kurzfragebogen für die Elternschaft

Die Dateneingabe erfolgt, wie bereits im Abschnitt des Kapitels III.2. *Nutzung der Auswertungsdatei* (S. 39) ausgeführt, nicht durch Eingabe der angegebenen Antworten in Textform, sondern wie in Abbildung 31 zu sehen, durch Eingabe der dazugehörigen Zahlenwerte. Über der Tabelle zur Eintragung der zurückerhaltenen Elternfragebögen ist ebenfalls eine Legende eingeblendet, aus der hervorgeht, welche Zahl welcher Textantwort entspricht.

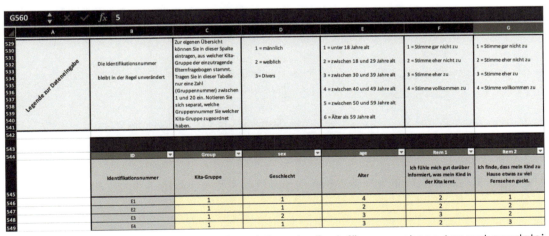

Abbildung 31: Dateneingabe der Elternfragebögen in die dafür vorgesehene Auswertungsdatei

Die Abkürzungen E1, E2, ..., E4, ... stehen jeweils für Elternfragebogen 1, Elternfragebogen 2 etc. Jede Zeile steht entsprechend für einen einzutragenden Fragebogen, den Sie von einem Elternteil zurückerhalten haben (von links nach rechts gelesen).

Hinweis zum Datenschutz

Wie bei den Tabellen der Fragebögen der pädagogischen Fachkräfte ist nicht vorgesehen, Namen in der Tabelle einzutragen. Daher ist auch hier keine Namensspalte vorgesehen. An dieser Stelle wird ausdrücklich empfohlen, eine Befragung mit mehreren Personen stets anonym durchzuführen. Dabei ist besonders darauf zu achten, dass eine Person nicht durch das Alter oder das Geschlecht identifiziert werden kann, bspw. wenn eine Person im Vergleich zu allen teilnehmenden Eltern besonders jung oder alt ist bzw. wenn sich nur eine männliche Person an der Erhebung beteiligt hat. Sollte dies vorab bekannt sein, sollte auf die Erhebung von Alter und Geschlecht im Sinne des Datenschutzes grundsätzlich verzichtet werden. Zudem ist der Kurzfragebogen für die Elternschaft anfällig dafür, dass Eltern sozial erwünscht antworten. Daher sollte vorab gezielt angesprochen werden, dass die Befragung nur aussagekräftig ist, wenn die teilnehmenden Eltern so antworten, wie sie intuitiv auf Fragen antworten würden, unabhängig von jeglicher Wertung durch Dritte – ergänzt um den Hinweis, dass daher alle Fragebögen gesammelt und vollständig anonym ausgewertet werden. Daher wird empfohlen, die Fragebögen in ausgedruckter Form auszuhändigen und, ähnlich wie zu einer offiziellen Wahl, die Fragebögen mithilfe einer Einwurfbox (Wahlurne) zurückgeben zu lassen. Bei der digitalen Beantwortung des Fragebogens müsste vorab sichergestellt werden, dass alle Personen die Möglichkeit haben, die Fragebögen anonym einzureichen (Anonymität in Metadaten des Textdokuments, Anonymität beim Upload).

Die Dateneingabe bzw. die Umcodierung vom Antwortformat in Textform in das einzutragende Zahlenformat folgt immer der gleichen Logik der Leserichtung von oben nach unten bzw. von links nach rechts. Das bedeutet, dass die Antworten der allgemeinen Angaben, in denen die Antworten von oben nach unten aufgeführt sind (siehe Abbildung 32), auch von oben beginnend mit 1, 2, 3 codiert sind. Wie in Abbildung 32 zu sehen, müsste folglich in die Auswertungsdatei in der Tabellenspalte des Geschlechts der Zahlenwert 2 und in der Tabellenspalte des Alters der Zahlenwert 3 eingetragen werden.

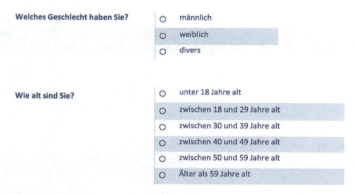

Abbildung 32: Erstes Beispiel für die Dateneingabe der Kurzfragebögen für die Elternschaft – Geschlecht und Alter

Gleichzeitig werden wie in Abbildung 33 (S. 75) dargestellt die Antworten im restlichen Teil des Fragebogens von links nach rechts immer beginnend mit 1 codiert. Somit würden hier, in die Tabelle der Dateneingabe für die Fragen 1 und 2 der Zahlenwert 3 eingetragen werden, für Frage 3 der Zahlenwert 4, für Frage 4 der Zahlenwert 2 und für Frage 5 der Zahlenwert 1.

		stimme gar nicht zu	stimme eher nicht zu	stimme eher zu	stimme vollkommen zu
	Bitte wählen Sie die zutreffende Antwort für jeden Punkt aus				
1	Ich fühle mich gut darüber informiert, was mein Kind in der Kita lernt.	○¹	○²	⊗³	○⁴
2	Ich finde, dass mein Kind zu Hause etwas zu viel Fernsehen guckt.	○¹	○²	⊗³	○⁴
3	Kinder sollten schon frühzeitig einen angemessenen Umgang mit digitalen Medien lernen.	○¹	○²	○³	⊗⁴
4	Ich weiß gut darüber Bescheid, welche digitalen Medien in der Kita eingesetzt werden.	○¹	⊗²	○³	○⁴
5	Der soziale Umgang der Kinder leidet unter dem Einsatz digitaler Medien.	⊗¹	○²	○³	○⁴

Abbildung 33: Zweites Beispiel für die Dateneingabe – Kurzfragebogen für die Elternschaft (4-stufiges Antwortformat)

Besonderheiten und Spezifikationen der Auswertungsdatei

In die vorgesehenen Zellen zur Dateneingabe können nur die Zahlenwerte eingetragen werden, die für die jeweilige Frage möglich sind. Beispielsweise können Sie bei einem 3-stufigen Antwortformat, wie der Frage zu dem Geschlecht, auch nur die Zahlenwerte 1 bis 3 eingeben. Sofern ein Zahlenwert eingetragen wurde, der keiner zugewiesenen Antwortmöglichkeit entspricht (siehe Abbildung 34), handelt es sich um eine *fehlerhafte Eingabe* und die Zelle wird automatisch mit einer roten Markierung hervorgehoben. Dadurch soll die Wahrscheinlichkeit vermindert werden, dass versehentlich ein falscher Wert eintragen wird bzw. erleichtert es abschließend, einen falsch eingetragenen Wert in der Tabelle wiederzufinden.

ID / Identifikationsnummer	Group / Kita-Gruppe	sex / Geschlecht	age / Alter	Item 1 / Ich fühle mich gut darüber informiert, was mein Kind in der Kita lernt.	Item 2 / Ich finde, dass mein Kind zu Hause etwas zu viel Fernsehen guckt.	Item 3 / Kinder sollten schon frühzeitig einen angemessenen Umgang mit digitalen Medien lernen.
E1	1	1	4	2	1	3
E2	1	1	2	2	2	3
E3	1	2	3	3	2	3
E4	1	1	3	2	3	2
E5	1	2	3	3	3	3
E6	1	2	4	4	2	4
E7	1	2	2	2	3	3
E8	1	2	3	1	2	2
E9	1	2	3	3	3	2
E10	1	1	3	4	4	4
E11	1	2	2	3	4	4
E12	1	2	3	2	2	3
E13	1	2	3	3	3	3
E14	1	2	3	2	2	2
E15	2	1	4	4	5	3
E16	2	2	3	3	4	4
E17	2	2	3	2	3	4
E18	2	2	4	3	3	2
E19	2	2	4	3	3	2

Abbildung 34: Fehlerhafte Eingabe der zweiten Frage im Elternfragebogen E15

Auswertung und Ergebnisdarstellung

Nachdem die Fragebögen der Elternschaft in das Tabellenblatt *Ihre Dateneingabe* eingegeben wurden, kann man durch Auswahl des unten zu sehenden Reiters zum Tabellenblatt *Grafische Auswertung Elternbefragung* wechseln (siehe Abbildung 35, S. 76). In diesem Tabellenblatt generiert sich automatisch die Auswertung in Diagramm-Form.

Abbildung 35: Übersicht der Tabellenblätter in der Auswertungsdatei

Zunächst erfolgt eine Übersicht, die der Stichprobenbeschreibung dient (siehe Abbildung 36). Darin enthalten ist die Aufteilung der teilnehmenden Personen nach verschiedenen Kita-Gruppen, sofern das Meinungsbild der gesamten Elternschaft von Interesse ist. Sollen nur ausgewählte Gruppen innerhalb der Kita betrachtet werden, müssen die Daten anderer Gruppen aus der Tabelle entfernt werden. Darunter werden Ihnen in zwei Tortendiagrammen die Alters- sowie Geschlechterverteilung ausgegeben.

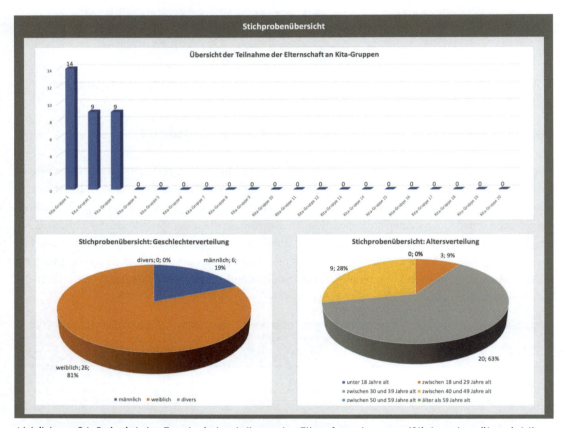

Abbildung 36: Beispiel der Ergebnisdarstellung des Elternfragebogens (Stichprobenübersicht)

Nachdem Sie sich einen allgemeinen Überblick über die Stichprobe verschaffen konnten, werden darunter alle Fragen nach Skalenzugehörigkeit sortiert in zwei verschiedenen Diagrammen abgebildet. Das linke Tortendiagramm zeigt dabei immer, wie die Elternschaft insgesamt geantwortet hat, also wie viel Prozent der Eltern es, wie in Abbildung 37 (S. 77) beispielhaft dargestellt, eher befürworten, dass Kinder schon frühzeitig einen angemessenen Umgang mit digitalen Medien lernen und wie viel Prozent dies eher nicht befürworten.

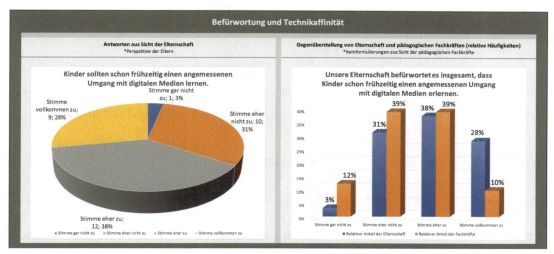

Abbildung 37: Beispiel der Ergebnisdarstellung des Elternfragebogens (Beispielitem aus der Skala Befürwortung und Technikaffinität)

Diese Form der Darstellung soll einen schnellen Überblick darüber ermöglichen, wie die Elternschaft dem Einsatz digitaler Medien gegenübersteht und vor allem einen Eindruck geben, wie gleich oder unterschiedlich die Erwartungen aus Elternperspektive sind. Neben dem Tortendiagramm auf der linken Seite werden auf der rechten Seite die Fragen aus dem Elternfragebogen den dazugehörigen Fragen aus dem Selbstreflexionsfragebogen gegenübergestellt, die sich darauf beziehen, wie die pädagogischen Fachkräfte die Perspektive der Elternschaft einschätzen. Die Gegenüberstellung der Fragenpaare ist in Form eines Balkendiagramms dargestellt. Die orangefarbenen Säulen bilden ab, wie die pädagogischen Fachkräfte des Kita-Teams die Elternschaft hinsichtlich ihres erwarteten Antwortverhaltens einschätzen (Angaben in Prozent). Die blaue Säule des Balkendiagramms stellt im Gegensatz dazu dar, wie die Elternschaft tatsächlich auf eine Frage geantwortet hat. Anhand dieses Balkendiagramms sollen die Perspektiven der Eltern besser kennengelernt und eingeschätzt werden können. Darüber hinaus können durch die Gegenüberstellung der Wahrnehmung von pädagogischen Fachkräften und Elternschaft sowohl Passungen als auch Fehleinschätzungen übersichtlich dargestellt und miteinander verglichen werden. Dadurch sollen im Rahmen der Reflexion Bedarfe ermittelt und geeignete Handlungsoptionen abgeleitet werden können. An einem Beispiel verdeutlicht, könnte eine pädagogische Fachkraft die Kita als medialen Schonraum verstehen, weil sie erwartet, dass der Umgang mit digitalen Medien bereits in der Häuslichkeit sehr hoch ist. Entsprechend möchte sie, dass im Rahmen des Kita-Alltags nicht noch mehr Bildschirmzeit hinzukommt, weshalb sie den Einsatz digitaler Medien kategorisch für ihre eigene berufliche Tätigkeit ausschließt. Gegebenenfalls kann es an dieser Stelle hilfreich sein, zu erheben, ob sich die Erwartungen im Rahmen der Elternbefragung bestätigen lassen oder nicht.

Druck der Auswertungen

Die Druckbereiche der Auswertung der Elternbefragung sind so formatiert, dass die Stichprobenübersicht sowie die vier verschiedenen Skalen, inklusive der zugehörigen Fragen, auf jeweils einer Seite dargestellt werden. Entsprechend verteilt sich die Auswertung auf insgesamt 5 Seiten (≙ 3 Blätter Papier, wenn doppelseitig gedruckt wird).

4. Instrument zur Erhebung der Kinderperspektive

Material im Anhang	Anhang 5 – Instrument zur Erhebung der Kinderperspektive auf (digitale) Medien
Online-Material (Datei-Format)	Instrument zur Erhebung der Kinderperspektive auf (digitale) Medien

Beschreibung und Zielstellung des Materials

Das Instrument zur Erhebung der Perspektive von Kindern ist im Rahmen des Forschungsprojektes DiKit entstanden, um Kinder als Expert*innen ihrer Lebenswelt ernst zu nehmen und gezielt die Sichtweise von Kindern auf die Nutzung und den Einsatz digitaler Medien zu ermitteln (Stolakis, Schmitt, Borke, Fischer, Simon & Hohmann, 2023). Im Ergebnis entstand ein dreiphasiges Instrument. Es besteht aus zwei Leitfäden für die Durchführung der Erhebung, welche im Anhang 5 (S. 136) zu finden sind, sowie einem Memospiel, für das eine Anleitung zur eigenen Erstellung zur Verfügung gestellt wird. Das Instrument wurde im Rahmen der Erhebungen im DiKit-Projekt erprobt und zu einem Reflexionsinstrument für die Praxis weiterentwickelt.

Hierzu wurden Erhebungen in drei Kitas mit unterschiedlicher Ausrichtung bezüglich des Einsatzes digitaler Medien durchgeführt. Darunter war eine Kita, die bisher eher keine digitalen Medien einsetzt, eine mit unterschiedlichen Positionierungen im Team sowie eine, die digitale Medien proaktiv im Alltag einsetzt. An jeweils zwei Erhebungstagen haben in jeder Kita neun bis zwölf Kinder an den Erhebungen teilgenommen, mit denen in den einzelnen Phasen als ganze Gruppe oder in Kleingruppen gearbeitet wurde. Genauere Angaben hierzu werden in den Beschreibungen der einzelnen Phasen näher erläutert.

Das Ziel der Erhebungen war es, ein handhabbares und praxistaugliches Instrument zu entwickeln, mit welchem Fachkräfte die Perspektive von Kindern erheben können.

Dabei waren folgende Fragestellungen leitend:

- Wie ist die Perspektive von Kindern auf digitale Medien in der Kita?
- Welche Medien kennen/nutzen die Kinder? (privat und in der Kita)
- Was machen sie genau damit?
- Was gefällt ihnen (nicht)?
- Welche Wünsche haben Kinder für die Kita?

Hierfür war es wichtig, ein für Kinder angemessenes Vorgehen zu finden. Insbesondere wurden Vorüberlegungen zu sprachlichen Fähigkeiten der Kinder, der Bekanntheit bestimmter Begriffe sowie zum Abstraktionsniveau und zur Komplexität der Fragestellungen getroffen, um die Anforderungen der Fragen an die Fähigkeiten der Kinder anzupassen. Durch die Kombination von sprachlichen und bildhaften Elementen wurde ein anwendbares Verfahren entwickelt, mit welchem es gelingen kann, den relevanten Themenbereich zu fokussieren.

Im Zentrum stand die Entwicklung eines Memospiels, das bei der Erhebung unterschiedlich eingesetzt werden kann. Hierfür wurden zunächst Gegenstände gesammelt, die in der kindlichen Lebenswelt eine Rolle spielen könnten. Diese wurden anschließend im Team besprochen und Objekte entfernt oder weitere hinzugefügt. Im letzten Schritt wurden die Bilder mit Kindern unterschiedlicher Altersgruppen erprobt und eine letzte Auswahl für das Memospiel getroffen.

Das Instrument kann gut mit Kindern im Vorschulalter genutzt werden (fünf bis sieben Jahre) und eignet sich dazu, mit den Kindern über Kenntnis und Nutzung digitaler Endgeräte ins Gespräch zu kommen. Nach den Erfahrungen im Projekt, können Wünsche/Bewertungen vor allem indirekt ermittelt werden, also z. B. über Bemerkungen, Gefühle und Gestiken, die Kinder bei den Erzählungen zu bestimmten Geräten oder Anwendungen zum Ausdruck bringen oder auch durch die Frage, warum eine entsprechende Bildkarte durch ein Kind ausgewählt wurde, um dazu etwas zu erzählen.

Die direkte Frage nach Wünschen wurde selten beantwortet. Teilweise wurde selbst die Frage nach dem Lieblingsbuch nicht beantwortet. Erkenntnisse sind also eher hinsichtlich der Fragen zu erwarten:

- Welche Medien kennen die Kinder (nicht)?
- Welche Medien benutzen die Kinder (nicht) und wofür?
- Wie werden die Geräte benutzt (Anwendungswissen)?

Hinweise zur Nutzung und Anwendung des Instruments zur Erhebung der Perspektive von Kindern

Die nachfolgenden Hinweise zur Nutzung und Anwendung des Instruments sollen dabei helfen, Fachkräfte oder Teilnehmende einer Fortbildung darin zu unterstützen, es eigenständig in der Kita einzusetzen. In der Fortbildung sollten die Fachkräfte die Gelegenheit erhalten, sich mit dem Material so vertraut zu machen, dass sie sich auf den eigenständigen Einsatz gut vorbereitet fühlen. Neben der Vorstellung ist also auch das Erproben der Leitfäden und des Ablaufs in Kleingruppen denkbar, zudem sollten die Teilnehmenden die Gelegenheit erhalten, Rückfragen zu stellen.

Das hier vorgestellte Instrument zur Erhebung der Perspektive von Kindern ist in drei Phasen angelegt. Dabei wechseln die Phasen von sehr offen und ungezwungen über themenzentriert und konzentriert hin zu einem spielerischen Abschluss. Diese drei Phasen werden an zwei Tagen durchgeführt. Dabei müssen die beiden Tage nicht direkt aufeinanderfolgen, sollten aber auch nicht in einem zu großen zeitlichen Abstand liegen. Im Projekt hat es sich als günstig erwiesen, die Erhebungen binnen einer Woche durchzuführen. Die Phasen können zudem auch einzeln genutzt werden, sodass ein flexibler Einsatz ebenfalls möglich ist. Auch Anpassungen der einzelnen Phasen können vorgenommen werden und sind je nach Kindergruppe vielleicht sogar notwendig. Die Instruktionen zur Anwendung und Auswertung dienen dazu, ein grundlegendes Verständnis für das Instrument zu erhalten, müssen aber nicht zwangsläufig auch auf diese Weise abgearbeitet werden.

Bevor die Gruppen für eine Teilnahme an den Erhebungen zusammengestellt werden, ist es zunächst wichtig, die Kinder darüber zu informieren. Die Teilnahme sollte freiwillig sein, weshalb nur Kinder ausgewählt werden sollten, die auch Lust dazu haben. Wenn geklärt ist, wie viele und welche Kinder teilnehmen möchten, kann die Einteilung in Kleingruppen erfolgen. Zu beachten ist, dass den Kindern jederzeit die Möglichkeit gegeben werden sollte, die Teilnahme abzubrechen oder die Situation zu verlassen.

Wichtig ist es, die jeweiligen Phasen aufzuzeichnen, was das Einverständnis der Eltern vorausgesetzt. Dies kann bspw. mithilfe eines Diktiergerätes erfolgen oder einfach mit der Aufnahme-Funktion, über die jedes Smartphone verfügt. Das Aufzeichnen der Gespräche erleichtert die spätere Auswertung enorm und kann auch, anders als beim Mitschreiben oder nachträglichem Anfertigen eines Gedächtnisprotokolls, die Vollständigkeit der Inhalte gewährleisten. Während des Rundgangs werden zusätzlich Fotos angefertigt, um aufzuzeichnen, welche Spielgeräte, Plätze und Räume die Kinder gezeigt haben, da davon auszugehen ist, dass diese eine besondere Relevanz haben.

Auf einen Blick

Instrument zur Erhebung der Perspektive von Kindern auf digitale Medien

Mögliche Erkenntnisse

- Welche Medien kennen die Kinder (nicht)?
- Welche Medien benutzen die Kinder (nicht) und wofür?
- Wie werden die Geräte benutzt (Anwendungswissen)?

Vorbereitung

- Klären – Wie viele Kinder nehmen teil? Aufteilung der Gruppen
- Aufnahmegerät
- Memospiel
- Leitfaden mit Fragen

Am ersten Tag erfolgt gemeinsam mit den Kindern ein *Rundgang durch die Kita*. Dieser kann je nach Kita und Mitteilungsbedürfnis der Kinder 1–1,5 Stunden in Anspruch nehmen. Kennt man die Kinder und die Kita bereits, wird der Rundgang weniger Zeit in Anspruch nehmen, da die Kinder dann nicht die gesamte Kita gezeigt wird. Dennoch sollte man für den Rundgang mindestens 45 Minuten einplanen. Es sollte im Vorhinein darüber nachgedacht werden, wer den Rundgang mit den Kindern durchführt. Günstig kann es bspw. sein, wenn eine Fachkraft, die nicht täglich mit den Kindern arbeitet oder eine neue Fachkraft oder Praktikant*in den Rundgang durchführt. Arbeitet eine Fachkraft täglich mit den Kindern, deren Sichtweise erhoben werden soll, erschließt sich den Kindern womöglich nicht, warum sie ihre liebsten Spielsachen und -orte zeigen sollen.

An den Rundgängen, die innerhalb des Projektes durchgeführt wurden, haben 9–12 Kinder und zwei befragende Erwachsene teilgenommen. Führt man den Rundgang allein durch, sollte man die Anzahl der Kinder anpassen. Eine Gruppengröße von 3–5 Kindern erscheint geeignet. Möchte man mehr Kinder mit einbeziehen, sollte man zugunsten einer kleineren Gruppengröße mehrere Durchläufe einplanen.

Der Rundgang in der Kita läuft recht ungezwungen ab. Die Idee ist, dass die Kinder die Kita aus ihrer Perspektive darstellen, als Expert*innen ihrer Lebenswelt, mit dem Fokus darauf, welchen Beschäftigungen sie in der Kita am liebsten nachgehen bzw. welche Orte sie gern nutzen und wofür. Dafür wählt man einen sehr offenen Einstieg in den Rundgang (siehe Anhang 5, S. 136), damit die Kinder die Gelegenheit haben, alles für sie Bedeutsame zum Ausdruck zu bringen. In dieser Phase wird der Fokus noch nicht auf (digitale) Medien gerichtet, sondern es wird eher allgemeiner nach bevorzugten Spielzeugen gefragt. Durch diese Offenheit kann herausgefunden werden, ob und welche Medien für die Kinder in der Kita überhaupt bedeutsam sind.

Der Rundgang zielt auf folgende Fragestellung ab:

- Was machen die Kinder den ganzen Tag in der Kita? Welche Räume und Spielzeuge nutzen sie?

Um das Gespräch während des Rundgangs am Laufen zu halten, bietet es sich an, ergänzende offene Fragen zu stellen, welche die Kinder zum Erzählen anregen. Dabei ist es wichtig, dass die Fragen einfach zu verstehen sind und die Kinder nicht hinsichtlich eines entsprechenden Antwortvorhaltens beeinflussen können. Vorschläge für Fragen sind im Leitfaden zum Rundgang enthalten.

Am zweiten Tag werden die anderen beiden Phasen durchgeführt. Nachdem man einen Überblick darüber gewonnen hat, womit sich die Kinder in der Kita sich gern beschäftigen und ob hierbei Medien relevant sind oder nicht, folgt nun in den nächsten beiden Phasen eher eine thematische Annäherung. Zeitlich sollte man etwa 30 Minuten pro Gruppe einplanen. Ähnlich wie beim Rundgang durch die Kita empfiehlt sich hier eine Gruppengröße von 3–4 Kindern.

In der zweiten Phase werden mit den Kindern werden *Kreisgespräche mithilfe von Bildkarten* durchgeführt. Bei den Bildkarten handelt es sich um ein Memospiel, welches aus 25 Paaren besteht. Auf den Karten sind verschiedene digitale und analoge Medien sowie Anwendungen abgebildet. Das hat den Vorteil, dass die Kinder nicht mit evtl. unbekannten sprachlichen Begriffen umgehen müssen, sondern anhand der Bilder zeigen können, auf welche Medien sie sich beziehen. So ermöglicht das Verfahren, auf spielerische Weise zu (digitalen) Medien, ins Gespräch zu kommen.

Um ein eigenes Memospiel für die Erhebung zu erstellen, benötigt man lediglich 25 Fotos verschiedener Medien und Anwendungen. Diese kann man einfach bei bekannten Drogeriediscountern als Memospiel ausdrucken lassen. Die 25 Motive, die im Rahmen der Erhebung gewählt wurden, waren folgende:

• Schallplattenspieler	• Zeitschriften	• Fernseher	• Smartphone	• Camcorder
• Kassettenrekorder	• Bücher	• VHS-Kassette	• Tablet	• PC/Laptop
• Festnetztelefon	• Toniebox	• CD-Player	• Kindercomputer	• Digitalkamera
• Bluetooth-Box	• Tiptoi	• DVD-Player	• Spielkonsole	• Drucker
• Smart-Speaker-Sprachassistenten (Alexa, HomePod etc.)	• Programmierbares Spielzeug	• Set-Top-Box (Apple TV, Amazon Fire TV, etc.)	• Nintendo-Switch	• Screenshot bekannter Apps[8]

Natürlich können auch andere Motive gewählt oder gemeinsam mit den Kindern relevante Medien fotografiert werden, um ein Memospiel selbst zu erstellen.

Vor Beginn des Gespräches wird zunächst eine Auswahl an Bildkarten auf einem Tisch ausgelegt. Hierfür nimmt man immer nur eine Karte, die jeweilige Partnerkarte wird zunächst beiseitegelegt. Pro Person (inkl. der/des Erwachsenen) werden drei Karten zur Auswahl gestellt (bspw. bei 4 Personen werden insgesamt 12 Karten zur Auswahl gestellt, bei 5 Personen 15 Karten usw.). Der Auftrag an die Kinder ist, dass jedes Kind sich aus allen Karten zwei der Karten aussucht, zu denen es etwas sagen möchte. Auch die Person, welche die Kinder interviewt, wählt zwei Karten aus, sodass insgesamt zwischen 8 und 10 Abbildungen genutzt werden. Alle übrigen Karten (-paare) (inklusive derer, die zur Auswahl standen, aber nicht durch die Kinder ausgewählt wurden) werden zurückgelegt, sie sind für die dritte Phase wichtig.

Jedes Kind erzählt nun reihum etwas zu den jeweils ausgewählten Karten. Erzählimpulse und themenzentrierte Fragen hierzu sind im Leitfaden Kreisgespräche (siehe Anhang 5, S. 136) zu finden. Zum Schluss ist auch die interviewende Person an der Reihe. Während die Kinder erzählen, können auch die anderen Kinder ergänzen, sodass ein Gespräch entsteht und die Kinder nicht das Gefühl haben, in einer Interviewsituation zu sein. Das Gespräch kann mit erzählgenerierenden Fragen angeregt werden, welche ebenfalls dem Leitfaden zu entnehmen sind.

---

8   Hierzu können mehrere Apps auf der Arbeitsfläche eines Smartphones angeordnet werden und von dieser dann ein Screenshot angefertigt werden.

Im Anschluss an das Kreisgespräch, in der dritten Phase, wird das Memospiel gespielt. Dafür können alle Kartenpaare mit den Abbildungen, die bisher noch nicht besprochen wurden, genutzt werden, die Anzahl der Karten kann aber auch je nach Kontext, Zeitrahmen, Alter der Kinder u. Ä. angepasst werden. Auch können Karten mit bestimmten Motiven ausgewählt werden. Es werden dann ebenfalls themenzentrierte Fragen zu jeder Karte gestellt, die darauf abzielen, herauszufinden, ob die Kinder die jeweiligen abgebildeten Gegenstände und Anwendungen kennen und/oder nutzen.

 Auf einen Blick

Instrument zur Erhebung der Perspektive von Kindern auf digitale Medien

Durchführung

- 3 Phasen an 2 Tagen
- Tag 1 – Kita-Rundgang: Dauer ca. 45 Min. pro Rundgang, mit 3–5 Kindern
- Tag 2 – Kreisgespräch mit Bildkarten & anschließendes Memospiel: Dauer ca. 30 Min pro Gruppe á 3–4 Kinder
- Kita-Rundgang:
    - Leitfrage: „Was tun die Kinder in der Kita?"
    - Keine thematische Setzung auf Medien
    - Kinder bringen das für sie Bedeutsame zum Ausdruck
    - Nur erzählgenerierende Fragen, keine Suggestionen
- Kreisgespräch Teil 1 – Ausgewählte Memokarten:
    - Je Person 3 Karten zur Auswahl
    - Jede Person sucht sich 2 Karten aus
    - Aufforderung zu den Karten zu erzählen
    - Gespräche zwischen den Kindern sind erwünscht
    - Fragen des Leitfadens nutzen
- Kreisgespräch Teil 2 – Memospiel:
    - Alle noch nicht besprochenen Kartenpaare werden genutzt
    - Themenzentrierte Fragen lt.
    - Leitfaden

Hinweise zur Interviewführung

Abschließend ist es hilfreich, sich damit auseinanderzusetzen, welche Art von Fragen sowohl beim Rundgang als auch bei den Gesprächen gestellt werden. Die Erprobung im DiKit-Projekt hat gezeigt, dass möglichst einfach und offen gestellte Fragen gesprächsanregender sind. Auf Bewertungen abzielende Fragen wie: „Was machst du damit gern?" erwiesen sich teilweise als zu komplex und wurden nicht beantwortet. Stattdessen kann einfacher gefragt werden: „Was machst du damit?". Generell ist es, wie oben bereits erwähnt, schwierig, nach Bewertungen oder Wünschen zu fragen. Kinder transportieren ihre Bewertungen jedoch sehr deutlich über die Sprechweise und das entsprechende Engagement beim Erzählen. Teilweise waren auch eher geschlossene Fragen, entgegen allen Interviewregeln, günstig, um das Gespräch anzuregen, bspw. erzählte ein Kind in dem Kreisgespräch, ein anderes Kind im Kreis besitze einen Spielcomputer. Auf die Frage: „Ach, du hast einen Spielcomputer?" Beginnt das Kind ausgiebig von verschiedenen Spielcomputern und ihrer Nutzung zu erzählen.

Wichtig ist es auch, darauf zu achten, wie die Kinder ins Gespräch einbezogen werden. Es sollten alle Kinder die Möglichkeit haben, sich mitzuteilen. Auch das kann zum Gesprächsfluss beitragen, weil die Kinder sich untereinander ergänzen, zustimmen oder widersprechen bzw. ihre unterschiedlichen Erfahrungen mitteilen.

Das Interviewformat, wie es im Forschungskontext verwendet wurde, kann dazu führen, dass eine für den Kitaalltag eher ungewohnte Frage-Antwort-Situation entsteht. Hier hat sich in der Erprobung gezeigt, dass es günstig ist, wenn die durchführende Fachkraft sich zuvor mit den Leitfäden vertraut gemacht hat und eher in ein authentisches Gespräch mit den Kindern geht und Fragestellungen ggf. anpasst. Es ist nicht zu empfehlen, den Leitfaden ausgedruckt neben sich liegen zu haben und womöglich sogar Fragen vorzulesen. Hier ist eine gute Vorbereitung wichtig.

Anleitung zur Auswertung

Die nachfolgende Anleitung soll dabei helfen, Fachkräfte darin zu begleiten, die aufgezeichneten Gruppeninterviews auszuwerten. Die Auswertung kann in der Fortbildung vorgestellt werden. Sie kann dann entweder von den Fachkräften eigenständig außerhalb der Fortbildung oder – im Rahmen von mehreren Fortbildungstagen – auch gemeinsam innerhalb der Fortbildung durchgeführt werden. Vorschläge zur Ausgestaltung einer Fortbildung sind in Kapitel III.6, *Exemplarische Ablaufpläne für Modul I*, S. 104 zu finden.

Die Auswertung orientiert sich an der zusammenfassenden Inhaltsanalyse (Mayring, 2003), wurde aber im Hinblick auf Praxistauglichkeit stark vereinfacht. Die Auswertung kann im Rahmen einer Fortbildung oder in Teams durch eine Person angeleitet werden. Anderenfalls können Fachkräfte die nachfolgenden Anleitungen auch selbstständig nutzen.

1. Schritt: Verschriftlichen

Für die Auswertung des Rundgangs und der Gruppeninterviews werden die Foto- und Audioaufzeichnung genutzt. Es empfiehlt sich, die Aufzeichnung zunächst anzuhören und alle Inhalte zu Medien stichpunktartig aufzuschreiben. Kinder äußern spontan oft auch noch vieles andere, was evtl. außerhalb des eigentlichen Themas liegt. Um die Auswertung zeitlich handhabbar zu halten, empfiehlt es sich, die Stichpunkte eng entlang des Themas (digitale) Medien aufzuschreiben. Für den Rundgang sollte ein einmaliges Anhören ausreichen, da die wichtigen Inhalte eher über die Fotos dokumentiert wurden. Die Aufzeichnung des Gruppeninterviews und des Memospiels kann anschließend noch ein zweites und ggf. ein drittes Mal angehört werden, um die Stichpunkte zu korrigieren und zu ergänzen. Für das Verschriftlichen sollten etwa drei Stunden eingeplant werden.

Im Zuge der Erprobung des Instruments wurden wir von der Praxis auch darauf hingewiesen, dass die Verschriftlichung zumindest teilweise auch in Anwesenheit der Kinder erfolgen kann. Die Aufnahmen können gemeinsam angehört und die Bilder gemeinsam angesehen werden. So können auch hier Gelegenheiten zum Gespräch entstehen und die Kinder werden zudem in den Auswertungsprozess mit eingebunden. Fachkräfte können sich im pädagogischen Alltag oft kaum Zeit für die Auswertung nehmen. Durch gemeinsames Anhören und Anschauen, bei dem die Fachkraft mitschreibt, kann man den Auswertungsprozess in die pädagogische Arbeit einbeziehen und damit partizipativ gestalten.

2. Schritt – Ordnen der Stichpunkte entlang der Leitfragen

Die gesammelten Stichpunkte aller Teilerhebungen werden nun in Bezug auf die Leitfragen geordnet.

- Welche Spielhandlungen werden von den Kindern im Kontext Kita thematisiert? (Und ferner: Welche Rolle spielen dabei [digitale] Medien?)
- Welche Geräte/Anwendungen kennen die Kinder? Welche Geräte/Anwendungen nutzen die Kinder? Was machen Kinder genau mit Geräten/Anwendungen?
- Welche Wünsche und Vorbehalte äußern die Kinder?

Hierfür hat es sich bewährt, die Stichpunkte je nach Frage in unterschiedlichen Farben zu markieren oder per copy & paste unter den Fragen zu sammeln, je nachdem, ob man digital oder analog arbeitet. Das erleichtert die weiteren Auswertungsschritte. Das Ordnen der Stichpunkte kann in etwa eine Stunde in Anspruch nehmen. In Tabelle 2 sind die Arbeitsschritte 1 und 2 exemplarisch abgebildet. Hier sieht man in der linken Spalte die Stichpunktsammlung und in der rechten die Fragen bzw. Themen, die von Interesse sind. Die Zuordnung erfolgte hier durch farbliche Markierungen.

Tabelle 2: Stichpunkte und Leitfragen für die Erhebung mit Kindern

Stichpunkte	Fragen
Kinder zeigen Gesellschafsspiele wie bspw. Memospiele	Bevorzugte Spielhandlungen in der Kita
Kinder zeigen Orte für Rollenspiele (Puppenecke, Küche)	
Kinder zeigen Bausteine	Geräte/Anwendungen die Kinder kennen
Kinder zeigen Bücher auf Nachfrage	
Kinder zeigen Toniebox	Geräte/Anwendungen die Kinder nutzen
Nintendo-Switch wird gemocht	
Nintendo-Switch zu Hause nicht erlaubt	Was machen Kinder genau mit Geräten/Anwendungen?
Konkretes Wissen zu Nintendo-Switch Spielen	
X-Box und Nintendo-Switch stehen in der Familie zur Verfügung	Wünsche/Vorlieben und Vorbehalte
Mögen „sehr viel Technik"	
TikTok und Youtube gern geguckt	
Kumpel spielt mit Nintendo-Switch und X-Box	
Kumpel spielt auf Spielkonsolen Fortnite	
Papa spielt Minecraft und Autorennen auf der X-Box Konsole	
Kind darf auch Minecraft spielen oder zugucken	
Spiel Splatoon 1 und 2 auf der Nintendo-Switch gefällt Kind	
Kind hat verschiedene Controller, um die Nintendo-Switch zu bedienen	
Zu Hause drei Fernseher	
Zu Hause vier Fernseher	
Kind guckt auf dem Fernseher DVD	
Weiteres Kind guckt auf dem Fernseher YouTube	
Kind guckt Sendungen über Essen	
Kind spielt Mario Sunshine auf der Spielkonsole	
Kind guckt bei Youtube das Konsolenspiel Splatoon	
Anderes Kind guckt Splatoon manchmal auf DVD	
Kind zählt Geschichten/Figuren der Toniebox auf zählen ihnen bekannte Hörspiele/Toniefiguren auf	
Einige Kinder haben keine Toniebox zu Hause	
Kinder hören Musik aus „ihrer Alexa"	
Kind mag Bücher, allerdings nur solche ohne Schrift anderes Kind hasst Bücher	
Mag nur Bücher, zu denen es ein Video gibt	
Kind weiß nicht, ob sie im Kindergarten Bücher haben.	
In der Kita keine Lieblingsbücher (nur zu Hause)	
Zu Hause interaktives Buch, das per Knopfdruck automatisch vorliest	

3. Schritt – Reduktion der Stichpunkte

Im dritten Schritt können alle inhaltsgleichen Stichpunkte gestrichen werden, wodurch sich der Umfang noch einmal deutlich reduzieren sollte. Anschließend werden die wesentlichen Punkte zusammengefasst. Hierfür sollte man auch etwa eine Stunde Zeit einplanen. Dieser Schritt kann in Tabelle 3 nachvollzogen werden, in der Beispiele aufgeführt wurden. Hier wurden in der linken Spalte doppelte Aussagen gestrichen. In der zweiten Spalte wurden die Inhalte auf wesentliche Punkte reduziert und zusammengefasst. Diese können für eine weitere Reflexion genutzt werden.

Tabelle 3: Reduktion der Stichpunkte

Sortierte Stichpunkte – erste Reduktion	Zusammenfassung – zweite Reduktion
Bevorzugte Spielhandlungen in der Kita Kinder zeigen Gesellschaftsspiele wie bspw. Memospiele Kinder zeigen Orte für Rollenspiele (Puppenecke, Küche) Kinder zeigen Bausteine Kinder zeigen Bücher auf Nachfrage Kinder zeigen Toniebox Kind weiß nicht, ob sie im Kindergarten Bücher haben. In der Kita keine Lieblingsbücher (nur zu Hause)	**Bevorzugte Spielhandlungen in der Kita** – Bücher werden auf Nachfrage gezeigt – keine Lieblingsbücher in der Kita – Gesellschafsspiele und Orte für Rollenspiele werden gezeigt – Bausteine – Toniebox
Geräte/Anwendungen die Kinder kennen ~~Nintendo-Switch~~ zu Hause nicht erlaubt Konkretes Wissen zu Nintendo-Switch Spielen ~~Kumpel spielt mit Nintendo-Switch und X-Box~~ Kumpel spielt auf Spielkonsolen „Fortnite" Papa spielt Minecraft und Autorennen auf der X-Box Konsole Kind zählt Geschichten/Figuren der Toniebox auf ~~Zählen ihnen bekannte Hörspiele/Toniefiguren auf~~ Einige Kinder haben keine ~~Toniebox~~ zu Hause	**Geräte/Anwendungen die Kinder kennen** – Kinder kennen Spielkonsolen wie Nintendo Switch oder X-Box und konkrete Spiele (z. B. Fortnite, Minecraft, Autorennen) – Kinder kennen Geschichten und Figuren der Toniebox. – Geräte sind teilweise nicht zu Hause vorhanden
Geräte/Anwendungen die Kinder nutzen X-Box und Nintendo-Switch stehen in der Familie zur Verfügung TikTok und YouTube gern geguckt Kind darf auch Minecraft spielen oder zugucken ~~Kind hat verschiedene Controller, um die Nintendo-Switch zu bedienen~~ ~~Zu Hause drei Fernseher~~ Zu Hause vier Fernseher Zu Hause interaktives Buch, das per Knopfdruck automatisch vorliest Kinder hören Musik aus „ihrer Alexa"	**Geräte/Anwendungen die Kinder nutzen** – X-Box – Nintendo-Switch – Fernseher – Interaktives Buch – Alexa – TikTok – YouTube – Minecraft
Was machen Kinder genau mit Geräten/Anwendungen? Kind darf auch Minecraft spielen Kinder hören Musik aus „ihrer Alexa" Kind guckt auf dem Fernseher DVD Weiteres Kind guckt auf dem Fernseher YouTube Kind guckt Sendungen über Essen Kind spielt „Mario Sunshine" auf der Spielkonsole ~~Kind guckt bei Youtube das Konsolenspiel „Splatoon"~~ ~~Anderes Kind guckt Splatoon manchmal auf DVD~~	**Was machen Kinder genau mit Geräten/Anwendungen?** – Spielkonsolen: Minecraft, Mario Sunshine – Musik hören – Auf dem Fernseher DVD oder YouTube schauen: Splatoon oder Sendungen über Essen
Wünsche/Vorlieben und Vorbehalte Nintendo-Switch wird gemocht Mögen „sehr viel Technik" TikTok und Youtube gern geguckt Spiel Splatoon 1 und 2 ~~auf der Nintendo-Switch~~ gefällt Kind Kind mag Bücher, allerdings nur solche ohne Schrift Anderes Kind hasst Bücher Anderes Kind mag nur „Bücher", zu denen es ein Video gibt	**Wünsche/Vorlieben und Vorbehalte** – Kinder mögen Technik, insbesondere Spielkonsolen, wie Nintendo Switch – Anwendungen/Spiele wie TikTok, YouTube oder Splatoon werden gemocht – Bücher werden nur eingeschränkt gemocht (ohne Schrift oder die sich auf Videos beziehen)

Auf einen Blick

Auswertung zur Erhebung der Perspektive von Kindern, Dauer: ca. 5 Stunden

Instruktionen für die Fachkraft

1. Schritt – Verschriftlichen

➢ Kita-Rundgang:

- Stichpunktartiges Gedächtnisprotokoll
- Einmaliges Anhören der Audiodatei und Ergänzen der Stichpunkte

➢ Kreisgespräch & Memospiel:

- Anhören der Audiodatei und Stichpunkte
- Zweites und ggf. drittes Anhören und Korrigieren bzw. Ergänzen der Stichpunkte

2. Schritt – Ordnen der Stichpunkte entlang der Leitfragen

- Welche (digitale) Medien werden von den Kindern im Kontext Kita thematisiert?
- Welche Geräte/Anwendungen kennen die Kinder?
- Welche Geräte/Anwendungen nutzen die Kinder und wie?
- Welche Wünsche und Vorbehalte äußern sie?
- Schritt – Reduktion der Stichpunkte
- Inhaltsgleiche Stichpunkte streichen
- Inhalte zusammenfassen

Einordnung der Ergebnisse und Reflexionsansätze

Ist die Auswertung der Erhebungen abgeschlossen, gilt es nun zu fragen, welche Bedeutung die gewonnenen Erkenntnisse für die pädagogische Praxis der jeweiligen Fachkraft haben. Durch die unterschiedlichen Erhebungen konnten viele Informationen von den Kindern gesammelt werden. Sie haben ihre Lieblingsplätze und -spielzeuge in der Kita gezeigt. So konnte erfahren werden, was für die Kinder in der Kita besonders bedeutsam ist. Vielleicht konnte auch herausgefunden werden, dass einige, insbesondere ältere Medien den Kindern noch unbekannt sind. Hier kann darüber nachgedacht werden, diese in die Einrichtung mitzubringen und den Kindern die Funktionsweise zu erklären. Zudem konnte ein Einblick in die Medienkenntnis und -nutzung der Kinder gewonnen werden. Diese können nun einer vertieften Reflexion zugänglich gemacht werden.

Zur Reflexion der Ergebnisse können die folgenden Fragen als Impulse genutzt werden:

 Reflexionsfragen

- Welche Ergebnisse waren besonders überraschend, erfreulich oder besorgniserregend?
- Was ist den Kindern in der Kita wichtig?
- Welche der Medieninhalte der Kinder sind der Fachkraft bekannt/unbekannt?
- Welche Assoziationen/Bewertungen kommen bezüglich der Mediennutzung der Kinder auf?
- Welche Fragen ergeben sich bezüglich des heimischen Medienkonsums?
- Was kann man mit den Ergebnissen in der pädagogischen Praxis anfangen? Welche Handlungsbedarfe ergeben sich?

Exemplarisch soll die Reflexion der Ergebnisse anhand der Erhebungen im DiKit-Projekt verdeutlicht werden.

Die Kinder haben beim Rundgang in der Kita vor allem Orte und Spielzeuge gezeigt, in welchen gemeinschaftlich gespielt wird. Im Fokus standen dabei Gesellschaftsspiele oder Rollenspiele. Obwohl die Erhebungen in einer Kita durchgeführt wurden, die digitale Medien proaktiv einsetzt, wurden diese durch die Kinder nicht von ihnen aus thematisiert. Erst auf konkrete Nachfrage hin wurden Geräte, wie z. B. die Toniebox oder das Tablet, gezeigt. Womöglich haben digitale Medien für die Kinder dieser Kita während ihres Tagesablaufs keinen hohen Stellenwert. Die Bücher, die in der Kita vorhanden sind, wurden nur eingeschränkt thematisiert und in der Kita wurden keine Lieblingsbücher benannt.

Hinsichtlich der heimischen Mediennutzung zeigte sich, dass die Kinder verschiedene Medien kennen bzw. nutzen. Digitale Medien gehören fest zur Lebenswelt der Kinder dieser Kita. Teilweise werden auch Inhalte thematisiert, die nicht altersentsprechend sind. Fraglich ist, ob die Kinder nur davon gehört haben oder ob sie diese Inhalte tatsächlich rezipieren. Allerdings wird deutlich, dass die Kinder über Anwendungskompetenzen verfügen und genau erklären können, wie sie ein Gerät bedienen.

Für die pädagogische Praxis können sich aus den aufgeführten Ergebnissen folgende Handlungsbedarfe ergeben. Diese Handlungsbedarfe sind exemplarisch und können je nach Kita und/oder Ergebnissen auch ganz anders ausfallen. Für die Kinder scheint es in der Kita nicht von allzu großer Bedeutung zu sein, mehr digitale Medien einzusetzen. Deutlich wird aber, dass digitale Medien zur Lebenswelt der Kinder gehören, Teil ihres Alltags sind und deshalb nicht ausgeklammert werden können. Da allerdings der Fokus der Kinder auf dem gemeinsamen Tun liegt, könnten digitale Medien dahingehend geprüft und ausgewählt werden, ob sie das gemeinsame Spiel und die Auseinandersetzung fördern.

Weiter würde es sich anbieten, der Frage nachzugehen, warum die Kinder keine besondere Beziehung zu den Büchern der Kita äußern. Dafür könnten die Bücher der Kita gemeinsam mit den Kindern durchgeschaut werden, um zu ermitteln, woran die Kinder (kein) Interesse haben. Eine Möglichkeit kann dann sein, Bücher ggf. auszusortieren und gemeinsam mit den Kindern Bücher auszuwählen, die zukünftig für die Kita angeschafft werden können.

Es wurde deutlich, dass teilweise Inhalte thematisiert werden, die nicht altersentsprechend sind. Hier ist es der pädagogische Auftrag, mit den Kindern darüber im Gespräch zu bleiben und dieses Thema auch im Rahmen von Elternabendenden im allgemeinen oder Elterngesprächen bei konkreten Fällen anzusprechen.

Die Fachkräfte könnten sich zusätzlich ein eigenes Bild über die Spiele verschaffen, welche die Kinder im Rahmen der Erhebungen thematisieren. Hierfür kann auch die Lebensexpertise der Kinder genutzt („Kind als Akteur*in") und damit anerkannt werden. Da Kinder über reichhaltige Anwendungskompetenzen verfügen, können sie Fachkräften im Umgang mit digitalen Medien womöglich noch etwas erklären und die Erwachsenen können von den Kindern lernen.

Ausblick

Handlungsbedarfe und Reflexionsimpulse können stichpunktartig gesammelt oder auf Moderationskärtchen notiert werden. Diese können dann entsprechen erweitert werden, indem bspw. die Erhebung mit den Kindern der gleichen Gruppe nach einer gewissen Zeit wiederholt wird oder die eigenen Ergebnisse mit denen anderer Teammitglieder oder Workshopteilnehmer*innen verglichen und zur Diskussion gestellt werden. Sie können Ausgangspunkt für weitere Gespräche sein oder gezielt zur Veränderung der pädagogischen Praxis genutzt werden.

 Lesetipps

- Stolakis, A., Schmitt, A., Borke, J., Fischer, L., Simon, E. & Hohmann, S. (2023). Wie sehen Kinder digitale Medien? Vorschlag und Diskussion einer spielbasierten Methode für Forschung und Praxis [58 Absätze]. *Forum Qualitative Sozialforschung/Forum: Qualitative Social Research, 24*(3), Art. 9. https://doi.org/10.17169/fqs-24.3.4019

Theoretische und forschungspraktische Vorüberlegungen zur Interviewführung mit Kindern:

- Mey, G. & Schwentesius, A. (2019). Methoden der qualitativen Kindheitsforschung. In F. Hartnack (Hrsg.), *Qualitative Forschung mit Kindern – Herausforderungen, Methoden und Konzepte* (S. 3–47). Wiesbaden: Springer VS.

- Vogl, S. (2021). Mit Kindern Interviews führen: Ein praxisorientierter Überblick. In I. Hedderich, J. Reppin & C. Butschi (Hrsg.), *Perspektiven auf Vielfalt in der frühen Kindheit. Mit Kindern Diversität erforschen* (S. 142–157). Bad Heilbrunn: Julius Klinkhardt.

Zum Thema Kinder als Akteur*innen:

- Betz, T. & Eßer, F. (2016). Kinder als Akteure – Forschungsbezogene Implikationen des erfolgreichen Agency-Konzepts. *Diskurs Kindheits- und Jugendforschung, 11*(3), 301–314.

5. Fallbeschreibungen zur Passung der Vorstellungen von Kita, Eltern und Kindern

Material im Anhang	Anhang 6 – Fallbeispiele
Online-Material (Datei-Format)	Fallbeispiele (PDF)

Beschreibung und Zielstellung der Fallbeschreibungen

In diesem Abschnitt wird die Anwendung der Reflexionsmaterialien anhand von zwei sehr unterschiedlichen Fallbeispielen verdeutlicht. Es handelt sich bei den beiden Fallbeispielen um fiktive Kitas. Sie sind im Anhang 6 (S. 140) sowie online zu finden und wurden aus den Daten des Projektes entwickelt. Sie können dazu genutzt werden, mögliche Vorgehensweisen mit den Materialien zu verdeutlichen sowie Reflexionen anzuregen und mögliche Handlungsempfehlungen zu erarbeiten. Beim Einsatz der Materialien in realen Teams können die Ergebnisse natürlich ganz anders ausfallen, da diese von der individuellen Konstellation des jeweiligen Kita-Teams abhängig sind. Die exemplarischen Fallbeschreibungen können aber zum Verständnis beitragen, wie die Ergebnisse aller drei Erhebungen (Selbstreflexionsfragebogen, Elternfragebogen und Erhebungen mit Kindern) zueinander in Beziehung gesetzt werden können. Gegebenenfalls lassen sich dabei auch einige Aspekte für den eigenen Umgang mit den Materialien entnehmen. Es wird immer wieder auf Abbildungen Bezug genommen, diese finden sich in Anhang 6 in den jeweiligen Fallbeispielen.

Hinweise zur Nutzung und Anwendung

Die Formulierung der folgenden Fallbeispiele ist so gewählt, dass die Materialien aus der Perspektive von Fort- und Weiterbildner*innen genutzt werden. Entsprechend ist in den Arbeitsaufträgen von *Teilnehmenden* der Fort- und Weiterbildung die Rede. Selbstverständlich können die beiden Fallbeispiele aber auch für die Arbeit in Kita-Teams von pädagogischen Fachkräften genutzt werden.

Im Folgenden werden die Fälle zunächst näher beschrieben, im Anschluss werden die Ergebnisse in schriftlicher Form dargestellt sowie Fragen und Reflexionsansätze formuliert. Um der anleitenden Person (bspw. Fort- und Weiterbildner*in) die Möglichkeiten des Materials zu verdeutlichen, sind die Fallbeschreibungen im nachfolgenden Text ausführlicher dargestellt als in den begleitenden Arbeitsmaterialien, welche die Teilnehmenden in der Fortbildung erhalten. Das resultiert daraus, dass der Text zusätzlich zu der kurzen schriftlichen Beschreibung der Ergebnisse Vorschläge enthält, wie diese innerhalb einer Fortbildung diskutiert werden könnten.

Die Teilnehmenden erhalten zur Arbeit mit dem Fall das dazugehörige Material (siehe Anhang 6, S. 140), das ebenfalls eine Beschreibung des Falls in Textform sowie die grafische Darstellung der Ergebnisse und Fragen umfasst. Sie enthalten jedoch keine schriftliche Beschreibung der Ergebnisse. In den Arbeitsmaterialien, die für die Teilnehmenden bestimmt sind, werden somit nur die wichtigsten Informationen aufgeführt, um mit dem Fall arbeiten zu können. Die Auswertung der Ergebnisse, die Interpretation und die weiterführende Diskussion zur Nutzung der Ergebnisse können mithilfe des Materials dann selbst erarbeitet werden. Die Teilnehmenden können sich bspw. in Kleingruppen oder in Einzelarbeit mit dem Fall und den jeweiligen Ergebnissen vertraut machen. Dies kann aber auch gemeinsam in der Gesamtgruppe erarbeitet werden. Mithilfe der formulierten Fragen können die Teilnehmenden die Ergebnisse nachvollziehen, einordnen und reflektieren. Beispielsweise werden die Teilnehmenden gebeten, erste Rückschlüsse für das Kita-Team und Handlungsoptionen, die aus den Ergebnissen folgen könnten, abzuleiten.

Neben der Darstellung der Ergebnisse aus dem Kita-Team erfolgt auch eine Darstellung der Ergebnisse der Elternbefragung. Außerdem werden mithilfe des Instrumentes zur Erhebung mit Kindern Möglichkeiten aufgezeigt, um die Wünsche, Interessen und Bedarfe der Kinder abzubilden. Die Ergebnisse aller drei Instrumente können anschließend zueinander in Beziehung gesetzt und hinsichtlich möglicher Handlungsoptionen diskutiert werden. Auch hierfür werden Reflexionsfragen zur Verfügung gestellt.

Bei der ersten Fallbeschreibung wurde eine medienablehnende Kita konstruiert, die den fiktiven Namen Kita Nashorn trägt. Bei der zweiten Fallbeschreibung handelt es sich um eine medienbefürwortende Kita mit dem fiktiven Namen Panda. Beide Fälle werden nachfolgend kurz vorgestellt.

Ein weiterer ergänzender Hinweis ist, dass sich die Schwerpunktsetzung der beiden Fallbeispiele voneinander unterscheidet. Die Auswertung des ersten Fallbeispiels setzt den Schwerpunkt darauf, die Vielfalt in einem zunächst sehr homogen wirkendem Kita-Team mit einer eher medienablehnenden Tendenz in den Blick zu nehmen. Dies gelingt dadurch, dass zunächst die Ergebnisse des gesamten Kita-Teams angeschaut werden, bevor im Anschluss gezielt danach geschaut wird, in welchen Bereichen sich dennoch Unterschiede erkennen lassen. Hieraus können anschließend mögliche Ressourcen und Potenziale ermittelt werden. Zusammenfassend liegt hier der Fokus auf der Vielfalt im Team. Kontrastierend dazu zielt das Fallbeispiel 2 stärker darauf ab, wie die Haltungen und Erwartungen der pädagogischen Fachkräfte zu denen der Elternschaft passen und wie diese im Zusammenhang stehen. Hierbei geht es also eher um die Identifizierung von Passungen und Übereinstimmungen, aber auch um die Ermittlung von Differenzen und Unstimmigkeiten. Die unterschiedliche Schwerpunktsetzung hat zum einen den Hintergrund, dass die Anwendung und Auswertung der Materialien stark davon abhängig sind, welche Fragestellung durch den Einsatz dieser beantwortet werden soll. Zum anderen soll anhand zwei verschiedener Auswertungsschwerpunkte verdeutlicht werden, wie die Ergebnisse der drei Erhebungen in Beziehung stehen, welche Aspekte bei der Reflexion der Ergebnisse beachtet werden können und welche individuellen Handlungsbedarfe sich daraus ergeben können, die den individuellen IST-Stand der Kita berücksichtigen.

Darstellung der ersten Fallbeschreibung – Kita Nashorn

Bei dem ersten Fall *Kita Nashorn* handelt es sich um eine kleinere Einrichtung, die am Rand einer Großstadt liegt und insgesamt 12 Mitarbeiter*innen beschäftigt. Die Leitung der Kita hatte bereits seit einiger Zeit das Gefühl, dass einige Mitarbeiter*innen sowie Teile der Elternschaft sehr zurückhaltend bis ablehnend auf das Thema digitale Medien in der Kita reagieren. Um herauszufinden, ob sich ihr Gefühl bestätigen lässt und welche Themen für eine möglich Ablehnung verantwortlich sein könnten als auch um im Team und mit den Eltern ins Gespräch über Medien in der Kita zu kommen, möchte die Leitung den Selbstreflexionsfragebogen bei den Fachkräften sowie den Elternfragebogen einsetzen. Zudem war es ihr Anliegen, auch die Sichtweisen der Kinder einzubeziehen, weshalb sie auch die Methode zur Ermittlung der Kinderperspektive verwenden möchte.

Zunächst stellte die Kita-Leitung die Reflexionsmaterialien in einer gemeinsamen Teamsitzung vor. Sie äußerte den Wunsch, sowohl den Elternfragebogen als auch den Selbstreflexionsfragebogen in der Einrichtung einzusetzen. Auch die Methode zur Ermittlung der Kinderperspektive stellte die Kita-Leitung dem Team vor. Ein Großteil der Kolleg*innen war mit dem Vorschlag einverstanden und signalisierte Interesse, den Selbstreflexionsfragebogen auszufüllen. Einzelne Kolleg*innen äußerten hingegen Bedenken und Sorgen. Die Leitung nahm sich die Zeit, die einzelnen Fachkräfte anzuhören und über den Sinn und Zweck des Einsatzes der Reflexionsinstrumente aufzuklären. Es stellte sich heraus, dass insbesondere Ängste darüber bestanden, bei dem Fragebogen schlecht abzuschneiden. Die Leitung sammelte alle Befürchtungen und Ängste und wog gemeinsam mit dem Team die Vor- und Nachteile des Einsatzes ab. Nachdem alles gesammelt war, ging die Leitung noch einmal explizit darauf ein, dass es bei der Beantwortung des Fragebogens kein richtig oder falsch gebe und dass es auch absolut in Ordnung sei, wenn jemand im Team große Bedenken und Ängste hinsichtlich des Themenbereiches äußern würde. Diese Dinge hätten in der Regel auch gute Gründe, die ebenso von wichtiger Bedeutung für den gemeinsamen Prozess seien.

Die Bereitschaft des Teams, den Selbstreflexionsfragebogen auszufüllen, war durch den gemeinsamen Prozess sehr hoch. Dadurch erhielt die pädagogische Leitung am festgesetzten Abgabetag 10 von 12 möglichen Fragebögen zurück. Den Eltern wurde der Kurzfragebogen in Tür- und Angelgesprächen kurz vorgestellt und die Leitung erhielt zu einem festgesetzten Stichtag insgesamt 32 Fragebögen zurück.

Zusätzlich war es ein Anliegen der Kita-Leitung, die Sichtweisen der Kinder einzubeziehen, um auch deren Bedürfnisse und Wünsche bei der weiteren Arbeit zu berücksichtigen. Dazu machte sie zunächst 30-minütige Kita-Rundgänge, bei denen die Kinder ihre Lieblingsgegenstände und Lieblingsorte in der Kita präsentieren sollten. Anschließend führten die Fachkräfte 15-minütige Kreisgespräche mit den Kindern und setzten dazu das Instrument des Memo-Spiels und den dazugehörigen Leitfaden ein (siehe Kapitel III.4., *Instrument zur Erhebung der Kinderperspektive*, S. 78). Für die Kita-Rundgänge sowie die Kreisgespräche wählte die Kita-Leitung aus jeder ihrer vier Kita-Gruppen beliebig fünf Kinder im Alter von 3 bis 6 Jahren aus.

Einordnung der Ergebnisse und Reflexionsansätze

Um diesen Fall bspw. im Rahmen einer Fortbildung zu bearbeiten, kann das Arbeitsblatt Fallbeschreibung 1 – Kita Nashorn im Anhang 6 (S. 140) an die Teilnehmenden ausgegeben werden. Hier sind die Fallbeschreibung, sowie die Ergebnisse in grafischer Form, zu finden. Darüber hinaus enthält das Arbeitsblatt auch die Reflexionsfragen an die Teilnehmenden.

Ergebnisse des Selbstreflexionsfragebogens

Die Ergebnisse der Befragung im Team – hierbei wurden die insgesamt 10 Fragebögen der Fachkräfte zusammengefasst – werden in Abbildung 38 (siehe Anhang 6, S. 142) dargestellt. Dabei sind vor allem die Bereiche spannend, die für den beruflichen Kontext wichtig sind (Mediennutzung im pädagogischen Alltag – Skala 13 bis Skala 17). Hier zeigen sich auffällige Merkmalsausprägungen in Form von Ausschlägen, die entweder deutlich über oder unter dem Durchschnitt (Wert 4–6) liegen. Ausprägungen mit einem Wert unter 4 bedeuten eine geringe und Werte über 6 eine hohe Merkmalsausprägung. Auch in anderen Bereichen zeigt sich dieses Bild. Die größten Ausschläge zeigen sich auf folgenden Skalen:[9]

- Skala 4: Nutzung digitaler Medien – Skalenwert 2
- Skala 9: Technikaffinität und Technikinteresse – Skalenwert 2
- Skala 11: Pragmatismus und kritische Haltung – Skalenwert 9
- Skala 13: Medienbildung als Bildungsauftrag – Skalenwert 2
- Skala 15: Selbstwirksamkeit – Skalenwert 2
- Skala 16: Enthusiasmus – Skalenwert 2
- Skala 17: Angst – Skalenwert 8

Die Teilnehmenden können, wie auf dem Arbeitsblatt im Anhang 6 (S. 141) formuliert, zunächst damit beauftragt werden, sich mit dem Fall vertraut zu machen. Hierfür werden sie gebeten, besondere

---

[9] Für eine detaillierte Beschreibung der einzelnen Skalen siehe *Beschreibung der Fragebogenskalen* (Anhang 3, S. 126) und Erläuterung zu den Merkmalsausprägungen können im Kapitel III.2., *Stanine-Werte* (S. 46) nachgelesen werden.

Ausschläge (Abweichungen von der Mitte) zu markieren. Anschließend können sie die Ergebnisse genauer betrachten. Hierfür können die folgenden Fragen genutzt werden:

> **Fragen zur Annäherung an die Fallbeschreibung**
>
> – Was fällt Ihnen ganz allgemein bei diesem Fall auf?
> – Handelt es sich um ein eher medienablehnendes oder medienbefürwortendes Kita-Team?
> – Welche Werte sind besonders auffällig?
> – Welche möglichen Zusammenhänge und Erklärungen können Sie aus den Ergebnissen ableiten?
> – Wie könnte das Team/die Leitung mit diesen Ergebnissen umgehen? Welche Handlungsschritte könnten sich anschließen?

Nachfolgend werden die Ergebnisse beschrieben und mögliche Reflexionsansätze formuliert. Bei Betrachtung der Abbildung 38 (siehe Anhang 6, S. 142) lässt sich feststellen, dass der Umgang mit digitalen Medien den pädagogischen Fachkräften im Kita-Team überdurchschnittlich viel Angst (Skala 17) bereitet und sie dem Einsatz mit deutlich weniger Enthusiasmus (Skala 16) begegnen, als es pädagogische Fachkräfte durchschnittlich tun. Auch das durch die Fachkräfte empfundene Selbstwirksamkeitserleben beim Einsatz digitaler Medien (Skala 15) ist vergleichsweise gering. Ergänzend hierzu scheinen die Fachkräfte die Ansicht zu vertreten, dass sich der Einsatz digitaler Medien negativ auf die kindliche Entwicklung, insbesondere auf die soziale und emotionale Entwicklung, auswirkt (leicht überdurchschnittlicher Skalenwert von 7 in Skala 14 *Auswirkungen des digitalen Medieneinsatzes*). Unter diese Skala wird jedoch auch gefasst, dass zumindest ein Teil der pädagogischen Fachkräfte der Meinung zu sein scheint, dass pädagogische Angebote mit digitalen Medien sowohl mehr Aufmerksamkeit als auch mehr Zeit seitens der Fachkräfte beanspruchen als vergleichbare Angebote ohne digitale Medien. Auch die Skala 13 *Medienbildung als Bildungsauftrag* hat mit einem Wert von 2 einen vergleichsweise geringen Wert. Somit kann angenommen werden, dass die Mehrheit des Kita-Teams Medienbildung nicht als festen Bestandteil ihres Bildungsauftrages sieht.

Diese ersten Ergebnisse können Anlass sein, sich, für ein besseres Verständnis der pädagogischen Haltung im Team, auch die Werte der anderen Bereiche anzusehen. Auch hier kann man zunächst nach Werten schauen, die sich eher außerhalb des durchschnittlichen Antwortverhaltens befinden. Das ist sowohl in den Bereichen *Medienaktivität im Beruf* als auch im Bereich der *privaten Mediennutzung* der Fall. Passend zu den bisher gewonnenen Erkenntnissen, zeichnet sich auch im Bereich *Medienaktivität im Beruf* ab, dass die Fachkräfte den Einsatz digitaler Medien im Rahmen ihrer pädagogischen Angebote eher ablehnen (Skala 4 *Nutzung digitaler Medien*) und diese stattdessen eher konventionell ohne digitale Medien planen, bspw. gemeinsames Singen und Musizieren, Beschäftigung mit Naturmaterialien (Basteln), Malen oder Besuch von Spielplätzen. Außerdem scheinen digitale Medien im privaten Leben der meisten Fachkräfte des Kita-Teams keine so große Rolle einzunehmen. Sie scheinen also auch hier eher pragmatisch mit technischen Geräten umzugehen und die Nutzung auf die wesentlichen Anforderungen zu beschränken. Dies wird bspw. dadurch ausgedrückt, dass ein Telefon ausschließlich für Anrufe zu nutzen sei (Skala 11 *Pragmatismus und kritische Haltung*). Es zeichnet sich in diesem Bereich aber auch ab, dass für die meisten pädagogischen Fachkräfte im privaten Bereich digitale Medien überdurchschnittlich selten genutzt werden (Skala 1 *Konsumierende Mediennutzung*) und sich viele von ihnen demzufolge auch überdurchschnittlich wenig von digitalen Medien vereinnahmt fühlen (Skala 10 *Vereinnahmung durch digitale Medien*).

Nachdem sich die Teilnehmenden einen guten Überblick über die Einschätzungen des Kita-Teams verschaffen konnten und sich tendenziell das Bild einer eher zurückhaltend-ablehnenden Haltung hinsichtlich des digitalen Medieneinsatzes zeigte, können sie nun anhand der Abbildung 39 (siehe Anhang 6, S. 143) schauen, in welchen Skalen sich besondere Unterschiede im Kita-Team erkennen lassen. Die Abbildung zeigt alle Skalen, in denen das Kita-Team sehr unterschiedlich (heterogen) ist. Das heißt, dass mindestens eine Person des Kita-Teams vergleichsweise niedrige Werte und mindestens eine Person vergleichsweise hohe Werte aufzeigt. Dadurch können die bisher im Durchschnitt betrachteten Ergebnisse des Kita-Teams noch einmal genauer eingeordnet und interpretiert werden. Dies kann einen Ansatzpunkt bieten, sich im Team mit der Unterschiedlichkeit von Ansichten auseinanderzusetzen und bspw. auch mögliche Potenziale, wie bereits vorhandene Kompetenzen, zu besprechen. Dabei müssen nicht alle Skalen gleichermaßen in die Auswertung einbezogen werden, sondern vorwiegend die Skalen, die für die Teilnehmenden von besonderem Interesse sind, also besonders überraschende Ausprägungen zeigen, die für die weitere Arbeit im Team noch von hoher Bedeutung sein können.

Um zu überprüfen, in welchem Ausmaß sich die Angaben im Fragebogen innerhalb des Kita-Teams voneinander unterscheiden, werden die Teilnehmenden nun aufgefordert, sich die jeweils höchsten und niedrigsten Werte der Fragebogen-Skalen genauer anzusehen und die für sie wichtigen Werten zu markieren (siehe Anhang 6, Abbildung 40, S. 145). Hierzu können folgende Fragen genutzt werden:

 Fragen zur Annäherung an die Ergebnisse

- Welche Werte sind besonders auffällig?
- Lassen sich Unterschiede zwischen der privaten und der beruflichen Mediennutzung finden?
- Welche möglichen Zusammenhänge und Erklärungen können Sie aus den Ergebnissen ableiten?
- Handelt es sich Ihrer Einschätzung nach um ein eher homogenes Team (mit Tendenz zur zurückhaltend-ablehnenden Haltung) oder lassen sich unter Einbezug der Merkmalsausprägungen noch weitere Facetten im Kita-Team vermuten?
- Welche Potenziale und Ressourcen könnten in einem solchen Team genutzt werden?

In der nachfolgend beispielhaft vorgeschlagen Auswertung und Interpretation könnte in diesem Fall die Skala 2 *Medienunabhängige Freizeitgestaltung* erst einmal als zweitrangig angesehen werden. Wie bereits erwähnt, empfiehlt es sich, die verschiedenen Skalen je nach Fragestellung zu priorisieren. Entsprechend könnte in dem Fallbeispiel für die Kita die Skala 3 *Produzierende und rezipierende Mediennutzung* spannend sein, weil sie anzeigt, dass mindestens eine Fachkraft des Kita-Teams im privaten Bereich durchaus digitale Medien auf vielfältige Art und Weise dafür nutzt, um sich entweder selbst Wissen anzueignen und/oder um selbst aktiv Inhalte mithilfe digitaler Medien zu produzieren[10]. Der Wissenserwerb erfolgt hierbei durch die vielfältige Nutzung von verschiedenen Medien. Neben der Internetrecherche zum Wissenserwerb und dem Lesen von Fachliteratur, um sich selbst fortzubilden, zählen hierzu auch Reportagen und Dokumentationen, also Inhalte, die einen gewissen Bildungsanspruch in sich tragen. Darüber hinaus wird in dieser Skala aber auch die aktive Nut-

---

[10] Für die exemplarische Auswertung wurde sich lediglich auf Skala 3 bezogen, um zu veranschaulichen, dass mit den Materialien ganz individuell, je nach Fragestellung, gearbeitet werden kann. Gleichermaßen denkbar wäre auch gewesen, Bezug zu den Unterschieden im Team in Skala 13 und Skala 14 zu nehmen oder das sich abzeichnende, sehr stark voneinander unterscheidende Meinungsbild darüber, wie die Elternschaft dem Einsatz digitaler Medien in der Kita gegenübersteht.

zung anwendungsbezogener Software verstanden (bspw. Textverarbeitungsprogramme, Bild- und Videoverarbeitungs- sowie anderen Programme), um selbst Inhalte zu produzieren (siehe Anhang 3, S. 126). Selbstverständlich bedeutet dies nicht zwangsläufig, dass diese Person/en digitale Medien auch als Teil Ihres Bildungsauftrags versteht/en, bspw. könnten dennoch Ängste im Einsatz digitaler Medien im Rahmen der pädagogischen Arbeit bestehen. Trotzdem könnte angenommen werden, dass im Rahmen einer gemeinsamen Teamsitzung durchaus Rückmeldungen aus dem Team darüber zu erwarten sind, welche Vorteile die Nutzung digitaler Medien haben könnte. Zumindest könnte eine Diskussion darüber erfolgen, welche Vorteile aus den eigenen privaten Erfahrungen heraus gesehen werden, um folglich gemeinsam erarbeiten zu können, ob, wie und welche dieser Vorteile auch im Rahmen der pädagogischen Arbeit für die Fachkräfte vorstellbar wären.

Betrachtet man die Ergebnisse zusammenfassend, so zeigt sich, dass sich zwar der ursprüngliche Eindruck der Kita-Leitung in der Auswertung widerspiegelt. Dennoch konnte mithilfe des Selbstreflexionsfragebogens ein differenzierteres Bild der Fachkräfte gewonnen werden. So ließen sich Bereiche identifizieren, in denen sich die allgemein eher zurückhaltend-ablehnende Haltung der pädagogischen Fachkräfte nicht gleichermaßen für alle Fachkräfte bestätigen ließ. Insbesondere in der privaten Mediennutzung stellte sich heraus, dass mindestens eine pädagogische Fachkraft des Kita-Teams digitale Medien vielseitig dafür nutzt, um sich selbst Wissen anzueignen oder mithilfe anwendungsbezogener Softwares Inhalte zu produzieren. Die Kita-Leitung und Team konnten sich somit durch den Fragebogen ein differenziertes Bild über die im Team vorherrschenden Einstellungen zu digitalen Medien verschaffen und auch individuelle Unterschiede erkennen. Dies bietet Anlass für die Diskussion und Reflexion innerhalb des Teams. Für die weitere pädagogische Planung in Bezug auf die Nutzung digitaler Medien sollte die Perspektive des Teams um die der Eltern und der Kinder erweitert werden. Ansatzpunkte hierfür können die Ergebnisse der Elternbefragung sein, insbesondere die Gegenüberstellung von Einschätzungen der Fachkräfte und der Elternschaft, sowie die Ergebnisse der Kinderbefragung.

Ergebnisse der Elternbefragung

Die Teilnehmenden können sich anschließend mithilfe der Arbeitsblätter zunächst einen kurzen Überblick über den Teil der Elternschaft verschaffen, der den Fragebogen ausgefüllt hat (Stichprobenübersicht). Anschließend können sie ausgewählte Aussagen aus den vier Bereichen des Kurzfragebogens zur genaueren Betrachtung hinzuziehen, welche auf den Abbildungen 41 bis 45 (siehe Anhang 6, S. 146 ff.) zu sehen sind.

Um eine Annäherung an die Ergebnisse zu ermöglichen, werden die Teilnehmenden zunächst aufgefordert, sich die Abbildungen genauer anzusehen und erste Auffälligkeiten zu notieren. Es können die folgenden Fragen hinzugezogen werden:

 Fragen zur Annäherung an die Ergebnisse

- Bei welchen Fragen zeigen sich große Unterschiede zwischen dem Empfinden der Elternschaft und den Annahmen der Fachkräfte, wie Eltern die Fragen beantworten würden?
- Welche Antworten der Elternschaft würden Sie selbst überraschen, wenn es sich bei den Ergebnissen um die Elternschaft Ihrer eigenen Einrichtung handeln würde?
- Welche Handlungsbedarfe ergeben sich aus Ihrer Sicht?

Nachfolgend werden die Ergebnisse beschrieben und mögliche Reflexionsansätze formuliert. Von den 32 befragten Eltern gaben 6 Personen an, männlich und 26 Personen weiblich zu sein. Davon waren 3 Personen zwischen 18 und 29, 20 Personen zwischen 30 und 39 und 9 Personen zwischen 40 und 49 Jahre alt (siehe Anhang 6, Abbildung 41, S. 146). Im Bereich *Mediennutzung in der Häuslichkeit* fällt auf, dass die Fachkräfte allen Fragen dahingehend zustimmten, dass Kinder in der zu Hause sehr viel bzw. zu viel Zeit mit der Nutzung digitaler Medien verbringen. Dies könnte ein erstes mögliches Signal dafür sein kann, dass gerade deshalb die pädagogischen Fachkräfte die Kita als *Schonraum* verstehen könnten. Diese Meinung teilt auch ein Teil der Elternschaft, jedoch ist ein Drittel anderer Meinung (siehe Anhang 6, Abbildung 42, S. 147). Spannend zu sehen ist auch, dass die Hälfte der pädagogischen Fachkräfte angibt, dass die Elternschaft ebenfalls denkt, dass der Einsatz von Smartphones und Tablets Kindern mehr schaden als nutzen würde, während tatsächlich nur 22 % der Eltern dieser Meinung sind (siehe Anhang 6, Abbildung 43, S. 148). Auch hier scheint es Unterschiede dahingehend zu geben, was Fachkräfte glauben, wie die Elternschaft dem Einsatz digitaler Medien gegenübersteht und was diese tatsächlich dazu angeben. Dieser Unterschied könnte möglicherweise die Ablehnung im Team begründen und aufrechterhalten. Auch im Bereich Information und Mitbestimmung zeichnen sich Unterschiede dahingehend ab. Fachkräfte glauben tendenziell eher, dass sie die Elternschaft gut in den pädagogischen Alltag mit einbeziehen, wobei dies die Elternschaft selbst anders einschätzt. Denn zwei Drittel der Eltern gaben an, nicht gut in der Kita mit einbezogen zu werden (siehe Anhang 6, Abbildung 44, S. 148). Schließlich zeigt sich ein weiterer Gegensatz darin, dass 40 % der pädagogischen Fachkräfte zwar glauben, dass die Elternschaft es insgesamt befürwortet, wenn Kinder schon frühzeitig einen angemessenen Umgang mit digitalen Medien erlernen, dies in der pädagogischen Arbeit zum derzeitigen Stand jedoch anscheinend kaum Berücksichtigung findet (siehe Anhang 6, Abbildung 45, S. 149). Dabei geben mit zwei Dritteln der Elternschaft, mehr Eltern als von den pädagogischen Fachkräften erwartet, an, dass Kinder schon frühzeitig einen angemessenen Umgang mit digitalen Medien erlernen sollten.

Zusammenfassend konnte die Leitung durch Einbezug der Elternfragebögen einen guten Eindruck davon gewinnen, wie die pädagogischen Fachkräfte die Elternschaft einschätzen und welche Vermutungen dabei von der tatsächlich abgegebenen Einschätzung der Eltern abweichen. Die oben genannten Erkenntnisse könnten als Grundlage dafür dienen, gemeinsam mit Eltern und Fachkräften ins Gespräch zu kommen. Eine Möglichkeit wäre, die Ergebnisse im Rahmen einer gemeinsamen Veranstaltung (bspw. Elternabend, Thementage etc.) vorzustellen und auf dieser Grundlage gemeinsam Wünsche, Erwartungen, Ziele, Vorstellungen, aber auch Vorbehalte und Ängste zu diskutieren. Neben der Stärkung der Erziehungspartnerschaft zwischen Fachkräften und Eltern durch den aktiven Einbezug und Mitgestaltungsmöglichkeiten (positive Auswirkungen im Bereich der *Information und Mitbestimmung*), könnten sich an dieser Stelle womöglich auch weitere bereits vorhandene Ressourcen identifizieren lassen. Möglicherweise würden sich ein oder mehrere im Umgang mit digitalen Medien erfahrene Elternteile dazu bereiterklären, kreative Anwendungsbeispiele aus dem eigenen Alltag vorzustellen und somit einen gleichermaßen gewinnbringenden Zugang für die pädagogischen Fachkräfte im Team, die Kinder und die anderen Elternteile zu schaffen.

Ergebnisse der Kinderbefragung

Zum Schluss können die Teilnehmenden die Ergebnissen aus den Kita-Rundgängen und Kreisgesprächen mit den Kindern analysieren (siehe Kapitel III.4., *Instrument zur Erhebung der Kinderperspektive*, S. 78). Diese sind in der Form abgebildet, wie man sie auch erhalten würde, wenn man eine eigene Erhebung mit Kindern und die in Abschnitt *Instrument zur Erhebung mit Kindern* dargestellte Auswertung durchführt. Dabei werden die konkreten Aussagen der Kinder als Stichpunkte notiert und anschließend zusammengefasst, um einen Überblick zu den wichtigen Themengebieten der Kinder zu erhalten. Dies kann bspw. in Form einer Tabelle dargestellt werden, wie in Tabelle 7 im Anhang 6 (S. 150) dargestellt ist.

Die Teilnehmenden können nun dazu aufgefordert werden, sich mit den Ergebnissen auseinanderzusetzen und diese zu reflektieren. Dazu können die folgenden Fragestellungen genutzt werden:

 Fragen zur Annäherung an die Ergebnisse

- Welche Ergebnisse sind besonders überraschend, erfreulich oder besorgniserregend?
- Was ist den Kindern in der Kita wichtig?
- Welche der Medieninhalte der Kinder sind Ihnen bekannt/unbekannt?
- Welche Assoziationen/ Bewertungen kommen bezüglich der Mediennutzung der Kinder auf?
- Welche Fragen ergeben sich bezüglich der heimischen Mediennutzung?
- Was kann man mit den Ergebnissen in der pädagogischen Praxis anfangen? Welche Handlungsbedarfe ergeben sich?

Nachfolgend wird ein Beispiel angeführt, welches verdeutlichen soll, wie die Ergebnisse eingeordnet werden können. Zunächst könnte ein Blick auf den Kita-Rundgang geworfen werden, bei dem die Kinder Gegenstände und Orte zeigten, die sie in der Kita gerne aufsuchen und nutzen. Dabei präsentierten sie verschiedene Gesellschaftsspiele, ihre Puppenecke, eine Kinderküche sowie Bausteine und Bücher. Es fiel auf, dass elektronische oder digitale Medien dabei eine untergeordnete Rolle spielten und erst auf die konkrete Nachfrage hin eine Hörspiel-/Musikbox gezeigt wurde.

Während der anschließenden Kreisgespräche wurde das Spektrum der Lieblingsgegenstände dann zunehmend erweitert. Hier äußerten die Kinder, dass sie teilweise Bücher (insbesondere Märchenbücher) oder auch Zeitschriften (mit Spielzeugbeilage) mögen. Neben diesen analogen Medien wurden zahlreiche elektronische und digitale Medien thematisiert, insbesondere Spielekonsolen (z. B. Nintendo-Switch, X-Box), Fernseher, interaktive Bücher (z. B. TipToi) sowie Hörspiel-/Musikboxen (z. B. Toniebox, Alexa). Die verschiedenen Geräte nutzen sie, um Spiele zu spielen (z. B. Minecraft, Fortnite), Filme und Serien zu schauen (z. B. YouTube) oder Hörspiele zu hören (z. B. Toniefiguren). Einige Kinder berichteten auch von einem produktiven Umgang mit digitalen Medien, wie die Anwendung von Apps, das Programmieren von Robotern oder das Ausdrucken von Dokumenten. Auffallend ist, dass sie digitale Medien größtenteils zu Hause oder im Freundeskreis nutzen, weniger in der Kita. Womöglich hängt dies mit der Verfügbarkeit von Geräten oder teilweise auch den nicht altersgemäßen Nutzungsempfehlungen der Produkte zusammen.

Zusammenfassende Betrachtung der Kinder-, Eltern- und Fachkräftebefragungen

Um die Ergebnisse zueinander in Beziehung zu setzen und mögliche Handlungsoptionen zu entwickeln, können im Anschluss an die Arbeit mit den Ergebnissen noch gezielte Reflexionsfragen genutzt werden:

> **Reflexionsfragen**
>
> – Wie würden Sie mit den Ergebnissen der Selbstreflexionsfragebögen umgehen, wenn es sich dabei um Ihre eigene Kita-Einrichtung handelt?
>
> – Welche Handlungsempfehlungen könnten für dieses Kita-Team hilfreich sein?
>
> – Gibt es Handlungsschritte, die für ein solches Team eher weniger geeignet wären?
>
> – Wie würden Sie mit den Ergebnissen der Elternschaft umgehen? Was könnte helfen, um die Bedürfnisse der Elternschaft, die sich eher unzufrieden zeigte bzw. dem Einsatz digitaler Medien sehr ablehnend gegenüberstand, stärker mit einzubeziehen?
>
> – Welche Handlungsschritte wären denkbar, wenn sich bei ihrer Kinderbefragung ein ähnliches Ergebnis abzeichnet?
>
> – Wenn Sie alle Ergebnisse der Kinder-, Eltern- und Fachkraftbefragungen gemeinsam betrachten, wo sehen Sie Gemeinsamkeiten und Unterschiede? Wie lässt sich damit umgehen?
>
> – Wie kann ermöglicht werden, dass die Kinder auch die Perspektive der Erwachsenen auf die digitale Mediennutzung besser verstehen können?

Erste Erkenntnisse aus den verschiedenen Befragungen zeigen, dass sowohl die Kinder als auch die Fachkräfte ein großes Interesse an der Nutzung von analogen Medien haben. Insbesondere während der Kita-Rundgänge nannten die Kinder etwa Gesellschaftsspiele, Bausteine sowie Bücher als Lieblingsgegenstände und die Kinderküche als einen Lieblingsort an. Hier deuten sich Parallelen zu den Fachkräften an, die gemeinschaftliche analoge Tätigkeiten (z. B. Malen, Musizieren, Singen) dem Einsatz digitaler Medien vorziehen würden. Des Weiteren betrachten die Fachkräfte Medienbildung eher nicht als Bildungsauftrag und vermuten bei dem Einsatz digitaler Medien teilweise negative Auswirkungen auf die kindliche Entwicklung. An dieser Stelle könnte genauer nachgefragt werden, welche konkreten Bedenken im Einzelnen bestehen und worauf diese basieren. Das ist besonders wichtig, da die Ergebnisse der Kreisgespräche ein gesteigertes (vor allem außerhalb der Kita gelebtes) Interesse der Kinder an elektronischen und digitalen Medien zeigen, die sie sowohl spielerisch (z. B. Konsolenspiele) als auch produktiv (z. B. Roboterprogrammierung) nutzen. Hinsichtlich der Erziehungs- und Bildungspartnerschaft könnte besprochen werden, ob das Interesse der Kinder an bestimmten medialen Inhalten, Helden und Identifikationsfiguren auch innerhalb des Kita-Alltags Gehör findet und ggf. thematisch aufgegriffen und einbezogen wird.

Darüber hinaus wurde in den Befragungen der Fachkräfte und Eltern die Frage aufgeworfen, ob die Kinder zu Hause mehr Zeit mit digitalen Medien verbringen, als empfohlen wird. Sowohl der Großteil der Fachkräfte (86 %) als auch der Eltern (62 %) bestätigten diese Frage und schätzten das mediale Spielverhalten ihrer Kinder als zu hoch ein. Womöglich zeigt sich hier eine Parallele zu den Angaben einiger Kinder, die Medien sehr gern nutzen, um etwa Konsolenspiele zu spielen. Zu überlegen wäre hier, wie mit den verschiedenen Positionen der Kinder, Eltern und Fachkräfte umgegangen werden könnte. Beispielsweise könnten Eltern und auch Fachkräfte zunächst versuchen herauszufinden, was denn genau die Faszination der digitalen Spiele ausmacht. Daraus könnten Impulse für alternative Spielaktivitäten abgeleitet werden, die nicht unmittelbar mit digitalen Medien verbunden sind, wie bspw. das gemeinsame Malen von Charakteren aus den Spielen oder das Erzählen und Weiterspinnen der Spielgeschichte. Außerdem könnte die Affinität der Kinder für digitale Medien als Ressource genutzt werden, bspw. durch das Erlernen von Fotobearbeitung/Videobearbeitung oder Robotik-Programmierung.

Übergeordnet könnten diese Überlegungen auch im Rahmen der Kita/des Trägers genutzt werden, um einerseits passgenau auf die Interessen und Bedarfe der Kinder eingehen und andererseits gemeinsam Berührungsängste im Umgang überwinden zu können. Hieraus ließen sich auch Ansätze eines Medienkonzeptes ableiten. Zudem wäre zu überlegen, wie es den Kindern ermöglicht werden kann, die Perspektive der Erwachsenen besser verstehen zu können. Es gibt Gründe, warum der Medienkonsum der Kinder auf bestimmte Weise begleitet und manchmal auch limitiert wird oder warum Kinder nur bestimmte Inhalte nutzen können. Hier wäre zu fragen, wie man diese Perspektive auch den Kindern zugänglich machen kann.

Darstellung der Fallbeschreibung – Kita Panda

Der zweite Fall befasst sich mit der (fiktiven) Kita Panda. Sie liegt im Zentrum einer Kleinstadt und hat 45 pädagogische Mitarbeiter*innen, was sie eher zu einer größeren Einrichtung macht. Die Kita-Leitung wurde durch eine Fortbildung verstärkt auf das Thema digitale Medien in der frühen Bildung aufmerksam. Sie weiß, dass digitale Medien in ihrer Einrichtung bereits genutzt werden und einige Kolleg*innen auf dieses Thema sehr aufgeschlossen reagieren. Das gesamte Meinungsbild in der Kita und in welchen Situationen welche Medien wie eingesetzt werden, wollte sie gern näher erkunden. Außerdem konnte sie nicht einschätzen, wie die Eltern und Kinder in ihrer Einrichtung dem Thema gegenüberstehen. Zumindest wurde der Einsatz von digitalen Medien bei Elternabenden o. Ä. bislang nicht explizit besprochen. Um Aufschluss darüber zu bekommen, entschied sich die Kita-Leitung, den Selbstreflexions- und den Elternfragebogen sowie das Instrument zur Erhebung mit Kindern einzusetzen.

Zunächst stellte die Leitung die Reflexionsmaterialien sowohl bei einer internen Teamsitzung als auch bei einer Sitzung des Elternkuratoriums vor. Zusätzlich erstellte sie Infozettel für alle Eltern, auf denen sie ihr Vorhaben schilderte. Es war ihr wichtig, dass ihr Vorgehen für alle transparent ist und sich dadurch auch möglichst viele ihrer Mitarbeiter*innen und Eltern an den Fragebogenumfragen beteiligten.

Insgesamt erhielt die Kita-Leitung 41 von 45 Selbstreflexionsfragebögen von ihren Kolleg*innen und 32 Fragebögen von den Eltern zurück. Hinsichtlich des Instruments zur Erhebung mit Kindern entschied sich die Leitung, den Kita-Rundgang und das Kreisgespräch mit Memo-Spiel mit 5 Kindern (im Alter von 3 bis 6 Jahren) aus jeder der insgesamt 15 Kita-Gruppe durchzuführen.

Einordnung der Ergebnisse und Reflexionsansätze

Um diesen Fall bspw. im Rahmen einer Fortbildung zu bearbeiten, kann das Arbeitsblatt *Fallbeschreibung 2 – Kita Panda* (Anhang 6, S. 152) an die Teilnehmenden ausgegeben werden. Auf diesem Arbeitsblatt sind die Fallbeschreibung sowie die Ergebnisse in grafischer Form zu finden. Darüber hinaus enthält das Arbeitsblatt Reflexionsfragen für die Teilnehmenden.

III. Modul I – Reflexionsmaterialien 99

Ergebnisse des Selbstreflexionsfragebogens

Die Ergebnisse der Befragung (aus allen 41 Fragebögen zusammengefasst) sind in Abbildung 46 (siehe Anhang 6, S. 154) dargestellt, welche eine Gesamtübersicht des Kita-Teams zeigt. Auch hier können zunächst die Bereiche untersucht werden, die für den beruflichen Kontext wichtig sind, bevor die Skwalen der privaten Mediennutzung für die ergänzende Einordnung der Ergebnisse hinzugezogen werden. Im beruflichen Kontext zeigte sich, dass das Kita-Team in den folgenden Skalen über bzw. unter dem durchschnittlichen Antwortverhalten liegt:

- Skala 4: Nutzung digitaler Medien – Skalenwert 7
- Skala 13: Medienbildung als Bildungsauftrag – Skalenwert 7
- Skala 14: Auswirkung des digitalen Medieneinsatzes – Skalenwert 3
- Skala 15: Selbstwirksamkeit – Skalenwert 8
- Skala 16: Enthusiasmus – Skalenwert 8
- Skala 17: Angst – Skalenwert 2

Für die bessere Einordnung dieser Ergebnisse können zusätzlich die relevanten Werte aus dem Bereich der privaten Mediennutzung hinzugezogen werden. Diese zeigen sich in den folgenden beiden Skalen:

- Skala 9: Technikaffinität und Technikinteresse – Skalenwert 7
- Skala 11: Pragmatismus und kritische Haltung – Skalenwert 3

Die Teilnehmenden können gemäß den Anweisungen auf dem Arbeitsblatt Fallbeschreibung 2 – Kita Panda (Anhang 6, S. 152), zunächst damit beauftragt werden, sich mit dem Fall vertraut zu machen. Hierfür werden sie gebeten, besondere Ausschläge (Abweichungen von der Mitte) zu markieren. Anschließend können sie die Ergebnisse genauer betrachten. Hierfür können die folgenden Fragen genutzt werden:

 Fragen zur Annäherung an die Fallbeschreibung

- Was fällt Ihnen ganz allgemein bei diesem Fall auf?
- Handelt es sich um ein eher medienablehnendes oder medienbefürwortendes Kita-Team?
- Welche Werte sind besonders auffällig?
- Welche möglichen Zusammenhänge und Erklärungen können Sie aus den Ergebnissen ableiten?
- Wie könnte das Team/die Leitung mit diesen Ergebnissen umgehen? Welche Handlungsschritte könnten sich anschließen?

Nachfolgend werden die Ergebnisse beschrieben und mögliche Reflexionsansätze formuliert. Bei Betrachtung der Abbildung 46 (Anhang 6, S. 154) ist zu erkennen, dass der Einbezug digitaler Medien in den pädagogischen Alltag den Mitarbeitenden des Kita-Teams überdurchschnittlich viel Freude bereitet und diese entsprechend gerne und vielfältig eingesetzt werden (Skala 4). Zudem werden von der Mehrheit der Fachkräfte auch digitalen Medien eine Rolle im Bildungsauftrag zugeschrieben (Skala 13). Das bedeutet, dass es den Fachkräften wichtig ist, allen Kindern erste Lernerfahrungen zu ermöglichen und gleiche Lernvoraussetzungen für den bevorstehenden Schuleintritt zu schaffen. Darüber hinaus empfinden die Fachkräfte überdurchschnittlich weniger ausgeprägt, dass der Einsatz digitaler Medien im pädagogischen Alltag mehr Zeit beanspruchen würde als Angebote ohne digitale Medien bzw. sind sie auch nicht der Auffassung, dass sich der Einsatz negativ auf die kindliche Entwicklung auswirken würde (Skala 14). Dieses eher medienbefürwortende Bild zeigt sich auch darin, dass die Fachkräfte der Kita digitale Medien mit viel Enthusiasmus proaktiv im Rahmen ihrer pädagogischen Arbeit einsetzen und Freude am Einsatz dieser haben (Skala 16). Gleichzeitig ist der proaktive Einsatz von einem hohen Selbstwirksamkeitserleben gekennzeichnet, also einer inneren Überzeugung davon, Fragen und potenziell aufkommende Schwierigkeiten im Umgang mit digitalen Medien selbstständig beantworten und lösen zu können (Skala 15). Dabei fällt ergänzend auf, dass das Kita-Team im Vergleich zur allgemeinen durchschnittlichen Meinung der Fachkräfte, überdurchschnittlich wenig (Berührungs-) Ängste beim Einsatz digitaler Medien in der pädagogischen Arbeit aufzeigt (Skala 17). Bezüglich der individuellen Merkmalsausprägungen im Bereich Mediennutzung im pädagogischen Alltag (Skala 13 bis Skala 17), so ist zu erkennen, dass sich die Fachkräfte in diesen Bereichen nicht auffällig stark voneinander unterscheiden (graue Punkte auf den Skalen kennzeichnen die je höchste und geringste Merkmalsausprägung). Dies bedeutet, dass bei keiner dieser fünf Skalen (mindestens) eine Person einen überdurchschnittlich hohen und gleichzeitig (mindestens) eine andere Person einen überdurchschnittlich niedrigen Wert angegeben hat. Somit kann angenommen werden, dass das Team in diesem Bereich ähnliche Haltungen und Einstellungen hat.

Während im Bereich der privaten Mediennutzung die meisten Skalen eher dem durchschnittlichen Antwortverhalten der Vergleichsstichprobe entsprechen, zeigen sich zwei auffällige Bereiche: Die Skala *Technikaffinität und Technikinteresse* (Skala 9) liegt leicht über dem Durchschnitt, während die Skala *Pragmatismus und kritische Haltung* (Skala 11) leicht darunter liegt. Daraus kann geschlussfolgert werden, dass sich die Fachkräfte auch im privaten Bereich als technikaffin und kompetent erleben, sich im Verlauf der eigenen Bildungsbiografie viel technisches Wissen angeeignet haben und auch hier für Freund*innen, Verwandte und Bekannte Hilfe bieten können, sofern diese Fragen rund um das Themenfeld digitale Medien haben.

Zudem beschränkt sich ihr privates Mediennutzungsverhalten nicht nur auf wesentliche Anwendungsbereiche eines entsprechenden Endgerätes, wie bspw. darauf, mit einem Telefon telefonieren zu können. Vielmehr ist die Nutzung digitaler Medien davon geprägt, möglichst viele Anwendungsbereiche abzudecken und die Funktionen, die ein technisches Gerät bietet, auch in der gesamten Bandbreite zu nutzen.

Insgesamt bestätigte sich der Eindruck der Kita-Leitung, dass ihre Kolleg*innen digitale Medien im Rahmen ihrer pädagogischen Arbeit gerne und vielfältig nutzen. Verstärkt wird dieser Eindruck vor allem dadurch, dass die Mitarbeiter*innen vergleichsweise wenig Berührungsängste im Umgang mit digitalen Medien haben und diese zugleich mit viel Enthusiasmus und einem hohen Selbstwirksamkeitserleben in ihrer Arbeit einsetzen. Da die meisten der pädagogischen Fachkräfte auch im privaten Bereich verstärkt digitale Medien nutzen, ein großes Interesse an diesen erkennbar ist und sich auch hier ein vergleichsweise ausgeprägtes Kompetenzerleben abzeichnet, kann die Bereitschaft des Kita-Teams im Bereich digitale Medienbildung als hoch eingeschätzt werden. Um zu prüfen, ob sich diese Bereitschaft auch in der Elternschaft zeigt, können im weiteren Verlauf die Ergebnisse der Elternbefragung betrachtet werden.

Ergebnisse der Elternbefragung

Die Teilnehmenden können sich mithilfe des Materials zunächst einen kurzen Überblick über den Teil der Elternschaft (Stichprobenübersicht) verschaffen, der den Fragebogen ausgefüllt hat. Zudem haben sie die Möglichkeit, ausgewählte Aussagen aus den vier Bereichen des Kurzfragebogens zur genaueren Betrachtung hinzuziehen, welche auf den Abbildungen 47–52 (Anhang 6, S. 155 ff.) zu sehen sind.

Um eine Annäherung an die Ergebnisse zu ermöglichen, werden die Teilnehmenden zunächst aufgefordert, die Abbildungen genauer zu betrachten und erste Auffälligkeiten zu notieren. Es können die folgenden Fragen hinzugezogen werden:

> **Fragen zur Annäherung an die Ergebnisse**
>
> – Bei welchen Fragen zeigen sich große Unterschiede zwischen dem Empfinden der Elternschaft und den Annahmen der Fachkräfte, wie Eltern die Fragen beantworten würden?
>
> – Welche Antworten der Elternschaft würden Sie selbst überraschen, wenn es sich bei den Ergebnissen um die Elternschaft Ihrer eigenen Einrichtung handeln würde?
>
> – Welche Handlungsbedarfe ergeben sich aus Ihrer Sicht?

Nachfolgend werden die Ergebnisse beschrieben und mögliche Reflexionsansätze formuliert. Von den 32 befragten Eltern gaben 6 an, männlich und 26 weiblich zu sein. Davon waren 3 Personen zwischen 18 und 29, 20 Personen zwischen 30 und 39 und 9 Personen zwischen 40 und 49 Jahre alt (Anhang 6, Abbildung 47, S. 155). Im Bereich *Mediennutzung in der Häuslichkeit* (Anhang 6, Abbildung 48, S. 156) fällt auf, dass die Meinungsbilder der Fachkräfte und der Elternschaft bei den beiden Fragen zur Quantität der Mediennutzung nahezu identisch sind. Während jeweils rund zwei Drittel der Eltern, aber auch der Fachkräfte angaben, dass Kinder in der Häuslichkeit mehr mit digitalen Medien spielen bzw. fernsehen als sie eigentlich sollten, geben rund ein Drittel der befragten Personen an, dass dies nicht der Fall sei. Ein größerer Unterschied ist jedoch in den Fragen zu erkennen, bei denen es darum geht, dass die kindliche Nutzung digitaler Medien der Entspannung der Eltern dient (Anhang 6, Abbildung 49, S. 157). Hier schätzen rund 80 % der Fachkräfte die Situation so ein, dass Eltern es als sehr entspannend empfinden, wenn sich ihr eigenes Kind alleine eine Serie oder einen Film ansieht oder wenn bspw. der Fernseher während des gemeinsamen Abendessens im Hintergrund läuft. Im Gegensatz dazu gaben lediglich ein Drittel der Elternschaft an, es selbst entspannend zu empfinden, wenn das eigene Kind sich eine Serie oder einen Film ansieht bzw. stimmten rund 80 % nicht zu, dass der Fernseher während des Abendessens laufe. Bezüglich der *Auswirkungen digitaler Medien* (Anhang 6, Abbildung 50, S. 158) schätzen sowohl 80 % der Fachkräfte als auch die Elternschaft selbst ein, dass Geräte wie Smartphones und Tablets Kindern mehr nutzen als schaden würden. Hier scheinen die Fachkräfte die Eltern gut einschätzen zu können. Leichte Unterschiede gibt es jedoch hinsichtlich der erwarteten Auswirkungen auf den sozialen Umgang der Kinder untereinander. Während mehr als zwei Drittel der Fachkräfte nicht glauben, dass die Eltern einschätzen würden, dass der soziale Umgang durch den Einsatz digitaler Medien beeinträchtigt wird, scheinen 44 % der Eltern in dieser Hinsicht Bedenken zu haben und einen Zusammenhang zu vermuten. Die Befürwortung des digitalen Medieneinsatzes aus Perspektive der Elternschaft scheinen die Fachkräfte leicht zu überschätzen. Drei Viertel der Fachkräfte glauben, dass die Elternschaft den Einsatz insgesamt befürwortet. Tatsächlich zeigt sich jedoch in der Elternschaft, dass diese mit einem nicht unerheblich großen Teil von einem Drittel, den Einsatz eher ablehnen.

Hinsichtlich der *Information und Mitbestimmung* (Anhang 6, Abbildung 51, S. 159) scheinen Fachkräfte zu glauben, die Elternschaft besser partizipieren zu lassen, als es die Eltern selbst empfinden. Während nahezu alle Fachkräfte glauben, dass die Eltern es gut finden, wie sie in der Kita einbezogen werden, sieht dies nur ca. ein Drittel der Elternschaft tatsächlich so. Ebenso überschätzen Fachkräfte die subjektiv empfundene Informiertheit der Eltern darüber, was ihre Kinder in der Kita lernen. Hier scheinen sich 43 % der Eltern mehr Informationen zu wünschen. Annährend gleich hingegen ist die Einschätzung darüber, dass Eltern gut darüber informiert sind, welche digitalen Medien in der Kita eingesetzt werden. Auch bei der *Befürwortung und Technikaffinität* der Eltern (Anhang

6, Abbildung 52, S. 160) neigt die Mehrheit der Fachkräfte dazu, die Zustimmung der Elternschaft zu überschätzen. Entsprechend scheinen weniger Eltern technikbegeistert zu sein, als es der Großteil der Fachkräfte vermutet.

Ergebnisse der Kinderbefragung

Zum Schluss können sich die Teilnehmenden mit den Ergebnissen aus den Kita-Rundgängen und Kreisgesprächen mit Kindern auseinandersetzen. Diese sind, wie in der in Kapitel III.4. *Instrument zur Erhebung mit Kindern* (S. 78) dargestellten Auswertung vorgeschlagen, in tabellarischer Form dargestellt und enthalten die stichpunktartigen Aussagen der Kinder, welche innerhalb der abgefragten Themengebiete sortiert sind (siehe Anhang 6, Tabelle 8, S. 161).

Die Teilnehmenden können nun dazu aufgefordert werden, sich mit den Ergebnissen auseinanderzusetzen und diese zu reflektieren. Dazu können die folgenden Fragestellungen genutzt werden:

> **Fragen zur Annäherung an die Ergebnisse**
>
> – Welche Ergebnisse sind besonders überraschend, erfreulich oder besorgniserregend?
> – Was ist den Kindern in der Kita wichtig?
> – Welche der Medieninhalte der Kinder sind Ihnen bekannt/unbekannt?
> – Welche Assoziationen/Bewertungen kommen bezüglich der Mediennutzung der Kinder auf?
> – Welche Fragen ergeben sich bezüglich der heimischen Mediennutzung?
> – Was kann man mit den Ergebnissen in der pädagogischen Praxis anfangen? Welche Handlungsbedarfe ergeben sich?

Nachfolgend erfolgt eine beispielhafte Einordnung der Ergebnisse. Die Kita-Rundgänge sowie Teile der Kinderbefragungen ergaben, dass für die Kinder analoge Medien und Tätigkeiten eine wichtige Rolle spielen. Das zeigte sich einerseits darin, dass sie während der 45-minütigen Rund- und Vorführung der Kita vor allem Gesellschaftsspiele (z. B. Memospiel), ihre Lieblingsorte für Rollenspiele (z. B. Puppenecke, Kinderküche) oder auch Bausteine präsentierten. Andererseits gaben sie während der Kreisgespräche oftmals an, dass sie Bücher (z. B. Märchenbücher) und Zeitschriften (z. B. Zeitschriften mit Spielzeugbeilage) mögen. Bei den Kita-Rundgängen wurde außerdem deutlich, dass die Kinder elektronische und digitale Medien in der Regel gar nicht selbstständig zeigten, sondern erst, wenn konkret nach diesen gefragt wurde.

Insbesondere innerhalb der Kreisgespräche wurde deutlich, dass die Kinder zahlreiche digitale Geräte und Anwendungen kennen und nutzen. Die Nutzung erstreckt sich von dem Konsolespielen (z. B. Nintendo Switch) über das Schauen von Videos und Serien (z. B. per Fernseher/Youtube) bis zum Einsatz von Hörspiel-/Musikboxen (z. B. Tonibox). Zum Großteil nutzen die Kinder digitale Geräte und Anwendungen im Elternhaus oder im Freundeskreis, weniger in der Kita. Das kann zum einen mit der Verfügbarkeit bestimmter Geräte und Anwendungen zusammenhängen, zum anderen wurden teilweise auch Medieninhalte angesprochen, die nicht altersgemäß waren.

Zusammenfassende Betrachtung der Kinder-, Eltern- und Fachkräftebefragungen

Um die Ergebnisse in Beziehung zu setzen und mögliche Handlungsoptionen zu entwickeln, können im Anschluss an die Arbeit mit den Ergebnissen gezielte Reflexionsfragen genutzt werden:

> **Reflexionsfragen**
>
> – Wie würden Sie mit den Ergebnissen der Selbstreflexionsfragebögen umgehen, wenn es sich dabei um Ihre eigene Kita-Einrichtung handelt?
> – Welche Handlungsempfehlungen könnten für dieses Kita-Team hilfreich sein?
> – Gibt es Handlungsschritte, die für ein solches Team eher weniger geeignet wären?
> – Wie würden Sie mit den Ergebnissen der Elternschaft umgehen? Was könnte helfen, um die Bedürfnisse der Elternschaft, die sich eher unzufrieden zeigte bzw. dem Einsatz digitaler Medien sehr ablehnend gegenüberstanden, stärker mit einzubeziehen?
> – Welche Handlungsschritte wären denkbar, wenn sich bei ihrer Kinderbefragung ein ähnliches Ergebnis abzeichnet?
> – Wenn Sie alle Ergebnisse der Kinder-, Eltern- und Fachkraftbefragungen gemeinsam betrachten, wo sehen Sie Gemeinsamkeiten und Unterschiede? Wie lässt sich damit umgehen?
> – Wie ermöglicht werden, dass die Kinder auch die Perspektive der Erwachsenen auf die digitale Mediennutzung besser verstehen können?

Zunächst könnte etwa das große Interesse der Kinder an digitalen Geräten und Anwendungen (z. B. Spielekonsolen) vor dem Hintergrund einer als zu hoch eingestuften Mediennutzung im Elternhaus betrachtet werden, die sowohl ein Großteil der Eltern als auch der Fachkräfte sahen. Hieraus könnten sich Fragen ergeben, wie: Welche konkreten Medien/Anwendungen werden (zu viel) genutzt; was genau begeistert die Kinder an bestimmten Medien; was stört Eltern und Fachkräfte an einem bestimmten Nutzungsverhalten? Diese und weitere Fragen zielen darauf ab, sich der Lebenswelt der Kinder anzunähern, um ihre Begeisterung für bestimmte Medien und Anwendungen besser verstehen zu können. Hieraus könnten gemeinsame Dialoge und Aktivitäten entstehen. Womöglich entdecken Fachkräfte, dass Kinder Medien sehr produktiv und kreativ einsetzen (können) oder Eltern und Kinder finden gemeinsam weitere Möglichkeiten der Freizeitgestaltung. Je nach Situation könnten sich auch thematische Elternabende anbieten, bei denen Alternativen zur Mediennutzung gemeinsam mit den Eltern diskutiert werden können.

Zudem wäre zu überlegen, wie es den Kindern ermöglicht werden kann, die Perspektive der Erwachsenen besser verstehen zu können. Es gibt Gründe, warum der Medienkonsum der Kinder auf bestimmte Weise begleitet und manchmal auch limitiert wird oder warum Kinder nur bestimmte Inhalte nutzen können. Hier wäre zu fragen, wie man diese Perspektive auch den Kindern zugänglich machen kann.

Eine zweite Erkenntnis aus den Kinderbefragungen war, dass Kinder gerne analoge Medien und Spiele nutzen (z. B. Bücher oder Gesellschaftsspiele). Das zeigte sich insbesondere bei den Kita-Rundgängen, in denen kaum digitale Medien angesprochen wurde. In Kombination mit der Begeisterung der Fachkräfte für digitale Medien wäre hier zu fragen, ob die Fachkräfte klassische Medien auch ausreichend berücksichtigen und einbeziehen. Dieses Thema kann bspw. in einer Teamsitzung angestoßen werden. Möglicherweise ließe sich der Bedarf der Kinder nach Märchenbüchern auch gut mit dem Enthusiasmus der Pädagog*innen für digitale Medien vereinbaren, indem für die Einrichtung einige eBook-Reader angeschafft werden.

6. Exemplarische Ablaufpläne für Modul I

Material im Anhang	Anhang 7 – Exemplarische Ablaufpläne
Online-Material (Datei-Format)	Exemplarische Ablaufpläne (PDF) Foliensatz Fortbildungsmodul (pptx)

Im Folgenden werden konkrete exemplarische Ablaufpläne für Fortbildungen vorgestellt, die Hinweise für die Fortbildner*innen zum Einstieg ins Thema, zu Arbeitsaufträgen an die Teilnehmenden sowie zur Auswertung und zur Reflexion enthalten. Sie sollen als Anregung dienen und eine Vorstellung davon vermitteln, wie die einzelnen Reflexionsinstrumente in einer Fortbildung genutzt werden können.

Die Ablaufpläne sind vor dem Hintergrund konzipiert, dass das Fortbildungsmaterial zum Einstieg in das Thema Digitalisierung in der Kita genutzt werden kann. Mittels der entwickelten Instrumente können individuelle Einstellungen, Vorbehalte und Fortbildungsbedarfe sowie Wünsche der Teilnehmenden erkannt sowie die Perspektiven der Eltern und Kinder einer Kita einbezogen werden. Die Ergebnisse können dann als Ausgangspunkt für eine weitere Vertiefung im Rahmen einer Fortbildung genutzt werden. Es ergeben sich aber auch zahlreiche weitere Einsatzmöglichkeiten für die Materialien, sodass die hier vorgestellten Ablaufpläne als Vorschläge eine Idee vermitteln sollen, wie die vorgestellten Materialien in einer Fortbildung ineinandergreifen können. Die Ablaufpläne beinhalten deshalb immer den Einsatz aller Instrumente, was nicht bedeutet, dass alle Instrumente in jeder Fortbildung zum Einsatz kommen müssen. So können die Abläufe je nach Kontext, Zielgruppe und Zeitrahmen flexibel angepasst werden, indem einzelne Elemente ausgebaut, weggelassen oder getauscht werden. Zudem können Fortbildner*innen auch eigene Methoden nutzen und ergänzen.

Wird das Fortbildungsmodul bspw. in einem Kita-Team angewandt, entfallen einzelne Arbeitsschritte, wie die Anwendung des Selbstfragebogens im Kita-Team, bis zur nächsten Einheit der Fortbildung, da alle Mitglieder des Teams diesen bereits während der Fortbildung ausfüllen. Dafür könnten hier ggf. andere Teile der Fortbildung verlängert werden, bspw. die gemeinsame Reflexion und Diskussion. Da die Materialien in der Art eines Baukastensystems genutzt werden können, wird ihr Einsatz im Rahmen der Ablaufpläne in Blöcken dargestellt, was die Anpassung an die eigenen Fortbildungsinhalte erleichtern soll. Der eigenen Kreativität und Expertise der Fortbildenden sind somit keine Grenzen gesetzt.

Alle Instrumente, die innerhalb der Ablaufpläne benannt werden, wurden in den Kapiteln III.2. bis III.4. (S. 31 ff.) einzeln vorgestellt. Hier finden sich detaillierte Hinweise zur Durchführung und Auswertung. Fortbildner*innen, die andere beim Einsatz der Instrumente anleiten und begleiten wollen, sollten diese Hinweise zuvor durcharbeiten und sich mit den Schritten zur Durchführung und Auswertung vertraut machen.

Nachfolgend werden drei Varianten von Ablaufplänen überblicksartig vorgestellt (siehe Tabelle 4–6). Die detaillierten Beschreibungen der dazugehörigen Blöcke sind jeweils im Anhang in Tabellenform zu finden. Die Tabellen 9 bis 16 im Anhang 7 (S. 166) beziehen sich auf die beiden ausführlichen Ablaufpläne (Variante 1 und 2), die nachfolgend in den Tabellen 4 und 5 dargestellt sind. Die Tabellen 17 bis 24 im Anhang beziehen sich auf eine kürzere Version (Variante 3, Tabelle 6) (siehe Anhang 7, S. 175). Beide Tabellenblöcke im Anhang gliedern sich in die Aspekte:

- *Thema* (Kurzbenennung des Inhalts)
- *Zeit* (einzuplanende Zeit für den jeweiligen Durchführungsteil)
- *Ziel* (Was soll mithilfe dieses Abschnittes erreicht werden?)
- *Inhalt* (Was wird innerhalb des Abschnitts genau gemacht?)
- *Methode* (Hinweise auf die didaktische Form)
- *Verweis auf das dazugehörige Material* in diesem Band oder auf Online-Materialien sowie weitere Hilfsmittel, die zur Durchführung benötigt werden (bspw. Marker und Moderationskarten)

In diesen Tabellen sind die konkreten Abläufe beschrieben, inklusive eines genauen Zeitplans mit Regieanweisung, Arbeitsaufträgen sowie Reflexionsfragen und Diskussionsimpulsen. Zu beachten ist, dass es sich bei den angegebenen Zeiten eher um die maximal einzuplanende Zeit handelt und die einzelnen Abschnitte ggf. kürzer sein können bzw. angepasst an die Zielgruppe gekürzt oder bei Bedarf auch verlängert werden können. Zudem sind zusätzlich Pausen einzuplanen, welche in der detaillierten Beschreibung der einzelnen Blöcke noch nicht enthalten sind. Methodisch wechseln die Fortbildungen zwischen Vortrag, Einzelarbeit, Arbeit in Kleingruppen sowie Plenumsdiskussion.

Bei der *Variante 1* eines möglichen Ablaufplans für eine Fortbildung kommen alle Instrumente zum Einsatz. Die Übersicht zum Ablauf kann der hier abgedruckten Übersichtstabelle 4 entnommen werden. Die genaue Beschreibung der einzelnen Blöcke befindet sich in den dazugehörigen ausführlichen Tabellen 9 bis 16 in Anhang 7 (S. 166).

Tabelle 4: Variante 1: Exemplarischer Zeitplan im Überblick – Alle Instrumente werden vorgestellte und gemeinsam ausgewertet

Zeit	Block	Thema
Tag 1 **(6 Std. 10 Min.)**		
2 Std. 15 Min.	Block 1a	– Ankommen – Vorstellung, Organisation, Ablauf – Warm-up der Gruppe – Austausch zum Medienbegriff
40 Min.	Block 2	– Theoretische Einführung – Vorstellung der Instrumente allgemein
1 Std. 50 Min.	Block 3 Teil 1	– Vorstellung des Selbstreflexionsfragebogens – Anwendung und Auswertung des Selbstreflexionsbogens – Ggf. Arbeitsauftrag Erhebung im Kita-Team
30 Min.	Block 4 Teil 1	– Vorstellung des Elternfragebogens – Reflexion vorab – Klärung der Arbeitsaufträge und des weiteren Ablaufs
55 Min.	Block 5 Teil 1	– Vorstellung des Instruments zur Erhebung der Kinderperspektive – Vertraut machen mit dem Instrument – Klärung der Arbeitsaufträge und des weiteren Ablaufs
Tag 2 **(6 Std. 15 Min.)**		
30 Min.	Block 1b	– Ankommen
3 Std.	Block 3 Teil 2	– Ggf. Auswertung der Erhebung im Kita-Team – Reflexion der Ergebnisse – Austausch in Kleingruppen – Diskussion im Plenum
2 Std. 45 Min.	Block 4 Teil 2	– Auswertung der Elternbefragung – Reflexion der Ergebnisse – Austausch in Kleingruppen – Diskussion im Plenum
Tag 3 **(7 Std. 45 Min.)**		
30 Min.	Block 1b	– Ankommen
4 Std.	Block 5 Teil 2	– Auswertung der Erhebung der Kinderperspektive – Reflexion der Ergebnisse – Austausch in Kleingruppen – Diskussion im Plenum
1 Std. 45 Min.	Block 6	– Arbeit mit Fallbeispielen – Vorstellung der Fallbeispiele und Diskussion
1 Std. 30 Min.	Block 7	– Einzelarbeit zu eigenen Ergebnissen – Diskussion im Plenum – Resümee und Abschluss

In der *Variante 1* werden alle Instrumente vorgestellt und auch in der Fortbildung gemeinsam ausgewertet. Die Fortbildung dauert in diesem Fall drei Tage. Sie beginnt zunächst mit einer Einstiegs- und Kennenlernphase (Block 1a). Diese dient zunächst dazu, mit dem Thema warm zu werden und erste Selbstreflexionsimpulse zu setzen. In der ausführlichen Beschreibung der einzelnen Blöcke werden Möglichkeiten aufgeführt, wie diese Phase gestaltet werden kann, bspw. Erwartungsabfrage, Kleingruppenarbeit mit Austausch zu Fragen und einem Spiel. Davon ausgehend, dass Fortbildner*innen hier über eine reichhaltige Methodenkenntnis verfügen, kann die Einstiegsphase auch ganz anders gestaltet werden. Die hier vorgeschlagenen Inhalte sind daher eher beispielhaft zu verstehen.

Anschließend erfolgt eine theoretische und gleichzeitig praxistaugliche Einführung in das Thema Digitalisierung in der Kita sowie zu dem Begriff des medialen Habitus und zur Passung von Erziehungs- und Bildungspartnerschaften vor dem Hintergrund einer Kultur der Digitalität, die auf Kapitel III.1. *Theoretischer(-empirischer) Hintergrund* (S. 17), dieses Bandes aufbaut (Block 2). Hierfür steht ein Foliensatz (siehe Online-Material: Foliensatz Fortbildungsmodul) als Online-Material zur Verfügung, der genutzt werden kann.

Nachfolgend werden die einzelnen Instrumente vorgestellt (Block 3, 4 & 5; Teil 1), wofür in dem Foliensatz ebenfalls Folien zur Verfügung gestellt werden. Der Einsatz der einzelnen Instrumente in der Kita erfolgt jeweils zwischen Fortbildungstag 1 und 2, sodass es günstig erscheint, dass die beiden Tage nicht direkt aufeinanderfolgen, sondern dazwischen etwas Zeit vorhanden ist, um die Instrumente in der Kita-Praxis anzuwenden. Die Teilnehmenden kommen im Anschluss mit ihren erhobenen Daten zurück in die Fortbildung und hier erfolgt dann die Auswertung (Block 3, 4 & 5; Teil 2), sodass die Teilnehmenden die Möglichkeit haben, Rückfragen zu stellen und sich durch die Fortbildner*in oder andere Teilnehmende unterstützen zu lassen. Tag 2 und 3 der Fortbildung können dann direkt aufeinanderfolgen. An Fortbildungstag 3 wird zusätzlich anhand der Fallbeispiele (Kapitel III.5. *Fallbeschreibungen zur Passung Kita-Eltern-Kinder*, S. 89) erläutert, was man mit den Ergebnissen in der pädagogischen Praxis anfangen kann (Block 6). Zum Abschluss werden die jeweils eigenen Ergebnisse hinsichtlich der Passung der verschiedenen Perspektiven sowie möglicher Handlungsbedarfe reflektiert, sodass die Teilnehmenden im Anschluss mit Impulsen für ihre eigene pädagogische Praxis bzw. ihr Kita-Team aus der Fortbildung gehen (Block 7).

Variante 2 bezieht sich auf dieselben Blöcke wie Variante eins. Die Übersicht zum Ablauf der zweiten Variante kann der Tabelle 5 entnommen werden. Die genaue Beschreibung der einzelnen Blöcke befindet sich in den dazugehörigen ausführlichen Tabellen 9 bis 16 in Anhang 7 (S. 166). Der Einstieg in die Fortbildung ist bei beiden Varianten gleich. Im Unterschied zur ersten Variante erfolgen allerdings die Auswertung und Reflexion der erhobenen Informationen, die in Einzelarbeit vorgesehen sind, nicht während der Fortbildung, sondern durch die Teilnehmenden in Einzelarbeit außerhalb der Fortbildung. Zudem findet der Austausch zu den Ergebnissen für alle Instrumente gemeinsam statt, wodurch dieser kürzer ausfällt als bei *Variante 1*. Auch hinsichtlich der Diskussion ergeben sich Veränderungen, da nicht mehr jedes Instrument einzeln im Plenum diskutiert wird, sondern nur eine zusammenfassende Diskussion zum Abschluss der Fortbildung erfolgt. Die Fortbildung verkürzt sich somit auf insgesamt zwei Tage. Zwischen den beiden Fortbildungstagen sollte wieder ein zeitlicher Abstand liegen, damit die Teilnehmenden die Instrumente in ihren Kitas anwenden und anschließend auswerten können. Im Anschluss kommen die Teilnehmenden mit ihren Ergebnissen wieder in die Fortbildung. Hier findet dann ein Austausch in Kleingruppen statt, die Ergebnisse werden diskutiert und es können mögliche Handlungsbedarfe abgeleitet werden.

Tabelle 5: Variante 2: Exemplarischer Zeitplan im Überblick – Alle Instrumente werden vorgestellt, Auswertung und Reflexion erfolgt im Selbststudium

Zeit	Block	Thema
Tag 1 (6 Std. 10 Min.)		
2 Std. 15 Min.	Block 1a	– Ankommen – Vorstellung, Organisation, Ablauf – Warm-up der Gruppe – Austausch zum Medienbegriff
40 Min.	Block 2	– Theoretische Einführung – Vorstellung der Instrumente allgemein
1 Std. 50 Min	Block 3 Teil 1	– Vorstellung Selbstreflexionsfragebogen – Anwendung und Auswertung des Selbstreflexionsbogens – Arbeitsauftrag Erhebung im Kita-Team
30 Min.	Block 4 Teil 1	– Vorstellung des Elternfragebogens – Reflexion vorab – Klärung der Arbeitsaufträge und des weiteren Ablaufs
55 Min.	Block 5 Teil 1	– Vorstellung des Instruments zur Erhebung der Kinderperspektive – Vertraut machen mit dem Instrument – Klärung der Arbeitsaufträge und des weiteren Ablaufs
Tag 2 (5 Std. 55 Min.)		
30 Min.	Block 1b	– Ankommen
2 Std.	Block 3 Teil 2 Block 4 Teil 2 Block 5 Teil 2	– Austausch in Kleingruppen zu den Ergebnissen der Erhebungen
1 Std. 45 Min.	Block 6	– Arbeit mit Fallbeispielen – Vorstellung der Fallbeispiele und Diskussion
1 Std. 40 Min.	Block 7	– Einzelarbeit zu eigenen Ergebnissen – Diskussion im Plenum – Resümee und Abschluss

Die *Variante 3* ist eine kürzere Variante, bei der die einzelnen Blöcke modifiziert wurden. Die Übersicht zum Ablauf dieser Variante kann der Tabelle 6 entnommen werden. Die genaue Beschreibung der einzelnen Blöcke befindet sich im Anhang 7 in den Tabellen 17 bis 24 (S. 175).

Tabelle 6: Variante 3: Exemplarischer Zeitplan im Überblick – Schulung zur selbstständigen Anwendung und Auswertung der Materialien

Zeit	Block	Thema
Tag 1 (5 Std. 20 Min)		
1 Std. 30 Min.	Block 1a	– Ankommen; Vorstellung, Organisation, Ablauf – Warm-up der Gruppe – Austausch zum Medienbegriff
40 Min.	Block 2	– Theoretische Einführung – Vorstellung der Instrumente allgemein
2 Std.	Block 3	– Vorstellung des Selbstreflexionsfragebogens – Anwendung und Auswertung des Selbstreflexionsbogens – Reflexion und Diskussion
1 Std. 10 Min.	Block 4	– Vorstellung des Elternfragebogens – Erprobung – Diskussion
Tag 2 (5 Std.)		
30 Min.	Block 1b	– Ankommen
1 Std. 30 Min.	Block 5	– Vorstellung des Instruments zur Erhebung der Kinderperspektive – Vertraut machen mit dem Instrument – Diskussion
2 Std.	Block 6	– Arbeit mit Fallbeispielen – Vorstellung der Fallbeispiele und Diskussion
1 Std.	Block 7	– Diskussion im Plenum – Resümee und Abschluss

Diese Variante ist für einen anderen Anwendungszweck vorgesehen als die ersten beiden, da nicht mehr die eigene Selbstreflexion im Fokus steht. Vielmehr sollen die Teilnehmenden darin geschult werden, die Materialien in einer Kita bzw. einem Kita-Team selbstständig anzuwenden, auszuwerten und hier gemeinsam Selbstreflexions- und Diskussionsprozesse anzuregen. Somit geht es eher darum, die zweitägige Fortbildung dafür zu nutzen, sich intensiv mit den Instrumenten vertraut zu machen und im Anschluss daran befähigt zu sein, diese einzusetzen. Die Fortbildung kann an zwei aufeinanderfolgenden Tagen durchgeführt werden.

Auch in dieser Variante beginnt die Fortbildung mit einer Einstiegs- und Kennenlernphase, um sich dem Thema anzunähern (Block 1a). Anschließend erfolgt, wie bei den anderen beiden Varianten, eine theoretische Einführung, die auf Kapitel III.1. *Theoretischer(-empirischer) Hintergrund* (S. 17) dieses Bandes aufbaut (Block 2). Hierfür kann ebenfalls der Foliensatz, der als Online-Material zur Verfügung steht, genutzt werden. Im Anschluss daran werden die einzelnen Instrumente detailliert vorgestellt sowie deren Anwendung und Auswertung erprobt, sodass die Teilnehmenden sich damit vertraut machen können (Block 3–5). Das erfolgt an Tag 1 und 2 der Fortbildung. Die hierzu im Foliensatz zur Verfügung stehenden Folien zu den Instrumenten können für die Beschreibung der Instrumente genutzt werden. Die jeweils anschließende Reflexion und Diskussion der einzelnen Instrumente zielt nun auf die Fragen ab, welchen Nutzen die Ergebnisse für die pädagogische Praxis haben und wie man daraus Handlungsempfehlungen und -bedarfe ableiten kann. Dies wird nachfolgend noch einmal anhand der Fallbeispiele (siehe Kapitel III.5. *Fallbeschreibung zur Passung Kita-Eltern-Kinder*, S. 89) erläutert und exemplarisch besprochen (Block 6). Mit einer abschließenden Diskussion wird die Fortbildung abgerundet.

Auf einen Blick

Drei Varianten von Ablaufplänen für eine mögliche Fortbildung

1. Variante

- Lange Variante über drei Fortbildungstage
- alle Instrumente werden vorgestellt
- Zwischen Tag 1 und 2 sollte ein zeitlicher Abstand liegen, damit die Erhebungen durchgeführt werden können
- Auswertung und Reflexion erfolgt gemeinsam in der Fortbildung
- Ablauf siehe Tabelle 9 bis 16 in Anhang 7, (S. 166)

2. Variante

- Lange Variante über zwei Fortbildungstage
- alle Instrumente werden vorgestellt
- Auswertung und Reflexion erfolgt in Einzelarbeit außerhalb der Fortbildung
- Zwischen Tag 1 und 2 sollte ein zeitlicher Abstand liegen, damit die Erhebungen und Auswertungen durchgeführt werden können
- Ablauf siehe Tabelle 9 bis 16 in Anhang 7, (S. 166)

3. Variante

- Kurze Variante
- Schulung im Umgang mit den Materialien für den selbstständigen Einsatz in einer Kita bzw. einem Kita-Team
- Schulung zur Auswertung und zur Anregung gemeinsamer Selbstreflexions- und Diskussionsprozesse
- Ablauf siehe Tabelle 17 bis 24 in Anhang 7, (S. 175)

Alle drei Varianten von Ablaufplänen machen deutlich, dass die Reflexionsinstrumente in unterschiedlichen Fortbildungskontexten eingesetzt werden können. Zudem können sie für die o. g. Zielstellungen genutzt werden, als Einstieg in das Thema Digitalisierung in der Kita, zur Ermittlung individueller Einstellungen, Vorbehalte, Fortbildungsbedarfe und Wünsche der Teilnehmenden sowie der Perspektiven von Eltern und Kindern einer Kita. Insgesamt ergibt sich für Fortbildner*innen ein hohes Maß an Flexibilität und Gestaltungsspielraum.

7. Literaturverzeichnis

Bohn, C. & Hahn, A. (2007). Pierre Bourdieu (1930–2002). In D. Käsler (Hrsg.), *Klassiker der Soziologie – Von Talcott Parsons bis Anthony Giddens* (5. Aufl., S. 289–310). München: Beck.

Bourdieu, P. (1983). Ökonomisches Kapital, kulturelles Kapital, soziales Kapital. In R. Kreckel (Hrsg.), *Soziale Ungleicheit. Sondernummer der Sozialen Welt* (S. 183–198). Göttingen: Otto Schwartz.

Bourdieu, P. (2001). *Meditationen – zur Kritik der scholastischen Vernunft*. Frankfurt am Main: Suhrkamp.

Bourdieu, P. (2020[1987]). *Sozialer Sinn. Kritik der theoretischen Vernunft*. Frankfurt am Main: Suhrkamp.

Croll, J. & Gräter, T. (2015). Das Modell des intelligenten Risikomanagements – Blaupause für die Arbeit des I-KiZ-Zentrum für Kinderschutz im Internet. *I-KiZ – Zentrum für Kinderschutz im Internet (2015): Jahresbericht 2015*. https://kinderrechte.digital/assets/includes/sendtext.cfm?aus=11&key=1496.

Eggert, S. (2019). Familiäre Medienerziehung in der Welt digitaler Medien: Ansprüche, Handlungsmuster und Unterstützungsbedarf von Eltern. In S. Fleischer & D. Hajok (Hrsg.), *Medienerziehung in der digitalen Welt – Grundlagen und Konzepte für Familie, Kita, Schule und Soziale Arbeit* (S. 105–118). Stuttgart: Kohlhammer.

Feierabend, S., Plankenhorn, T. & Rathgeb, T. (2017). *Familie, Interaktion, Medien – Untersuchungen zur Kommunikation und Mediennutzung in Familien*. Stuttgart: Medienpädagogischer Forschungsverbund Südwest. https://www.mpfs.de/fileadmin/files/Studien/FIM/2016/FIM_2016_PDF_fuer_Website.pdf.

Fleischer, S. & Hajok, D. (2019a). Medienerziehung als intendiertes, auf die Lebenswelten, Vorlieben und Kompetenzen Heranwachsender bezogenes Handeln. In S. Fleischer & D. Hajok (Hrsg.), *Medienerziehung in der digitalen Welt – Grundlagen und Konzepte für Familie, Kita, Schule und Soziale Arbeit* (S. 60–85). Stuttgart: Kohlhammer.

Fleischer, S. & Hajok, D. (2019b). Medienbildungsprozesse – Entwicklung von medienbezogenen Kompetenzen in Kindheit und Jugend als Ansatzpunkt. In B. Kracke & P. Noack (Hrsg.), *Handbuch Entwicklungs- und Erziehungspsychologie* (S. 181–205). Berlin: Springer VS.

Friedrichs-Liesenkötter, H. (2018). Und das Handy hat sie von der Zahnfee gekriegt – Medienerziehung in Kindertagesstätten unter dem Blickwinkel des medienerzieherischen Habitus angehender Erzieher*innen. In J. G. Brandt, C. Hoffmann, M. Kaulbach, T. Schmidt & B. Barbara (Hrsg.), *Frühe Kindheit und Medien. Aspekte der Medienkompetenzförderung in der Kita* (S. 54–60). Opladen: Budrich.

Hahn, A. (2004). Der Mensch in der deutschen Systemtheorie. In U. Bröckling & W. Eßbach (Hrsg.), *Vernunft – Entwicklung – Leben: Schlüsselbegriffe der Moderne* (S. 279–290). München: Fink.

Hepp, A., Berg, M. & Roitsch, C. (2014). *Mediatisierte Welten der Vergemeinschaftung – Kommunikative Vernetzung und das Gemeinschaftsleben junger Menschen*. Wiesbaden: Springer VS.

Helsper, W., Gibson, A., Kilias, W., Kotzyba, K. & Niemann, M. (2020). *Veränderungen im Schülerhabitus? Die Schülerschaft exklusiver Gymnasien von der 8. Klasse bis zum Abitur*. Wiesbaden: Springer VS.

Hohmann, S., Stolakis, A., Simon, E., Schmitt, A., Borke, J. & Stöckle, L. (in Vorb.). *Digitale Medien in der Kita – Eine Clusteranalyse zur Quantifizierung vorab ermittelter Habitus-Formen pädagogischer Fachkräfte* [Arbeitstitel].

Kommer, S. (2013). Das Konzept des Medialen Habitus: Ausgehend von Bourdieus Habitustheorie. Varianten des Medienumgangs analysieren. *Medienimpulse, 51*(4), 1–22. https://doi.org/10.21243/mi-04-13-07.

Kieninger, J., Feierabend, S., Rathgeb, T., Kheredmand, H. & Glöckler, S. (2020). *miniKIM-Studie 2020 – Kleinkinder und Medien*. Stuttgart: Medienpädagogischer Forschungsverbund Südwest (mpfs). https://www.mpfs.de/studien/minikim-studie/2020/.

Kratzsch, J. (2022). Digitale Tools in der Elementarbildung. In L. Fischer, A. Stolakis, E. Simon, S. Hohmann, J. Borke & A. Schmitt (Hrsg.), *Digitale Medien in Kindertageseinrichtungen* (S. 43–58). Hürth: Wolters Kluwer.

Lepold, M., Lill, T. & Rittner, C. (2023). *Digitale Zusammenarbeit mit Familien in der Kita*. Freiburg: Herder.

Meder, N. (2013). Habitus – auch medialer Habitus – aus pädagogischer Perspektive. *Medienimpulse, 51*(4), 1–31. https://doi.org/10.21243/mi-04-13-08

Moosbrugger, H. & Kelava, K. (2020). Qualitätsanforderungen an Tests und Fragebogen („Gütekriterien"). In H. Moosbrugger & K. Kelava. (Hrsg.), *Testtheorie und Fragebogenkonstruktion* (3. Aufl., S. 13–38). Heidelberg: Springer. https://doi.org/10.1007/978-3-662-61532-4

Nieding, I. & Klaudy, E. K. (2020). Digitalisierung in der frühen Bildung. Der Umgang mit digitalen Medien im Spannungsfeld zwischen Schutzraum und Schlüsselkompetenz. In A. Wilmers, C. Anda, C. Keller & M. Rittberger (Hrsg.), *Bildung im digitalen Wandel. Die Bedeutung für das pädagogische Personal und für die Aus- und Fortbildung* (S. 31–56). Münster: Waxmann.

Nentwig-Gesemann, I. & Hurmaci, A. (2020). *KiTa-Qualität aus der Perspektive von Eltern*. Bertelsmann Stiftung.

Reichert-Garschhammer, E. (2020). *Nutzung digitaler Medien für die pädagogische Arbeit in der Kindertagesbetreuung. Expertise im Auftrag des Bundesministeriums für Familie, Senioren, Frauen und Jugend (BMFSFJ)*. https://www.kita-digital-bayern.de/files/media/public/downloads/Endfassung-Kurzexpertise-IFP-Digitalisierung-Kindertagesbetreuung.pdf.

Schubert, G., Eggert, S., Lohr, A., Oberlinner, A., Jochim, V. & Brüggen, N. (2018). *Digitale Medien in Kindertageseinrichtungen: Medienerzieherisches Handeln und Erziehungspartnerschaft Perspektiven des pädagogischen Personals.* Bericht der Teilstudie „Mobile Medien und Internet im Kindesalter – Fokus Kindertageseinrichtungen". https://www.pedocs.de/volltexte/2018/16084/pdf/Schubert_et_al_2018_Digitale_Medien_in_Kindertageseinrichtungen_II.pdf.

Stalder, F. (2016). *Kultur der Digitalität.* Frankfurt am Main: Suhrkamp.

Stolakis, A., Schmitt, A., Borke, J., Fischer, L., Simon, E. & Hohmann, S. (2023). Wie sehen Kinder digitale Medien? Vorschlag und Diskussion einer spielbasierten Methode für Forschung und Praxis [58 Absätze]. *Forum Qualitative Sozialforschung / Forum: Qualitative Social Research, 24*(3), Art. 9. https://doi.org/10.17169/fqs-24.3.4019.

Süss, D., Lampert, C. & Trültzsch-Wijnen, C. W. (2018). *Medienpädagogik.* Wiesbaden: Springer VS.

Ullrich, A., Sauer, K. E. & Jaeger, P. (2020). Medien- und Kulturpädagogik. In T. Meyer & R. Patjens (Hrsg.), *Studienbuch Kinder- und Jugendarbeit* (S. 593–614). Wiesbaden: Springer VS.

Anhangsverzeichnis

Anhang 1 – Projektvorstellung DiKit

Anhang 2 – Selbstreflexionsfragebogen

Anhang 3 – Beschreibung der Fragebogenskalen

Anhang 4 – Elternfragebogen

Anhang 5 – Instrument zur Erhebung der Kinderperspektive auf (digitale) Medien

Anhang 6 – Fallbeispiele

Anhang 7 – Exemplarische Ablaufpläne

Online-Materialien

Projektvorstellung DiKit (PDF)

Selbstreflexionsbogen (PDF)

Auswertungsdatei (xlsx)

Methodische Hintergründe des Selbstreflexionsfragebogens (PDF)

Schablonen Fachkräfte-Typen (PDF)

Elternfragebogen (PDF)

Instrument zur Erhebung der Kinderperspektive auf (digitale) Medien (PDF)

Fallbeispiele (PDF)

Exemplarische Ablaufpläne (PDF)

Foliensatz Fortbildungsmodul (pptx)

8. Abbildungsverzeichnis

Abbildung 1: Dimensionen von Medienkompetenz (orientiert an: Ullrich et al., 2020, S. 601) 19
Abbildung 2: Aufbau eines Selbstreflexionsfragebogens 32
Abbildung 3: Allgemeine Übersicht der Auswertungsdatei 40
Abbildung 4: Übersicht der Tabellenblätter in der Auswertungsdatei 40
Abbildung 5: Dateneingabe in der Auswertungsdatei 41
Abbildung 6: Dateneingabe der Selbstreflexionsfragebögen des Kita-Teams 41
Abbildung 7: Erstes Beispiel für Dateneingabe – Geschlecht und Alter 42
Abbildung 8: Zweites Beispiel für die Dateneingabe – Private Medienaktivität 43
Abbildung 9: Drittes Beispiel für die Dateneingabe – Mediennutzung im pädagogischen Alltag (4-stufiges Antwortformat) 43
Abbildung 10: Fehlerhafte Eingabe – Dateneingabe der Einzelauswertung 44
Abbildung 11: Fehlerhafte Eingabe – Dateneingabe des Kita-Teams 44
Abbildung 12: Hinweis auf Vollständigkeit – Auswertung des Kita-Teams 45
Abbildung 13: Ergebnisdarstellung und Stanine-Werte 45
Abbildung 14: Beispiel der Ergebnisinterpretation der Stanine-Werte 47
Abbildung 15: Exemplarische Darstellung der tabellarischen Auswertung 48
Abbildung 16: Exemplarische Darstellung der grafischen Auswertung eines einzelnen Selbstreflexionsfragebogens 49
Abbildung 17: Exemplarische Darstellung der grafischen Auswertung des gesamten Kita-Teams 51
Abbildung 18: Exemplarischer Auszug der schriftlichen Auswertung 52
Abbildung 19: Beispieldarstellung der Passung einer Schablone, die über die eigene grafische Auswertung gelegt wurde 55
Abbildung 20: Grafisches Profil des Typ 1 Enthusiastisch-medienaffiner Typ 56
Abbildung 21: Grafisches Profil des Typ 2 pragmatisch-reflexiver Typ 57
Abbildung 22: Grafisches Profil des Typ 3 Motiviert-selbstermächtigender Typ 58
Abbildung 23: Grafisches Profil des Typ 4 unerfahren-unsicherer Typ 59
Abbildung 24: Grafisches Profil des Typ 5 Unabhängig-analoger Typ 60
Abbildung 25: Grafisches Profil des Typ 1 Proaktiv-alltagsintegrierender Typ 61
Abbildung 26: Grafisches Profil des Typ 2 Pragmatisch-zweckorientierter Typ 62
Abbildung 27: Grafisches Profil der Typ 3 Zurückhaltend-skeptischer Typ 64
Abbildung 28: Grafisches Profil des Typ 4 Bewahrend-ablehnender Typ 65
Abbildung 29: Aufbau des Kurzfragebogens für die Elternschaft 68
Abbildung 30: Übersicht der Tabellenblätter in der Auswertungsdatei – Abschnitt Kurzfragebogen für die Elternschaft 73
Abbildung 31: Dateneingabe der Elternfragebögen in die dafür vorgesehene Auswertungsdatei 73
Abbildung 32: Erstes Beispiel für die Dateneingabe der Kurzfragebögen für die Elternschaft – Geschlecht und Alter 74
Abbildung 33: Zweites Beispiel für die Dateneingabe – Kurzfragebogen für die Elternschaft (4-stufiges Antwortformat) 75
Abbildung 34: Fehlerhafte Eingabe der zweiten Frage im Elternfragebogen E15 75
Abbildung 35: Übersicht der Tabellenblätter in der Auswertungsdatei 76

Abbildung 36: Beispiel der Ergebnisdarstellung des Elternfragebogens
(Stichprobenübersicht) 76
Abbildung 37: Beispiel der Ergebnisdarstellung des Elternfragebogens (Beispielitem
aus der Skala Befürwortung und Technikaffinität) 77
Abbildung 38: Grafische Auswertung der Selbstreflexionsfragebögen des Kita-Teams 142
Abbildung 39: Ausgabe der Skalen mit großen Unterschieden im Team 143
Abbildung 40: Grafische Auswertung der Selbstreflexionsfragebögen des Kita-
Teams Nashorn unter Betrachtung sich stark voneinander unterscheidenden
Merkmalsausprägungen im Team (gelb unterlegt). Rote Markierungen
kennzeichnen Werte, die sich stark vom durchschnittlichen Antwortverhalten
des Kita-Teams (Blaue Linie) unterscheiden. 145
Abbildung 41: Grafische Auswertung der Elternbefragung – Mediennutzung und
Elternschaft 146
Abbildung 42: Grafische Auswertung der Elternbefragung – Mediennutzung in der
Häuslichkeit 147
Abbildung 43: Grafische Auswertung der Elternbefragung – erwarteten
Auswirkungen digitaler Medien 148
Abbildung 44: Grafische Auswertung der Elternbefragung – Information und
Mitbestimmung 148
Abbildung 45: Grafische Auswertung der Elternbefragung – Befürwortung und
Technikaffinität 149
Abbildung 46: Grafische Auswertung der Selbstreflexionsfragebögen des Kita-
Teams Panda mit Markierung der Ausschläge 154
Abbildung 47: Grafische Auswertung der Elternbefragung – Stichprobenübersicht 155
Abbildung 48: Grafische Auswertung der Elternbefragung – Mediennutzung in der
Häuslichkeit (1) 156
Abbildung 49: Grafische Auswertung der Elternbefragung – Mediennutzung in der
Häuslichkeit (2) 157
Abbildung 50: Grafische Auswertung der Elternbefragung – Erwartete
Auswirkungen digitaler Medien 158
Abbildung 51: Grafische Auswertung der Elternbefragung – Information und
Mitbestimmung 159
Abbildung 52: Grafische Auswertung der Elternbefragung – Befürwortung und
Technikaffinität 160

9. Anhang

Anhang 1 – Projektvorstellung DiKit

Das Kompetenzzentrum Frühe Bildung (KFB) der Hochschule Magdeburg-Stendal und das Institut für Simulation und Grafik der Otto-von-Guericke-Universität Magdeburg führten im Zeitraum von 2020–2023 gemeinsam das durch das Bundesministerium für Bildung und Forschung (BMBF) geförderte Projekt *Digitale Medien in der Kita* (DiKit) durch. Die Projektlaufzeit von drei Jahren fiel in einen Zeitraum, in dem die Entwicklung und Verbreitung von digitalen Medien im pädagogischen Alltag von Kitas pandemiebedingt noch einmal beschleunigt wurde. Dadurch ergaben sich zusätzliche Herausforderungen für die Institutionen und Fachkräfte gleichermaßen.

Um diesen Herausforderungen zukünftig besser begegnen zu können, wurden im Rahmen des Projektes die vorliegenden Fortbildungsmaterialien entwickelt. Diese konzentrieren sich auf die Ebene der pädagogischen Fachkräfte, auf ihre Haltungen, Erfahrungen, Kompetenzen, Vorbehalte und Berührungsängste, d. h. die Art und Weise ihrer Mediennutzung. Ergänzend dazu sollte die Perspektive von Kindern und Eltern systematisch einbezogen werden, um auch die Passung, im Sinne eines abgestimmten Umgangs von Vorstellungen und Praktiken der Kita, der Eltern und der Kinder mit digitalen Medien einer Reflexion zugänglich zu machen.

Hinsichtlich der Nutzung digitaler Medien in der Kita wird in den Fachdiskussionen meist folgendes Gegensatzpaar einer Fachkraft-Typisierung dargestellt: der medienbefürwortende Typus, der Medien proaktiv im Kita-Alltag einsetzt und Digitalisierung als Bildungsauftrag versteht, versus dem Typus, der eher eine medienablehnende Haltung einnimmt und die Kita als medialen Schonraum versteht (Friedrichs-Liesenkötter, 2018). Ausgangspunkt des Projektes war die Annahme, dass die in der Praxis vorfindlichen Haltungen und Motive, die für oder gegen den Einsatz digitaler Medien sprechen, wesentlich vielschichtiger ausfallen und dass sich neben diesen beiden Fachkräfte-Typen noch weitere identifizieren lassen. Eine weitere Hypothese war, dass diese unterschiedlichen Haltungen gegenüber digitalen Medien eng mit der beruflichen und persönlichen (Medien-)Biografie der jeweiligen Person verbunden sind.

Um ein Verständnis für die Komplexität der Motive zu erhalten und weitere Fachkraft-Typen auszudifferenzieren, bestand der Ausgangspunkt der Projektarbeit darin, den medialen Habitus pädagogischer Fachkräfte zu analysieren (Friedrichs-Liesenkötter, 2018; Kommer, 2013). Dieser Begriff wird in Kapitel III.1.*b) (Medialer) Habitus* (S. 22) genauer erklärt. Mithilfe dieses Habitus-Begriffes verfolgte das Projekt DiKit den Ansatz, dass u. a. die Sozialstruktur, generationale Effekte oder auch die (Bildungs-)Biografie entscheidende Indikatoren für die Herausbildung eines bestimmten Habitus von Fachkräften sind und ein bestimmtes mediales Nutzungsverhalten bedingen.

Die Auseinandersetzung und Reflexion des medialen Habitus der pädagogischen Fachkräfte und Kita-Teams wird als notwendiger Ausgangspunkt angesehen, um auf dieser Basis Medienkonzepte und Medienhandeln zu planen und umzusetzen. Daher wurde untersucht, welche Dispositionen einem bestimmten Medienhandeln zugrunde liegen und wie diese charakterisiert sind.

So ergaben sich die folgenden Forschungsfragen:

- *Welche medialen Habitustypen lassen sich über die bestehenden Konzepte hinaus identifizieren und wie lassen sich diese weiter ausdifferenzieren?*
- *Welche Potenziale, Hürden, Erfahrungen und Bedarfe treten bei der Nutzung von digitalen Medien in der Kita auch mit Blick auf alle Interessensgruppen (Kinder, Eltern und Fachkräfte) auf?*

Zielstellung des Projektes war es, ein Fortbildungsmodul (Modul I) zu entwickeln, das aus verschiedenen Instrumenten zur Reflexion der Haltungen und Handlungspraktiken von Fachkräften, Kindern und Eltern in Bezug auf digitale Medien besteht. Um diese Reflexionsmaterialien zu erstellen, wurden mehrere Untersuchungsschritte umgesetzt.

In der ersten Phase wurden zunächst die verschiedenen medialen Typen ermittelt. Daran nahmen 19 frühpädagogische Fachkräfte aus neun Kitas teil. Folgende Forschungsschritte wurden dabei umgesetzt:

- Zunächst wurden Expert*inneninterviews mit den Kita-Leitungen geführt, um einen Einstieg ins Feld sowie erste Eindrücke zur Art der Themenaushandlung zu erhalten.
- Die neun teilnehmenden Projekt-Kitas wurden anschließend mittels Strukturfragebögen zu Eckdaten der Kita sowie ihrer Positionierung zum Thema digitale Medien befragt.
- Aufgrund der Pandemielage konnten keine Besuche in den Kitas realisiert werden und die 19 teilnehmenden Fachkräfte aus den Kitas wurden gebeten, Videobeiträge zur Ausstattung der Kita und zum eigenen Nutzungsverhalten von Medien im pädagogischen Alltag einzusenden.
- Nach Sichtung der Videos wurden die Fachkräfte interviewt. Zusätzlich wurden sie gebeten, sich im Rahmen einer Selbsteinschätzung auf einer Skala von 1–10 als medienbefürwortend, neutral oder medienkritisch zu positionieren.
- In drei der teilnehmenden Kitas fanden zusätzlich Erhebungen mit Kindern statt (Stolakis, Schmitt, Borke, Fischer, Simon & Hohmann, 2023).
- Ergänzt wurden diese durch Befragungen der Eltern mittels eines Fragebogens.

In einer anschließenden Fragebogenerhebung wurden die ermittelten medialen Typen validiert und deren quantitative Verbreitung untersucht. Hier wurden ebenfalls Zusammenhänge zu (berufs-)biografischen Daten geprüft. Zudem wurde untersucht, inwieweit die zuvor analysierten Typen tatsächlich in der Breite (bundesweit in zahlreichen Einrichtungen) zu finden sind. Dafür wurde ein mehrdimensionaler Fragebogen zur Bestimmung des eigenen medialen Habitus (Selbstbeurteilungsbogen) entwickelt (Hohmann, Stolakis, Simon, Schmitt, Borke & Stöckle, i. V.).

Ein weiterer Baustein des Projekts war die Recherche, Systematisierung und Analyse von digitalen Tools sowie digitaler Kommunikationsmöglichkeiten zwischen Eltern und Kita. Dazu wurden exemplarisch verschiedene dieser Systeme untersucht: computerbasierte Systeme, Computer mit physischen Ergänzungskomponenten und digitale Lernspielzeuge ohne Computeranbindung. Die Anwendung dieser digitalen Spiel- und Lernwerkzeuge wurde anschließend für das Modul II aufbereitet.

In der letzten Phase des Projektes wurden die in der Forschung entwickelten Instrumente für den vorliegenden Band modifiziert und überarbeitet. Die entstandenen Materialien wurden durch Studierende des berufsintegrierenden Studiengangs *Leitung von Kindertageseinrichtungen – Kindheitspädagogik* an der Hochschule Magdeburg-Stendal in der Praxis erprobt. Zusätzlich wurden sie in einem Expert*innenforum, bestehend aus Vertreter*innen der Kita-Praxis, Trägern und Verwaltung sowie auf Fort- und Weiterbildungen vorgestellt und evaluiert, anschließend wurden die dabei angeführten Hinweise zur Verbesserung eingearbeitet.

Anhang 2 – Selbstreflexionsfragebogen

Allgemeine Hinweise zum Fragebogen

Sehr geehrte pädagogische Fachkräfte,

digitale Medien können in vielfältiger Weise genutzt und eingesetzt werden. Ob und wie diese eingesetzt werden, ist vor allem von Ihnen als pädagogischer Fachkraft abhängig. Der vorliegende Fragebogen wurde im Rahmen des vom Bundesministerium für Bildung und Forschung geförderten Forschungsprojektes *Digitale Medien in der Kita* (DiKit) entwickelt. Mithilfe des Fragebogens sollen pädagogische Fachkräfte selbst dazu befähigt werden, den eigenen Mediennutzungstyp zu ermitteln und diesen entweder alleine oder im Rahmen des Kita-Teams reflektieren zu können. Ein weiterer Nutzen soll darin bestehen, die individuellen Bedürfnisse der pädagogischen Fachkräfte im Kita Team zu kennen, um gezielte Fort- und Weiterbildungsangebote auswählen zu können, die den individuellen Bedarf einer Fachkraft berücksichtigen.

Um das Frageformat möglichst kurz zu halten, werden unter den Begrifflichkeiten Eltern und Elternhaus alle erziehungs- und sorgeberechtigten Personen verstanden.

Begriffsbestimmung

Der Fragebogen enthält sowohl Fragen, die sich auf digitale Medien als auch auf analoge Medien beziehen.

Unter analoge Medien werden jene Medien verstanden, mit denen der/die Nutzer*in bspw. durch An- und Ausschalten, aber auch durch Lesen usw. aktiv agieren kann. Hierbei handelt es sich vorrangig um Printmedien (z. B. Buch, Zeitung), um Schriftmedien (z. B. Brief), um Rundfunk (z. B. Radio) sowie weitere analoge Medien wie Schallplatten, Telefon, Video, CDs und VHS-Kassetten.

Unter digitale Medien werden Medien verstanden, die auf den/die Nutzer*in reagieren und mit digitalen Codes arbeiten. Dies ermöglicht eine Interaktion zwischen dem Medium und dem/der Nutzer*in. Digitale Medien können unter anderem zur Aufzeichnung, Speicherung und Darstellung von digitalen Inhalten genutzt werden. Daher werden hierunter Medien wie bspw. ein PC mit Internetzugang, Tablets, Smartphones, Computer- und Konsolenspiele, aber auch digitales Fernsehen verstanden.

Der Begriff elektronische Medien (z. B. Computer, Tablet, Fernsehen, elektronisches [Lern-] Spielzeug, Videorekorder) schließt sowohl analoge als auch digitale Medien ein. Er zeichnet sich dadurch aus, dass die Verarbeitung, Übertragung und Speicherung der Information mithilfe von elektrischem Strom, unter Zuhilfenahme elektronischer Schaltungen, erfolgt.

Anonymisierte Codierung Ihres Fragebogens

Sofern Sie den Fragebogen wiederholt nutzen möchten, um bspw. Veränderungsprozesse im Team über einen längeren Zeitraum beobachten und dokumentieren zu können, empfiehlt sich die Verwendung einer personalisierten Codierung. Diese hat den Vorteil, dass die Erhebung im Team sowohl anonym als auch zuordenbar erfolgen kann, da die gewählte sechsstellige Codierung immer gleichbleibend ist und nur von der ausfüllenden Person entschlüsselt werden kann. So können Fragebögen, die von einer Person zu verschiedenen Erhebungszeitpunkten beantwortet wurden, einander zugeordnet werden, ohne auf den Bögen einen Klarnamen zu nennen.

Für die Anonymisierung des Fragebogens wird empfohlen, die unten aufgeführten Kästchen von links nach rechts mit folgender Codierung auszufüllen:

- Bitte tragen Sie in den ersten beiden Kästen die ersten beiden Buchstaben des Vornamens Ihrer Mutter ein.
- In den nachfolgenden beiden Kästchen folgt der Geburtsmonat Ihrer Mutter als Zahl.
- Die letzten beiden Kästchen enthalten die letzten beiden Zahlen des Geburtsjahres Ihrer Mutter.

Nachfolgend ein Beispiel:

Vorname der leiblichen Mutter:	Anna
Geboren:	04. (April) 1962
➤ Resultierende Codierung:	AN 04 62

Bitte tragen Sie nachfolgend Ihre Codierung ein…

Selbstreflexionsfragebogen

Bitte kreuzen Sie im gesamten Fragebogen pro Frage jeweils nur eine Antwort an und antworten Sie intuitiv (aus dem Bauch heraus). Wichtig hierbei zu erwähnen ist, dass es um Ihre Meinung geht und es daher keine richtigen oder falschen Antworten gibt.

Für die Auswertung des Fragebogens ist es wichtig, dass jede Frage beantwortet wird. Die jeweiligen Antwortmöglichkeiten sind so gewählt, dass immer eine für Sie zutreffende Antwort getroffen werden kann. Obwohl manche Fragen für Personen, die bspw. einer bestimmten Generation angehören, augenscheinlich als nicht zutreffend erscheinen mögen, können diese dennoch der Realität entsprechend beantwortet werden. Exemplarisch scheint die Frage 45 „Digitale Medien spielten bereits in meiner Kindheit eine wichtige Rolle für mich" für all jene Fachkräfte irrelevant zu sein, in deren Kindheit es keine digitalen Medien gab. Entscheidend bei der Beantwortung ist es jedoch nicht, ob digitale Medien potenziell hätten eine Rolle spielen können. Also unabhängig davon, ob digitale Medien bspw. durch das eigene Elternhaus stark limitiert wurden oder ob es noch gar keine digitalen Medien für den privaten Gebrauch gab, würde diese Frage mit „Stimme gar nicht zu" beantwortet werden können.

Die Bearbeitungszeit für den Fragebogen beträgt voraussichtlich 20 Minuten.

III. Modul I – Reflexionsmaterialien

Allgemeine Angaben

Welches Geschlecht haben Sie?
- ○ männlich
- ○ weiblich
- ○ divers

Wie alt sind Sie?
- ○ unter 18 Jahre alt
- ○ zwischen 18 und 29 Jahre alt
- ○ zwischen 30 und 39 Jahre alt
- ○ zwischen 40 und 49 Jahre alt
- ○ zwischen 50 und 59 Jahre alt
- ○ älter als 59 Jahre alt

Private Medienaktivität

Es folgen ein paar allgemeine Fragen zu Ihrer eigenen Ausstattung, Vorlieben und Nutzungsweise von (digitalen) Medien. Bitte kreuzen Sie jeweils nur eine Antwort an.

	Bitte schätzen Sie ein, wie häufig sie sich in Ihrer Freizeit mit den nachfolgenden Dingen beschäftigen?	Sehr selten bis nie	Selten	Manchmal	Häufig	Sehr häufig
01	Internetrecherche zum Wissenserwerb	○	○	○	○	○
02	Konzerte und/oder Musik-Festivals besuchen	○	○	○	○	○
03	Serien und Filme über Streaming-Dienste schauen	○	○	○	○	○
04	Lesen von Fachliteratur, um mich selbst fort- und weiterzubilden	○	○	○	○	○
05	Reportagen und Dokumentationen schauen, um mich weiterzubilden	○	○	○	○	○
06	Ins Kino gehen	○	○	○	○	○
07	Aktive Nutzung sozialer Medien (erstellen eigener Posts und Beiträge)	○	○	○	○	○
08	Feiern und/oder auf Partys gehen	○	○	○	○	○
09	Nutzung von anwendungsbezogenen Softwares am Computer, Laptop und/oder Notebook zur Erstellung von Texten, Tabellen oder Präsentationen	○	○	○	○	○
10	Vor Ort mit Freund*innen und Bekannten treffen	○	○	○	○	○
11	Ins Theater oder Museum gehen	○	○	○	○	○
12	Online-Shoppen und/oder Einkaufen	○	○	○	○	○
13	Besuch von Bars, Kneipen und/oder Restaurants	○	○	○	○	○
14	Mit Freund*innen über Messenger-Dienste kommunizieren	○	○	○	○	○
15	Bild- und Videobearbeitung am Computer und/oder Laptop	○	○	○	○	○
16	Passive Nutzung sozialer Medien (Posts und Beiträge anderer Personen ansehen)	○	○	○	○	○

III. Modul I – Reflexionsmaterialien

Medienaktivität im Beruf

Die nachfolgenden Fragen beziehen sich darauf, welche (digitalen) Medien Sie im Rahmen Ihrer pädagogischen Tätigkeit bevorzugt nutzen. Bitte kreuzen Sie jeweils nur eine Antwort an.

	Welche der folgenden Aktivitäten bringen Sie in Ihrer pädagogischen Arbeit am liebsten ein?	Gar nicht	Sehr ungern	Nicht so gerne	Gerne	Sehr gerne
17	Gemeinsames Malen und Zeichnen von Bildern mit Bundstiften und/oder Tuschkastenfarbe	O	O	O	O	O
18	Gemeinsam mit den Kindern musizieren (unter Einbezug von Instrumenten)	O	O	O	O	O
19	Etwas mit Naturmaterialien basteln	O	O	O	O	O
20	Gemeinsam singen	O	O	O	O	O
21	Selbst gestaltete Hörspiele und/oder Musik aufnehmen	O	O	O	O	O
22	Ein Video drehen und bearbeiten	O	O	O	O	O
23	Zeichnungen am Tablet oder Computer erstellen	O	O	O	O	O
24	Videos im Internet ansehen (z. B. durch Nutzung eines Tablets oder Computers)	O	O	O	O	O
25	Musik und Hörspiele von einer CD anhören	O	O	O	O	O
26	Musik und Hörspiele über einen Streaming Dienst (Internet) anhören	O	O	O	O	O
27	Wissensvermittlung durch Nutzung von Büchern und Zeitschriften	O	O	O	O	O
28	Wissensvermittlung durch Nutzung des Internets (z. B. Lehr- und Lernvideos)	O	O	O	O	O
29	Brett-/ Gesellschafts-/ Kartenspiele spielen	O	O	O	O	O
30	Spiele am Tablet oder Computer spielen	O	O	O	O	O
31	Erstellen von elektronischer Musik (z. B. über Software am Computer)	O	O	O	O	O
32	Zeitschriften und/oder Bücher in gedruckter Form (vor)lesen, anschauen	O	O	O	O	O
33	Zeitschriften und/oder Bücher in elektronischer Form (vor)lesen, anschauen	O	O	O	O	O
34	Nutzung von programmierbaren Spielzeugen (z. B. dem Bee-Bot)	O	O	O	O	O
35	Gemeinsames Spielen auf dem Spielplatz	O	O	O	O	O

Bezug zur eigenen Kindheit

In dem nachfolgenden Teil werden Ihnen Fragen zu verschiedenen Themenbereichen gestellt. Die Themenbereiche zielen sowohl auf Ihre Tätigkeit als pädagogische Fachkraft aber auch auf Ihr privates Medienhandeln und Medieninteresse ab. In dem ersten Themenbereich geht es um Ihre eigene Medienbiografie, beginnend im Kindes- und Jugendalter.

Für die Beantwortung der Fragen können Sie zwischen vier verschiedenen Antwortmöglichkeiten wählen („Stimme gar nicht zu" bis „Stimme vollkommen zu"). Bitte kreuzen Sie die Antwort an, die am ehesten auf Sie zutrifft und antworten Sie intuitiv, aus dem Bauch heraus.

	Bitte wählen Sie die zutreffende Antwort für jeden Punkt aus	Stimme gar nicht zu	Stimme eher nicht zu	Stimme eher zu	Stimme vollkommen zu
36	Mein eigener Medienkonsum wurde unterstützt, weil meine Eltern mir sehr viel zur Verfügung gestellt haben.	O	O	O	O
37	Ich würde behaupten früher ein/e richtige/r Vielleser*in gewesen zu sein.	O	O	O	O
38	In meiner eigenen Kindheit spielten weder elektronische noch digitale Medien eine Rolle.	O	O	O	O
39	Von Computerspielen oder Spielekonsolen war ich noch nie begeistert.	O	O	O	O
40	Bereits in meiner Kindheit und Jugend habe ich technische Neuerungen sehr gerne ausprobiert.	O	O	O	O
41	In meinem Elternhaus gab es kaum elektronische und/oder digitale Medien, die ich hätte nutzen können.	O	O	O	O
42	Ich habe mich schon früher sehr genau mit Hard- und Software auseinandergesetzt.	O	O	O	O
43	In meiner Kindheit habe ich sehr gerne Bücher gelesen.	O	O	O	O
44	Aus heutiger Perspektive hätte ich es schön gefunden, wenn ich früher mehr Bücher gelesen hätte.	O	O	O	O
45	Digitale Medien spielten bereits in meiner Kindheit eine wichtige Rolle für mich.	O	O	O	O
46	Als Kind habe ich viel mehr Zeit in der Natur verbracht als die meisten Kinder heute.	O	O	O	O
47	Durch meine Eltern kam ich frühzeitig in Kontakt mit digitalen und elektronischen Medien.	O	O	O	O
48	Durch mein soziales Umfeld war ich stets über alle technischen Neuerungen informiert.	O	O	O	O
49	In meiner Kindheit war ich viel mehr draußen, weil es deutlich weniger elektronische und digitale Medien gab.	O	O	O	O
50	Bezüglich meiner eigenen Entwicklung bin ich sehr froh, dass es früher deutlich weniger digitale Medien gab als heute.	O	O	O	O
51	Die verhandelten Themen in Kinderserien haben sich im Vergleich zu früher sehr stark verändert.	O	O	O	O
52	Für mich gab es als Kind nichts Besseres, als draußen mit Freund*innen zu spielen.	O	O	O	O
53	In meiner eigenen Kindheit habe ich selten vor dem Fernseher gesessen.	O	O	O	O
54	Da wir früher deutlich weniger elektronisches und digitales Spielzeug hatten, mussten wir kreativer sein als die Kinder heutzutage.	O	O	O	O
55	Ich habe schon früher eher im Internet als in Büchern recherchiert.	O	O	O	O

Mediennutzung im pädagogischen Alltag

In dem nachfolgenden Abschnitt geht es um die Nutzung (digitaler) Medien in Ihrem pädagogischen Alltag.

Für die Beantwortung der Fragen können Sie zwischen vier verschiedenen Antwortmöglichkeiten wählen („Stimme gar nicht zu" bis „Stimme vollkommen zu"). Bitte kreuzen Sie die Antwort an, die am ehesten auf Sie zutrifft und antworten Sie intuitiv, aus dem Bauch heraus.

	Bitte wählen Sie die zutreffende Antwort für jeden Punkt aus	Stimme gar nicht zu	Stimme eher nicht zu	Stimme eher zu	Stimme vollkommen zu
72	Ich finde es gut, wenn digitale Medien bis zum Schuleintritt für Kinder noch keine Rolle spielen.	O	O	O	O
73	Die beste Art Kindern einen behutsamen Umgang mit digitalen Medien beizubringen, ist es, diese auch in der pädagogischen Arbeit einzusetzen.	O	O	O	O
74	Jedem technikinteressierten Kind sollte die Möglichkeit geboten werden, das Wissen in der Kita weiter zu vertiefen.	O	O	O	O
75	Im Hinblick auf den bevorstehenden Schuleintritt finde ich es wichtig, dass allen Kindern die gleichen Grundlagen im Umgang mit digitalen Medien vermittelt werden.	O	O	O	O
76	Ich bin stets motiviert, digitale Medien im Rahmen meiner pädagogischen Tätigkeit zu nutzen.	O	O	O	O
77	Digitale Medienbildung ist aus meiner Sicht keine wünschenswerte Praxis in Kindertageseinrichtungen.	O	O	O	O
78	Für die Vorbereitung von pädagogischen Angeboten nutze ich sehr gerne digitale Medien.	O	O	O	O
79	Ich bin mir sicher, dass ich kreative Ideen entwickeln kann, um digitale Medien kindgerecht in der pädagogischen Arbeit einzubeziehen.	O	O	O	O
80	Den Einsatz digitaler Lehr- und Lernwerkzeuge in der Kita befürworte ich sehr.	O	O	O	O
81	Bereits im Kindergartenalter sollten alle Kinder erste Lernerfahrung im Umgang mit digitalen Medien machen.	O	O	O	O
82	Ich finde, dass Kinder besser in Kitas aufgehoben sind, die keine digitalen Medien im pädagogischen Alltag nutzen.	O	O	O	O
83	Für die technischen Belange der Kinder finde ich es sehr erleichternd, wenn ich an ein/e Kolleg*in verweisen kann.	O	O	O	O
84	Digitale Medienbildung in der Kita ist vor allem für die Kinder wichtig, die zu Hause viel mit digitalen Medien in Berührung kommen.	O	O	O	O
85	Bei der Nutzung digitaler Medien in einer Gruppe mit zehn bis zwölf Kindern ist es schwer, einen rücksichtsvollen Umgang zu wahren.	O	O	O	O
86	Ich fühle mich sehr kompetent darin, Kindern dabei zu helfen, etwas mit oder über digitale(n) Medien zu lernen.	O	O	O	O
87	Im Rahmen meiner pädagogischen Arbeit fühle ich mich gut darauf vorbereitet, Kinder im Umgang mit digitalen Medien zu begleiten.	O	O	O	O
88	Durch Suchmaschinen verlernen Kinder zunehmend, wie sie sich mit Büchern Wissen aneignen können.	O	O	O	O
89	Ich würde mir wünschen, dass Kinder in der heutigen Zeit nicht so früh mit digitalen Medien in Berührung kommen.	O	O	O	O
90	Ich finde digitale Medien spannend und versuche dies auch den Kindern zu vermitteln.	O	O	O	O
91	Digitale Medien stellen eine sinnvolle Ergänzung im pädagogischen Alltag dar.	O	O	O	O
92	Bei komplexeren Fragen zu digitalen Medien, kann ich mich auf meine Fähigkeiten verlassen.	O	O	O	O
93	Unter der Nutzung digitaler Medien leiden die zwischenmenschlichen Beziehungen in der pädagogischen Arbeit.	O	O	O	O
94	Technische Probleme kann ich meist aus eigener Kraft meistern.	O	O	O	O
95	Digitale Medienbildung in der Kita ist vor allem für die Kinder wichtig, die zu Hause kaum bis gar keine Erfahrungen mit digitalen Medien machen.	O	O	O	O

III. Modul I – Reflexionsmaterialien

	Bitte wählen Sie die zutreffende Antwort für jeden Punkt aus	Stimme gar nicht zu	Stimme eher nicht zu	Stimme eher zu	Stimme vollkommen zu
96	Die zunehmende Forderung, digitale Medien in der pädagogischen Arbeit einzusetzen, bereitet mir innerliche Unruhe.	○	○	○	○
97	Ich bin froh, wenn ich im Rahmen meiner pädagogischen Arbeit keine Fragen zu digitalen Medien beantworten muss.	○	○	○	○
98	Ich habe Angst davor, digitale Medien in meiner pädagogischen Arbeit einzusetzen.	○	○	○	○
99	Ich habe große Freude daran, das technische Interesse der Kinder durch den Einsatz digitaler Medien zu wecken.	○	○	○	○
100	Im Rahmen meiner pädagogischen Arbeit setze ich digitale Medien mit Begeisterung ein.	○	○	○	○
101	Ich merke, dass ich nervös werde, wenn mir Kinder technische Fragen stellen.	○	○	○	○
102	Der Einsatz digitaler Medien in der Kita beansprucht zu viel Zeit der Fachkräfte.	○	○	○	○
103	Die Nutzung digitaler Medien im Rahmen meiner pädagogischen Arbeit macht mir sehr viel Spaß.	○	○	○	○
104	Durch den Einsatz digitaler Medien kann im pädagogischen Alltag viel Zeit eingespart werden.	○	○	○	○
105	Mit zunehmendem technischem Fortschritt wird es für mich immer schwieriger, einen Einstieg in den Themenbereich „digitale Medien" zu schaffen.	○	○	○	○
106	Bei der Nutzung digitaler Medien im Rahmen meiner pädagogischen Arbeit macht es mir großen Spaß, kreativ zu werden.	○	○	○	○
107	Sobald ich digitale Medien in meiner pädagogischen Arbeit nutzen muss, fühle ich mich gestresst.	○	○	○	○
108	Durch digitale Medien verlernen Kinder, wie wichtig der Kontakt zu Freund*innen und Familie ist.	○	○	○	○
109	Sofern es beim Einsatz digitaler Medien zu technischen Problemen kommt, kann ich diese in der Regel gut lösen.	○	○	○	○
110	Ich denke, dass sich die Nutzung digitaler Medien in der Kita auch negativ auf die soziale und emotionale Entwicklung von Kindern auswirken kann.	○	○	○	○
111	Der Einsatz digitaler Medien in der Kita beansprucht deutlich mehr Aufmerksamkeit seitens der Fachkräfte als Angebote ohne digitale Medien.	○	○	○	○
112	Schwierigkeiten im Umgang mit digitalen Medien sehe ich gelassen entgegen, weil ich meinen Fähigkeiten immer vertrauen kann.	○	○	○	○

III. Modul I – Reflexionsmaterialien

Ihre Notizen:

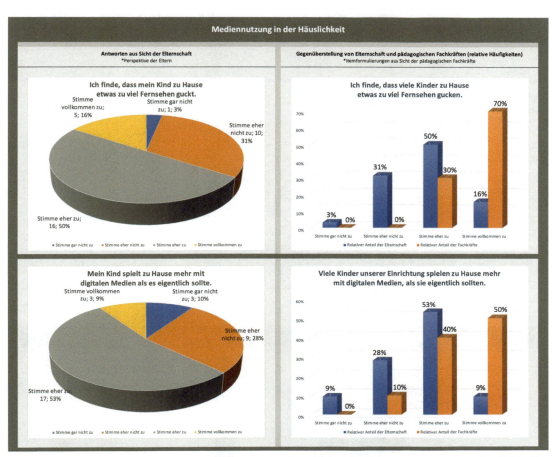

Abbildung 42: Grafische Auswertung der Elternbefragung – Mediennutzung in der Häuslichkeit

Ihre Notizen:

III. Modul I – Reflexionsmaterialien

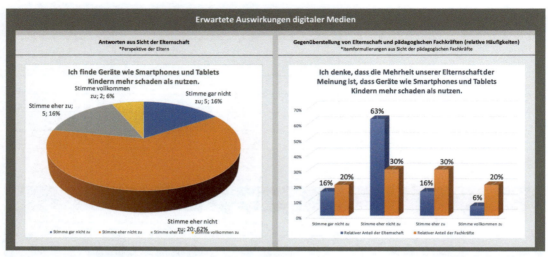

Abbildung 43: Grafische Auswertung der Elternbefragung – erwarteten Auswirkungen digitaler Medien

Ihre Notizen:
_____
_____
_____
_____
_____
_____
_____

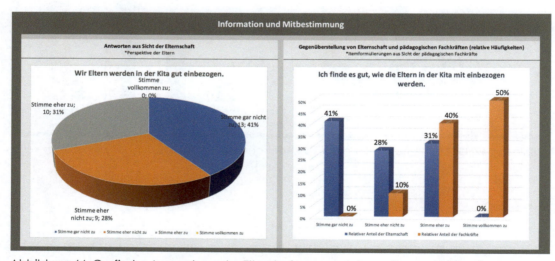

Abbildung 44: Grafische Auswertung der Elternbefragung – Information und Mitbestimmung

III. Modul I – Reflexionsmaterialien

Ihre Notizen:

_____
_____
_____
_____
_____
_____
_____
_____

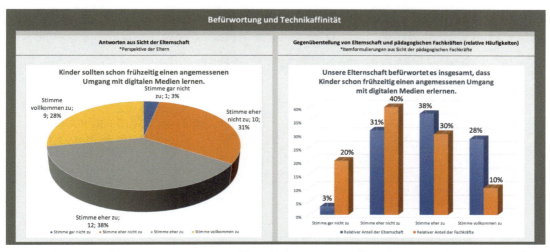

Abbildung 45: Grafische Auswertung der Elternbefragung – Befürwortung und Technikaffinität

Ihre Notizen:

_____
_____
_____
_____
_____
_____
_____
_____

Zum Schluss können Sie sich mit den Ergebnissen aus den Instrumenten zur Erhebung mit Kindern auseinandersetzen. Diese bestehen einerseits aus Kita-Rundgängen, bei denen die Kinder ihre liebsten Orte, Gegenstände und Spielhandlungen in der Kita präsentierten. Andererseits handelt es sich um Ergebnisse aus Kreisgesprächen, bei denen die Kinder anhand eines Memo-Spiels mit Abbildungen verschiedener analoger und digitaler Medien über ihren persönlichen Medienumgang gesprochen haben. Teilgenommen haben Kinder im Alter von 3 bis 6 Jahren. Alle Ergebnisse wurden in der nachfolgenden Tabelle bereits sortiert und zusammengefasst:

Tabelle 7: Ergebnisse der Erhebung mit Kindern

	Sortierte Stichpunkte	Zusammenfassung
Kita-Rundgänge	**Bevorzugte Spielhandlungen in der Kita** Kinder zeigen Gesellschaftsspiele wie bspw. Memospiele Kinder zeigen Orte für Rollenspiele (Puppenecke, Küche) Kinder zeigen Bausteine Kinder zeigen Bücher Kind präsentiert auf Nachfrage sein Lieblingsbuch	**Bevorzugte Spielhandlungen in der Kita** - Kinder mögen gern Bücher - Gesellschafts- und Rollenspiele sind beliebt - Bausteine werden genutzt
	Was machen Kinder genau mit Geräten/Anwendungen? Diverse Smartphone-Apps selbstständig genutzt Umfangreiches Wissen zu Apps Kind druckt für Papa Arbeitsblätter Kind kann Passwort des TV umgehen, um heimlich Fernsehen zu gucken Roboter programmieren Fotos machen Videos machen Fotos verschicken	**Was machen Kinder genau mit Geräten/Anwendungen?** - Kinder sind versiert im Umgang mit App-Anwendungen - Zeigen Ansätze zum produktiven Umgang mit Medien (Programmieren, kreative Anwendung von Foto- und Videomaterialien)
	Wünsche/Vorlieben und Vorbehalte Nintendo-Switch wird gemocht Mögen „sehr viel Technik" TikTok und Youtube gern geguckt. Spiel Splatoon 1 und 2 auf der Nintendo-Switch gefällt Kind Kind mag Bücher, allerdings nur solche ohne Schrift Anderes Kind hasst Bücher Anderes Kind mag nur Bücher, zu denen es ein Video gibt Kinder mögen Zeitschriften mit Spielbeilage Kinder geben an, dass sie Märchenbücher mögen In der Kita keine Lieblingsbücher (nur zu Hause)	**Wünsche/Vorlieben und Vorbehalte** - Kinder mögen Technik, insbesondere Spielkonsolen, wie Nintendo Switch - Anwendungen/Spiele wie TikTok, YouTube oder Splatoon werden gemocht - Kinder mögen gern Zeitschriften mit Spielbeilage - Bücher werden nur eingeschränkt gemocht (ohne Schrift oder die sich auf Videos beziehen oder Märchenbücher) - in der Kita keine Lieblingsbücher (nur zu Hause)

Schauen Sie sich die Ergebnisse aus der Tabelle an und notieren Sie sich erste Auffälligkeiten. Folgende Reflexionsfragen können Sie bei der Betrachtung der Ergebnisse hinzuziehen:

 Fragen zur Annäherung an die Ergebnisse

- Welche Ergebnisse sind besonders überraschend, erfreulich oder besorgniserregend?
- Was ist den Kindern in der Kita wichtig?
- Welche der Medieninhalte der Kinder sind der Fachkraft bekannt/unbekannt?
- Welche Assoziationen/Bewertungen kommen bezüglich der Mediennutzung der Kinder auf?
- Welche Fragen ergeben sich bezüglich der heimischen Mediennutzung?
- Was kann man mit den Ergebnissen in der pädagogischen Praxis anfangen? Welche Handlungsbedarfe ergeben sich?

III. Modul I – Reflexionsmaterialien

Ihre Notizen:
_____
_____
_____
_____
_____
_____
_____
_____
_____
_____
_____
_____
_____

Sie könnten nun überlegen, wie die Aussagen der Kinder mit den vorangegangenen Äußerungen der Fachkräfte und Eltern zusammenpassen oder an welchen Stellen unterschiedliche Meinungen festzustellen sind. Wo gibt es möglicherweise Passungen oder Widersprüche, an welchen Stellen ergänzen sich die verschiedenen Perspektiven und an welchen Stellen wäre es vielleicht wichtig, noch einmal vertiefender nachzufragen, um sich besser in die Sichtweise der jeweiligen Kinder, Eltern oder Fachkräfte hineinversetzen zu können? Sie können die verschiedenen Ergebnisse entlang der folgenden Fragestellungen diskutieren:

Reflexionsfragen

- Wie würden Sie mit den Ergebnissen der Selbstreflexionsfragebögen umgehen, wenn es sich dabei um Ihre eigene Kita-Einrichtung handelt?
- Welche Handlungsempfehlungen könnten für dieses Kita-Team hilfreich sein?
- Gibt es Handlungsschritte, die für ein solches Team eher weniger geeignet wären?
- Wie würden Sie mit den Ergebnissen der Elternschaft umgehen? Was könnte helfen, um die Bedürfnisse der Eltern, die sich eher unzufrieden zeigten bzw. dem Einsatz digitaler Medien sehr ablehnend gegenüberstanden, stärker mit einzubeziehen?
- Welche Handlungsschritte wären denkbar, wenn sich bei ihrer Kinderbefragung ein ähnliches Ergebnis abzeichnet?
- Wenn Sie alle Ergebnisse der Kinder-, Eltern- und Fachkraftbefragungen gemeinsam betrachten, wo sehen Sie Gemeinsamkeiten und Unterschiede? Wie lässt sich damit umgehen?
- Wie kann ermöglicht werden, dass die Kinder auch die Perspektive der Erwachsenen auf die digitale Mediennutzung besser verstehen können?

Ihre Notizen:
_____
_____
_____
_____
_____
_____

Fallbeispiel 2 – Kita Panda (fiktive Kita)

Eckdaten zur Kita – Die Kita Panda befindet sich im Zentrum einer Kleinstadt. Sie zählt mit ca. 45 pädagogischen Mitarbeiter*innen eher zu den größeren Einrichtungen. Die Kita-Leitung ist durch eine Fortbildung verstärkt auf das Thema digitale Medien in der frühen Bildung aufmerksam geworden. Sie weiß, dass digitale Medien innerhalb ihrer Einrichtung genutzt werden und einige Kolleg*innen für dieses Thema sehr aufgeschlossen sind. Wie sich das gesamte Meinungsbild innerhalb der Kita darstellt und zu welchen Anlässen welche Medien wie eingesetzt werden, wollte sie gern näher erkunden. Außerdem konnte sie nicht einschätzen, wie die Eltern und Kinder in ihrer Einrichtung dem Thema gegenüberstehen. Zumindest wurde der Einsatz von digitalen Medien bei Elternabenden o. Ä. bislang nicht explizit besprochen.

Um Aufschluss über die verschiedenen Situationen des Medieneinsatzes und die Bedürfnisse der verschiedenen Akteur*innen in ihrer Einrichtung zu bekommen, entschied sich die Kita-Leitung den Selbstreflexions- und den Elternfragebogen sowie das Instrument zur Erhebung mit Kindern einzusetzen.

Vorgehen der Kita-Leitung – Zunächst stellte die Leiterin die Reflexionsmaterialien sowohl bei einer internen Teamsitzung als auch bei einer Sitzung des Elternkuratoriums vor. Zusätzlich erstellte sie Infozettel für alle Eltern, auf denen sie ihr Vorhaben schilderte. Es war ihr wichtig, dass ihr Vorgehen für alle transparent ist und sich dadurch auch möglichst viele Mitarbeiter*innen und Eltern an den Fragebogenumfragen beteiligen. Nachdem die Leitung sehr umfangreich über ihr Vorhaben informiert hatte, waren die ersten Rückmeldungen der Eltern sehr positiv.

Den Selbstreflexionsfragebogen verteilte sie an alle Mitarbeiter*innen ihrer Einrichtung und bat sie, diesen innerhalb von 14 Tagen ausgefüllt zurückzugeben. Insgesamt erhielt sie 41 von 45 Fragebögen zurück. Daraufhin trug sie die Zahlen/Ergebnisse in das Excel-Tabellenblatt „Ihre Dateieingabe" ein und erhielt die automatisch generierte Auswertungsgrafik (Abbildung 46).

Die Kita-Leitung gab zusätzlich auch die Elternfragebögen an die jeweiligen pädagogischen Fachkräfte der einzelnen Gruppen aus, sodass die Eltern diese in den Bring- und Abholsituationen erhielten. Ein Teil der Eltern füllte die Fragebögen direkt vor Ort aus, andere nahmen die Bögen mit nach Hause. Die Leitung setzte eine Abgabefrist von 14 Tagen und erhielt insgesamt 32 Fragebögen zurück. Im Anschluss begann sie, die Angaben der Eltern in die Excel-Tabelle einzutragen und erhielt die grafische Darstellung der Ergebnisse der Elternschaft (Abbildungen 47–51).

Hinsichtlich des Instruments zur Erhebung mit Kindern entschied sich die Leitung, den Kita-Rundgang und das Kreisgespräch mit Memo-Spiel mit den Kindern in jeder Kita-Gruppe, mit Ausnahme der Krippengruppen, anzuwenden. Sie übernahm dabei selbst die moderierende Rolle und die pädagogischen Fachkräfte der jeweiligen Gruppen nahmen als Mitspieler*innen teil. Das war ihr besonders wichtig, da die Kinder sich möglichst unvoreingenommen äußern sollten und sie und ihre Bezugspädagog*innen sich sehr gut kennen und somit bereits sehr viel voneinander wissen.

Ein Großteil der Kreisgespräche lief so ab, dass die einzelnen Memo-Karten immer wieder Gesprächsanlässe boten. Die Kinder erkannten einzelne Medien auf den Memo-Karten und erzählten über ihre jeweiligen Erfahrungen. Die Leitung sprach zudem auch einzelne Karten gezielt an, zu denen die Kinder zunächst keinen Bezug zu haben schienen (z. B. Videorekorder oder Schnurtelefon). Nachdem die Aufmerksamkeit bei den Kindern abnahm, spielten sie am Ende noch das Memo-Spiel.

Die Leitung nahm alle Gespräche während des Rundgangs und während der Kreisgespräche mit einem Diktiergerät auf, um diese im Nachgang auswerten zu können. Die Ergebnisse der Gespräche mit den Kindern sind ebenfalls auf den folgenden Seiten dargestellt (Tabelle 8).

Die Ergebnisse des Kita-Teams (aus allen 41 Fragebögen zusammengefasst) sind in Abbildung 46 zu finden. Schauen Sie sich bitte zunächst die Ergebnisse an und machen Sie sich mit der Abbildung vertraut. Bitte schauen Sie sich das Diagramm mit den darin enthaltenen Merkmalsausprägungen an.

Welche Ausschläge (Abweichungen vom durchschnittlichen Antwortverhalten, welches als hellblaue Fläche in der Mitte des Diagramms gekennzeichnet ist) fallen Ihnen besonders auf, und wie würden Sie das Kita-Team beschreiben, wenn Sie nach Ihrer Einschätzung gefragt würden? Die folgenden Fragen können Ihnen bei der Beantwortung helfen:

 Fragen zur Annäherung an die Fallbeschreibung

- Was fällt Ihnen ganz allgemein bei diesem Fall auf?
- Handelt es sich um ein eher medienablehnendes oder medienbefürwortendes Kita-Team?
- Welche Werte sind besonders auffällig?
- Welche möglichen Zusammenhänge und Erklärungen können Sie aus den Ergebnissen ableiten?
- Wie könnte das Team (die Leitung) mit diesen Ergebnissen umgehen? Welche Handlungsschritte könnten sich anschließen?

Ihre Notizen:

154 III. Modul I – Reflexionsmaterialien

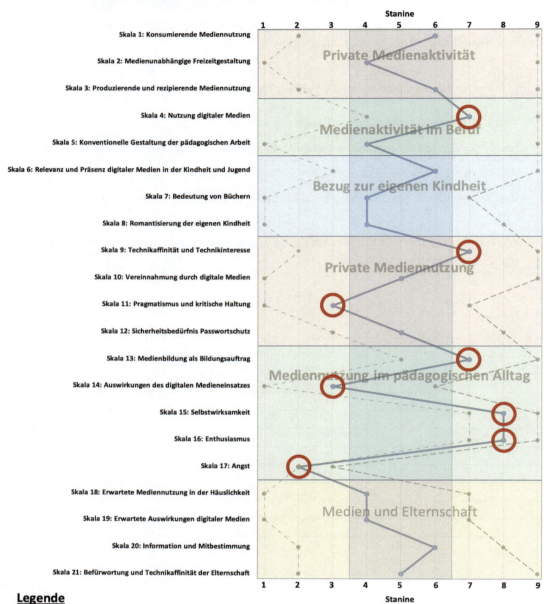

Abbildung 46: Grafische Auswertung der Selbstreflexionsfragebögen des Kita-Teams Panda mit Markierung der Ausschläge

Nachdem Sie sich mit den Ergebnissen aus der Befragung des Kita-Teams auseinandergesetzt haben, schauen Sie sich bitte einmal auch die Ergebnisse des Kurzfragebogens der Elternschaft genauer an. In Abbildung 47 können Sie sich einen kurzen Überblick über die Teilnehmer*inschaft verschaffen und anschließend ausgewählte Aussagen aus den vier Bereichen des Kurzfragebogens zur genaueren Betrachtung hinzuziehen, welche auf den nachfolgenden Abbildungen 47–51 zu sehen sind.

Im jeweils linken Teil der Abbildungen (Tortendiagramm) wird eine Übersicht darüber geboten, wie die Elternschaft insgesamt geantwortet hat, also wie viel Prozent der Eltern einer Frage eher zustimmen oder nicht. Diese Form der Darstellung gibt einen schnellen Überblick darüber, wie die Elternschaft dem Einsatz digitaler Medien gegenübersteht und zeigt vor allem, wie gleich oder unterschiedlich die Erwartungen aus Elternperspektive sind. Neben dem Tortendiagramm auf der linken Seite, werden auf der rechten Seite die Fragen aus dem Elternfragebogen den dazugehörigen Fragen aus dem Selbstreflexionsfragebogen gegenübergestellt. Die Fragen aus dem Selbstreflexionsfragebogen beziehen sich darauf, wie die pädagogischen Fachkräfte die Perspektive der Elternschaft einschätzen. Die Gegenüberstellung der Fragenpaare ist in Form eines Balkendiagramms dargestellt. Die orangenen Säulen bilden ab, wie die pädagogischen Fachkräfte des Kita-Teams die Elternschaft hinsichtlich ihres erwarteten Antwortverhaltens einschätzen (Angaben in Prozent). Die blauen Säulen des Balkendiagramms stellen im Gegensatz dazu dar, wie die Elternschaft tatsächlich auf eine Frage geantwortet hat. Anhand dieses Balkendiagramms soll die Reflexion darüber ermöglicht werden, wie gut die pädagogischen Fachkräfte die Perspektive der Eltern einschätzen können.

Bitte schauen Sie sich diese Diagramme zunächst genauer an und notieren Sie sich erste Auffälligkeiten. Die Beantwortung der folgenden Fragestellungen könnte Ihnen bei der Betrachtung und Auswertung helfen:

 Fragen zur Annäherung an die Ergebnisse

- Bei welchen Fragen zeigen sich große Unterschiede zwischen den Angaben der Elternschaft und den Annahmen der Fachkräfte, wie Eltern die Fragen beantworten würden?
- Welche Antworten der Elternschaft würden Sie selbst überraschen, wenn es sich bei den Ergebnissen um die Elternschaft Ihrer eigenen Einrichtung handeln würde?
- Welche Handlungsbedarfe ergeben sich aus Ihrer Sicht?

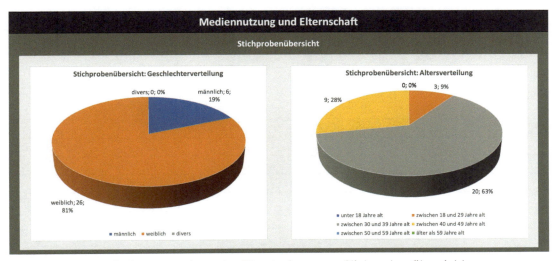

Abbildung 47: Grafische Auswertung der Elternbefragung – Stichprobenübersicht

Ihre Notizen:
___

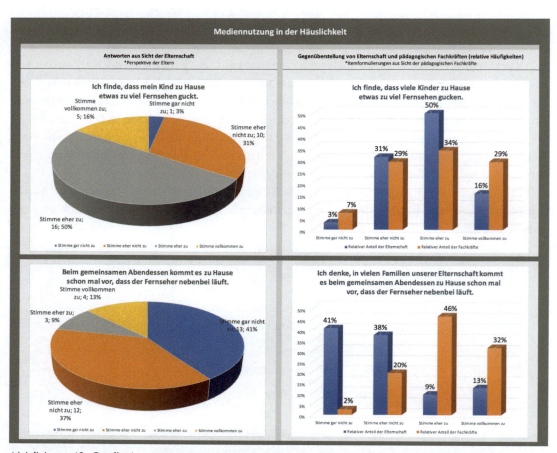

Abbildung 48: Grafische Auswertung der Elternbefragung – Mediennutzung in der Häuslichkeit (1)

Ihre Notizen:
___

III. Modul I – Reflexionsmaterialien

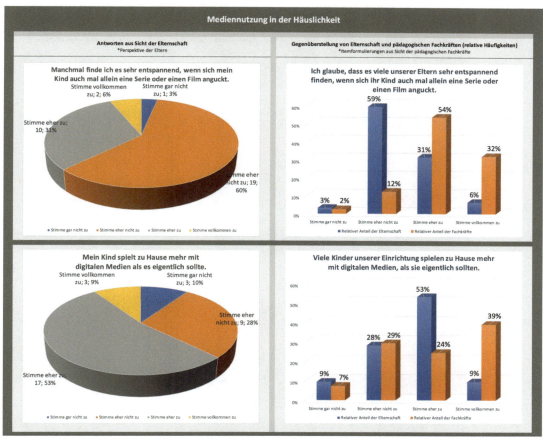

Abbildung 49: Grafische Auswertung der Elternbefragung – Mediennutzung in der Häuslichkeit (2)

Ihre Notizen:
_____
_____
_____
_____
_____
_____
_____

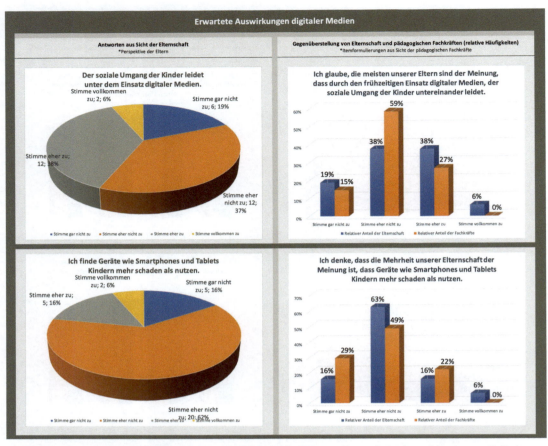

Abbildung 50: Grafische Auswertung der Elternbefragung – Erwartete Auswirkungen digitaler Medien

Ihre Notizen:
_____
_____
_____
_____
_____
_____
_____

III. Modul I – Reflexionsmaterialien

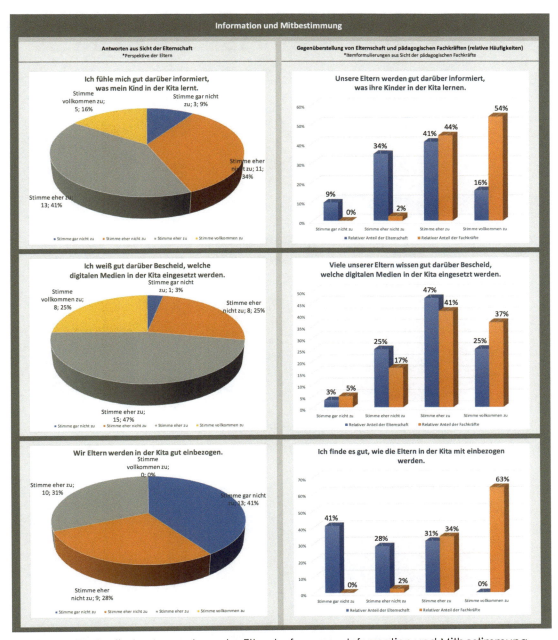

Abbildung 51: Grafische Auswertung der Elternbefragung – Information und Mitbestimmung

Ihre Notizen:
___
___
___
___
___
___
___

160   III.   Modul I – Reflexionsmaterialien

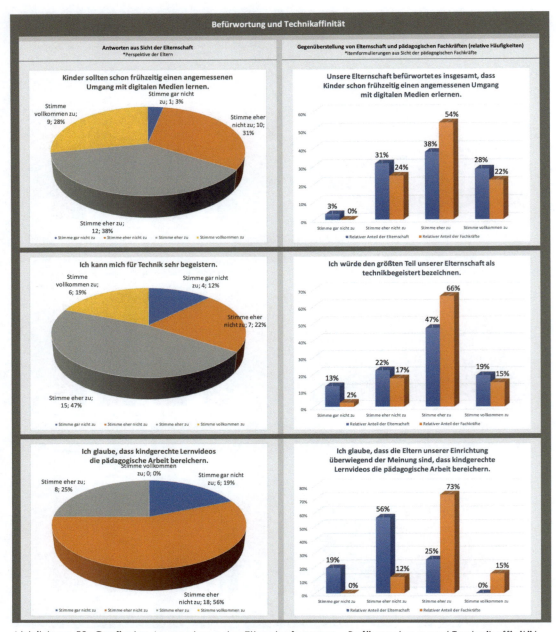

Abbildung 52: Grafische Auswertung der Elternbefragung – Befürwortung und Technikaffinität

Ihre Notizen:
_____
_____
_____
_____
_____
_____
_____
_____

III. Modul I – Reflexionsmaterialien

Ihre Notizen:

___

Zum Schluss können Sie sich mit den Ergebnissen aus den Instrumenten zur Erhebung mit Kindern auseinandersetzen. Diese bestehen einerseits aus Kita-Rundgängen, bei denen die Kinder ihre Lieblingsorte und -gegenstände in der Kita präsentierten. Andererseits handelt es sich um Ergebnisse aus Kreisgespräche, bei denen die Kinder anhand eines Memo-Spiels mit Abbildungen verschiedener analoger und digitaler Medien über ihren persönlichen Medienumgang gesprochen haben. Teilgenommen haben Kinder im Alter von 3 bis 6 Jahren. Alle Ergebnisse wurden in der nachfolgenden Tabelle bereits sortiert und zusammengefasst:

Tabelle 8: Ergebnisse der Erhebung mit Kindern

	Sortierte Stichpunkte	Zusammenfassung
Kita-Rundgänge	**Bevorzugte Spielhandlungen in der Kita** Kinder präsentieren Gesellschaftsspiele (z. B. Memospiele) Spielorte werden vorgeführt (z. B. Puppenecke, Küche) Auf Bausteine und Bücher wird immer wieder hingewiesen	**Bevorzugte Spielhandlungen in der Kita** – Bücher und Bausteine sind bei den Kindern beliebt – Kinder mögen Rollen-Gesellschaftsspiele
Kreisgespräche	**Geräte/Anwendungen die Kinder kennen** Nintendo-Switch zu Hause nicht erlaubt Konkretes Wissen zu Nintendo-Switch Spielen Kumpel spielt mit Nintendo-Switch und X-Box Kumpel spielt auf Spielkonsolen „Fortnite" Papa spielt Minecraft und Autorennen auf der X-Box Konsole Kind zählt Geschichten/Figuren der Toniebox auf Zählen ihnen bekannte Hörspiele/Toniefiguren auf Einige Kinder haben keine Toniebox zu Hause	**Geräte/Anwendungen die Kinder kennen** – Kinder kennen Spielkonsolen wie Nintendo Switch oder X-Box und konkrete Spiele (z. B. Fortnite, Minecraft, Autorennen) – Kinder kennen Geschichten und Figuren der Toniebox. – Geräte sind teilweise nicht zu Hause vorhanden
	Geräte/Anwendungen die Kinder nutzen X-Box und Nintendo-Switch in der Familie zur Verfügung TikTok und YouTube gern geguckt Kind darf auch Minecraft spielen oder zugucken Kind hat verschiedene Controller, um die Nintendo-Switch zu bedienen Zu Hause drei Fernseher Zu Hause vier Fernseher Zu Hause interaktives Buch, das per Knopfdruck automatisch vorliest Kinder hören Musik aus „ihrer Alexa"	**Geräte/Anwendungen die Kinder nutzen** – X-Box – Nintendo-Switch – Fernseher – Interaktives Buch – Alexa – TikTok – YouTube – Minecraft

Schauen Sie sich die Ergebnisse aus der Tabelle an und notieren Sie sich erste Auffälligkeiten. Folgende Reflexionsfragen können Sie bei der Betrachtung der Ergebnisse hinzuziehen:

> **Fragen zur Annäherung an die Ergebnisse**
>
> – Welche Ergebnisse sind besonders überraschend, erfreulich oder besorgniserregend?
> – Was ist den Kindern in der Kita wichtig?
> – Welche der Medieninhalte der Kinder sind der Fachkraft bekannt/unbekannt?
> – Welche Assoziationen/ Bewertungen kommen bezüglich der Mediennutzung der Kinder auf?
> – Welche Fragen ergeben sich bezüglich der heimischen Mediennutzung?
> – Was kann man mit den Ergebnissen in der pädagogischen Praxis anfangen? Welche Handlungsbedarfe ergeben sich?

Ihre Notizen:

_____
_____
_____
_____
_____
_____
_____
_____
_____
_____
_____
_____
_____
_____
_____
_____
_____
_____

Sie könnten nun überlegen, wie die Aussagen der Kinder mit den vorangegangenen Äußerungen der Fachkräfte und Eltern zusammenpassen bzw. an welchen Stellen unterschiedliche Meinungen festzustellen sind. Wo gibt es möglicherweise Passungen oder Widersprüche, an welchen Stellen ergänzen sich die verschiedenen Perspektiven und wann wäre es vielleicht wichtig noch einmal vertiefender nachzufragen, um sich besser in die Sichtweise der jeweiligen Kinder, Eltern oder Fachkräfte hineinversetzen zu können? Sie können die verschiedenen Ergebnisse entlang der folgenden Fragestellungen diskutieren:

Reflexionsfragen

- Wie würden Sie mit den Ergebnissen der Selbstreflexionsfragebögen umgehen, wenn es sich dabei um Ihre eigene Kita-Einrichtung handelt?
- Welche Handlungsempfehlungen könnten für dieses Kita-Team hilfreich sein?
- Gibt es Handlungsschritte, die für ein solches Team eher weniger geeignet wären?
- Wie würden Sie mit den Ergebnissen der Elternschaft umgehen? Was könnte helfen, um die Bedürfnisse der Eltern, die sich eher unzufrieden zeigten bzw. dem Einsatz digitaler Medien sehr ablehnend gegenüberstanden, stärker mit einzubeziehen?
- Welche Handlungsschritte wären denkbar, wenn sich bei ihrer Kinderbefragung ein ähnliches Ergebnis abzeichnet?
- Wenn Sie alle Ergebnisse der Kinder-, Eltern- und Fachkraftbefragungen gemeinsam betrachten, wo sehen Sie Gemeinsamkeiten und Unterschiede? Wie lässt sich damit umgehen?
- Wie kann ermöglicht werden, dass die Kinder auch die Perspektive der Erwachsenen auf die digitale Mediennutzung besser verstehen können?

Ihre Notizen:
___
___
___
___
___
___
___

Anhang 7 – Exemplarische Ablaufpläne

Nachfolgend finden sich drei Varianten von exemplarischen Ablaufplänen zur Gestaltung einer Fortbildung. Sie enthalten Hinweise für die Fortbildner*innen zum Einstieg ins Thema, zu Arbeitsaufträgen an die Teilnehmenden sowie zur Auswertung und zur Reflexion. Die detaillierte Beschreibung der einzelnen Blöcke (Tabellen 9–24) enthält zudem Hinweise auf dazugehörige Online-Materialien.

Tabelle 4: Variante 1: Exemplarischer Zeitplan im Überblick – Alle Instrumente werden vorgestellt und gemeinsam ausgewertet

Zeit	Block	Thema
Tag 1 **(6 Std. 10 Min.)** 2 Std. 15 Min.	Block 1a	– Ankommen – Vorstellung, Organisation, Ablauf – Warm-up der Gruppe – Austausch zum Medienbegriff
40 Min.	Block 2	– Theoretische Einführung – Vorstellung der Instrumente allgemein
1 Std. 40 Min. 10 Min.	Block 3 Teil 1	– Vorstellung des Selbstreflexionsfragebogens – Anwendung und Auswertung des Selbstreflexionsbogens – Ggf. Arbeitsauftrag Erhebung im Kita-Team
30 Min.	Block 4 Teil 1	– Vorstellung des Elternfragebogens – Reflexion vorab – Klärung der Arbeitsaufträge und des weiteren Ablaufs
55 Min.	Block 5 Teil 1	– Vorstellung des Instruments zur Erhebung der Kinderperspektive – Vertraut machen mit dem Instrument – Klärung der Arbeitsaufträge und des weiteren Ablaufs
Tag 2 **(6 Std. 15 Min.)** 30 Min.	Block 1b	– Ankommen
40 Min. 2 Std. 20 Min.	Block 3 Teil 2	– Ggf. Auswertung der Erhebung im Kita-Team – Reflexion der Ergebnisse – Austausch in Kleingruppen – Diskussion im Plenum
2 Std. 45 Min.	Block 4 Teil 2	– Auswertung der Elternbefragung – Reflexion der Ergebnisse – Austausch in Kleingruppen – Diskussion im Plenum
Tag 3 **(7 Std. 45 Min.)** 30 Min.	Block 1b	– Ankommen
4 Std.	Block 5 Teil 2	– Auswertung der Erhebung der Kinderperspektive – Reflexion der Ergebnisse – Austausch in Kleingruppen – Diskussion im Plenum
1 Std. 45 Min.	Block 6	– Arbeit mit Fallbeispielen – Vorstellung der Fallbeispiele und Diskussion
1 Std. 30 Min.	Block 7	– Einzelarbeit zu eigenen Ergebnissen – Diskussion im Plenum – Resümee und Abschluss

III. Modul I – Reflexionsmaterialien

Tabelle 5: Variante 2: Exemplarischer Zeitplan im Überblick – Alle Instrumente werden vorgestellt, Auswertung und Reflexion erfolgt im Selbststudium

Zeit	Block	Thema
Tag 1 **(6 Std. 10 Min.)**		
2 Std. 15 Min.	Block 1a	– Ankommen – Vorstellung, Organisation, Ablauf – Warm-up der Gruppe – Austausch zum Medienbegriff
40 Min.	Block 2	– Theoretische Einführung – Vorstellung der Instrumente allgemein
1 Std. 40 Min. 10 Min.	Block 3 Teil 1	– Vorstellung des Selbstreflexionsfragebogens – Anwendung und Auswertung des Selbstreflexionsbogens – Ggf. Arbeitsauftrag Erhebung im Kita-Team
30 Min.	Block 4 Teil 1	– Vorstellung des Elternfragebogens – Reflexion vorab – Klärung der Arbeitsaufträge und des weiteren Ablaufs
55 Min.	Block 5 Teil 1	– Vorstellung des Instruments zur Erhebung der Kinderperspektive – Vertraut machen mit dem Instrument – Klärung der Arbeitsaufträge und des weiteren Ablaufs
Tag 2 **(5 Std. 55 Min.)**		
30 Min.	Block 1b	– Ankommen
2 Std.	Block 3 Teil 2 Block 4 Teil 2 Block 5 Teil 2	– Austausch in Kleingruppen zu den Ergebnissen der Erhebungen
1 Std. 45 Min.	Block 6	– Arbeit mit Fallbeispielen – Vorstellung der Fallbeispiele und Diskussion
1 Std. 40 Min.	Block 7	– Einzelarbeit zu eigenen Ergebnissen – Diskussion im Plenum – Resümee und Abschluss

III. Modul I – Reflexionsmaterialien

Detaillierte Beschreibung der einzelnen Blöcke für die Ablaufpläne der Varianten 1 und 2:

Tabelle 9: Block 1a – Warm-up und Einstieg ins Thema (beispielhaft, kann auch individuell anders gestaltet werden)

Thema	Zeit	Ziel	Inhalt	Methode	Material
Einstieg	15 Min.	Fortbildner*in ist vorgestellt. Organisatorische Fragen sind geklärt. Der Ablauf ist besprochen.	Begrüßung der Teilnehmenden Fortbildner*in stellt sich vor: Werdegang, Hintergrund, Rolle im Seminar Klären organisatorischer Fragen: Pausenzeiten, Mitschriften, Anwesenheit Worte zum Ablauf	Vortrag	
Warm-up	20 Min.	TN sind aufgelockert. TN haben sich zu den Erwartungen an die Fortbildung ausgetauscht.	Fragen zu dritt: Erwartungen zum Thema? Was möchten Sie lernen? Was sollte nicht passieren?	Kleingruppe zu dritt	
Warm-up	15 Min.	Alle TN haben sich vorgestellt.	Vorstellungrunde: Jede*r TN stellt sich vor und erzählt kurz etwas zu sich (z. B. Arbeitskontext, Bezug zum Thema)	Plenum	
Erwartungsabfrage	20 Min.	Erwartung und Befürchtungen der TN sind bekannt.	Worauf haben Sie Lust? Welche Befürchtungen bringen Sie mit?	Kartenabfrage	Metaplankarten, Marker, Pinnwand
Lernvereinbarung	10 Min.	Gemeinsames Verständnis zum selbstverantwortlichen Lernen ist geschaffen.	Lernvereinbarung, wie z. B. Störungen anmelden, Einladung, Fragen zu stellen Einladung sich einzulassen, auch bei Ungewohntem und Neuem Unterschiedliches Erfahrungsniveau der Gruppe – Voneinander lernen Fehler sind erlaubt: Übungsseminar	Interaktiver Vortrag	
Einstieg ins Thema	30 Min.	TN haben ihren eigenen Standpunkt artikuliert bzw. sich bewusst gemacht und sich mit anderen TN darüber ausgetauscht.	Auseinandersetzung mit dem Medienbegriff: Was verstehen die TN unter (digitalen) Medien? Welche Erfahrungen wurden im Einsatz mit Medien gemacht?	Diskussion in Kleingruppen (ca. 4 TN)	
	10 Min.	TN haben sich über ihr Verständnis von (digitalen) Medien ausgetauscht.	Zusammentragen von Schlaglichtern aus der Kleingruppenarbeit	Diskussion im Plenum	Metaplankarten, Marker, Pinnwand
Warm-up	15 Min.	TN sind aufgelockert und haben sich dem Thema spielerisch genähert. Berührungsängste sind abgebaut.	Eine Möglichkeit der spielerischen Annäherung ans Thema kann z. B. das Spiel „Everybody who" sein: Alle stehen auf einer Seite des Raumes. Aussagen werden einzeln vorgelesen. Jede*r auf die/den eine Aussage zutrifft, geht auf die andere Seite des Raumes. Nach jeder Aussage, einzelne Personen nach Konkretisierung fragen Beispielhafte Aussagen: – Alle die, deren erster Berufswunsch es war, in einer Kita zu arbeiten. – Alle die, die gern mit dem Computer arbeiten. – Alle die, die morgens als erstes auf ihr Smartphone schauen. – Alle die, schonmal ein pädagogisches Angebot mit digitalen Medien durchgeführt haben. – Alle die, die gerne Bücher lesen. – Alle die, die unsicher im Umgang mit digitalen Medien sind. – Alle die, die sich jetzt gern mit dem Thema digitale Medien in der Kita auseinandersetzen wollen.	bspw. Spiel „Everybody who"	

III. Modul I – Reflexionsmaterialien

Tabelle 10: Block 1b – Einstieg für anschließende Fortbildungstage (beispielhaft, kann auch individuell anders gestaltet werden)

Thema	Zeit	Ziel	Inhalt	Methode	Material
Einstieg	10 Min.	Organisatorische Fragen sind geklärt. Ablauf ist besprochen.	Begrüßung der Teilnehmenden Worte zum Ablauf	Vortrag	
Abholen der TN	20 Min.	TN konnten ein Stimmungsbild abgeben. TN konnten entstandene Fragen klären.	Was gibt es zum bisherigen Ablauf zu sagen? Wie sind die TN mit den bisherigen Arbeitsanweisungen zurechtgekommen? Welche Schwierigkeiten gab es? Welche Fragen haben sich ergeben?	Plenum	

Tabelle 11: Block 2 – Einführung ins Thema

Thema	Zeit	Ziel	Inhalt	Methode	Material
Einführung ins Thema	30 Min.	TN sind die theoretischen Hintergründe zum Thema bekannt.	Digitalisierung in der Kita (Medialer) Habitus Passung Kita-Eltern-Kind	Vortrag	Foliensatz Fortbildungsmodul, Folie 2–9
Vorstellung der Instrumente & Auswertungsmethoden	10 Min.	TN haben einen Überblick zu den einzelnen Instrumenten.	Hinführung/Überblick: Welche Instrumente gibt es?	Vortrag	Foliensatz Fortbildungsmodul, Folie 10 & 11

Tabelle 12: Block 3 – Selbstreflexionsfragebogen

Thema	Zeit	Ziel	Inhalt	Methode	Material
Teil 1					
Vorstellung des Selbstreflexionsfragebogens	20 Min.	TN haben sich mit der Zielstellung des Fragebogens auseinandergesetzt und ihnen ist bekannt, wie sie diesen auswerten können. TN haben die Gelegenheit gehabt, Rückfragen zu stellen.	Ziel und Nutzen des Fragebogens Inhalt und Aufbau des Fragebogens Hinweise zur Anwendung Erklärung zur Auswertung des Fragebogens	Vortrag	Foliensatz Fortbildungsmodul, Folie 12–17
Vorbereitung für Selbstreflexionsfragebogen	20 Min.	TN haben sich konkrete Gedanken zur Mediennutzung in verschiedenen Lebensbereichen gemacht.	TN denken unter Hinzuziehung von Reflexionsfragen über die Rolle (digitaler) Medien in verschiedenen Lebensbereichen nach und machen sich Notizen: Mediennutzung in der eigenen Kindheit- und Jugend Private Mediennutzung heute Mediennutzung in der pädagogischen Arbeit	Einzelarbeit	Reflexionsfragen vorab (S. 35); Foliensatz Fortbildungsmodul, Folie 18–20
Anwendung des Selbstreflexionsfragebogens und Auswertung	60 Min.	TN haben alle den Fragebogen selbst ausgefüllt. TN haben die Auswertung erprobt. TN hatten die Gelegenheit für Rückfragen. TN erhalten individuelle Ergebnisse.	TN haben Zeit, den Fragebogen selbst auszufüllen und auszuwerten. Sie können Rückfragen stellen und können sich mit der Anwendung und Auswertung vertraut machen.	Einzelarbeit (in der Fortbildung oder als Selbststudienanteil)	Selbstreflexionsfragebogen (S. 117) Auswertungsdatei (Online-Material)
Ggf. Arbeitsauftrag zur Anwendung des Selbstreflexionsfragebogens im Kita-Team	10 Min.	TN haben den Fragebogen im Team angewandt.	Arbeitsauftrag: Anwendung des Selbstreflexionsfragebogens im Kita-Team bis zur nächsten Einheit der Fortbildung	Vortrag & Einzelarbeit in der Kita	Instruktionen zur Anwendung (S. 39) Selbstreflexionsfragebogen (S. 117)

III. Modul I – Reflexionsmaterialien

Thema	Zeit	Ziel	Inhalt	Methode	Material
Teil 2					
Ggf. Auswertung	40 Min.	TN haben die Fragebögen des Teams ausgewertet.	Auswertung der Selbstreflexionsbögen des Kita-Teams	Einzelarbeit (in der Fortbildung oder als Selbststudienanteil)	Instruktionen zur Auswertung (S. 39) Foliensatz Fortbildungsmodul, Folie 22 Auswertungsdatei (Online-Material)
Reflexion	20 Min.	TN haben eigene Ergebnisse eingeordnet.	TN vergleichen Ergebnisse mit den vorab beantworteten Reflexionsfragen: Welche Ergebnisse decken sich mit der vorab angefertigten Selbsteinschätzung bzw. welche stimmen nicht überein? Inwiefern hat sich die Perspektive auf das eigene (digitalen) Medienhandeln verändert?	Einzelarbeit	Reflexionsfragen (S. 36) Foliensatz Fortbildungsmodul, Folie 23 & 24
Austausch zu Ergebnissen	60 Min	TN haben sich ihre Ergebnisse gegenseitig in Kleingruppen vorgestellt und reflektiert. TN haben über Ergebnisse und Nutzen für die pädagogische Praxis diskutiert.	TN stellen sich die Ergebnisse gegenseitig vor Reflexion der Ergebnisse aus der eigenen Kita Diskussion: Was kann man mit den Ergebnissen des Selbstreflexionsfragebogens anfangen? Welche Handlungsbedarfe ergeben sich?	Reflexion & Diskussion in Kleingruppen	
Diskussion	60 Min.	TN haben sich in der großen Gruppe zu den Ergebnissen der Erhebungen ausgetauscht.	Jede Kleingruppe stellt zusammenfassend die Kleingruppenarbeit vor. Zusammenfassung der Ergebnisse, der Reflexion und Diskussion	Diskussion im Plenum	Metaplankarten, Marker, Pinnwand

Tabelle 13: Block 4 – Elternfragebogen

Thema	Zeit	Ziel	Inhalt	Methode	Material
Teil 1					
Vorstellung der Elternbefragung	10 Min.	TN haben sich mit der Zielstellung des Fragebogens auseinandergesetzt und ihnen ist bekannt, wie sie diesen auswerten können. TN konnten Rückfragen dazu stellen.	Ziel und Nutzen des Fragebogens Inhalt und Aufbau des Fragebogens Hinweise zur Anwendung Erklärung zur Auswertung des Fragebogens	Vortrag	Foliensatz Fortbildungsmodul, Folie 25–30
Vorbereitung für Elternbefragung	15 Min.	TN haben sich konkrete Gedanken zur Einstellung der Elternschaft hinsichtlich digitaler Medien gemacht.	Einschätzung der Elternschaft Ihrer Kita hinsichtlich des Einsatzes digitaler Medien: Glauben Sie, dass die Elternschaft Ihrer Kita den Einsatz digitaler Medien in der pädagogischen Arbeit eher befürwortet oder ablehnt? Begründen Sie kurz ihre Aussage. Wie schätzen Sie die Mediennutzung in der Häuslichkeit der befragten Elternteile ein? Begründen Sie kurz ihre Aussage.	Einzelarbeit	Reflexionsfragen vorab (S. 69) Foliensatz Fortbildungsmodul, Folie 31–33
Arbeitsauftrag zur Durchführung der Elternbefragung	5 Min.	TN wissen, was bis zur nächsten Einheit zu tun ist. TN kommen mit ausgefüllten Fragebogen in die nächste Einheit.	Arbeitsauftrag: Anwendung der Elternbefragung in der Kita bis zur nächsten Einheit der Fortbildung	Vortrag & Einzelarbeit in der Kita	Instruktionen zur Anwendung (S. 72) Foliensatz Fortbildungsmodul, Folie 34 Elternfragebogen (S. 134)

III. Modul I – Reflexionsmaterialien

Thema	Zeit	Ziel	Inhalt	Methode	Material
Teil 2					
Auswertung	25 Min.	TN haben die Elternbefragung ausgewertet.	Auswertung der Elternfragebögen	Einzelarbeit (in der Fortbildung oder als Selbststudienanteil)	Instruktionen zur Auswertung (S. 72) Foliensatz Fortbildungsmodul, Folie 35 Auswertungsdatei (Online-Material)
Reflexion	20 Min.	TN haben eigene Ergebnisse eingeordnet.	TN vergleichen Ergebnisse mit den vorab beantworteten Reflexionsfragen: Welche Ergebnisse des Elternfragebogens decken sich mit den von Ihnen vorab angefertigten Einschätzungen bzw. inwiefern gibt es größere Unterschiede, mit denen Sie vorab nicht gerechnet haben? Inwiefern hat sich Ihre Perspektive auf Ihrer Elternschaft geändert? Bitte erläutern Sie kurz Ihre Aussage.	Einzelarbeit (in der Fortbildung oder als Selbststudienanteil)	Reflexionsfragen (S. 70) Foliensatz Fortbildungsmodul, Folie 36
Austausch zu Ergebnissen	60 Min.	TN haben sich ihre Ergebnisse gegenseitig in Kleingruppen vorgestellt und reflektiert. TN haben über Ergebnisse und Nutzen für die pädagogische Praxis diskutiert.	TN stellen sich die Ergebnisse gegenseitig vor Reflexion der Ergebnisse aus der eigenen Kita Diskussion: Was kann man mit den Ergebnissen des Elternfragebogens anfangen? Welche Handlungsbedarfe ergeben sich?	Diskussion in Kleingruppen	
Diskussion	60 Min.	TN haben sich im Plenum zu den Ergebnissen der Erhebungen ausgetauscht.	Jede Kleingruppe stellt zusammenfassend die Kleingruppenarbeit vor Zusammenfassung der Ergebnisse, der Reflexion und Diskussion	Diskussion im Plenum	Metaplankarten, Marker, Pinnwand

Tabelle 14: Block 5 – Erhebung der Kinderperspektive

Thema	Zeit	Ziel	Inhalt	Methode	Material
Teil 1					
Vorstellung des Instruments zur Erhebung mit Kindern	15 Min.	TN haben sich mit der Zielstellung des Instruments auseinandergesetzt und ihnen ist bekannt, wie sie es anwenden und auswerten können. TN haben die Gelegenheit gehabt, Rückfragen zu stellen.	Ziel und Nutzen der Erhebung mit Kindern Inhalt und Aufbau der Erhebung Hinweise zur Anwendung Erklärung zur Auswertung	Vortrag	Foliensatz Fortbildungsmodul, Folie 37–45
Vertraut machen mit dem Material zur Erhebung mit Kindern	30 Min.	TN hatten die Möglichkeit sich mit dem Fragebogen, dem Ablauf und dem Memospiel vertraut zu machen. TN fühlen sich auf den Einsatz in der Kita gut vorbereitet.	TN testen das Instrument in Kleingruppen TN können Unklarheiten und Fragen besprechen	Kleingruppenarbeit	Instruktionen zur Anwendung und Auswertung (S. 79) Leitfäden (S. 136) Memospiel
Arbeitsauftrag zur Durchführung der Erhebung der Kinderperspektive	10 Min.	TN wissen, was bis zur nächsten Einheit zu tun ist. TN kommen mit stichpunktartiger Verschriftlichung der Erhebung in die nächste Einheit.	Arbeitsauftrag: Anwendung des Instrumentes (ca. 1 Std. 15 Min. pro Kindergruppe) in der Kita und Verschriftlichen (ca. 3 Std.) bis zur nächsten Einheit der Fortbildung	Vortrag & Einzelarbeit in der Kita	Instruktionen zur Anwendung und Auswertung (S. 79) Leitfäden (S. 136) Memospiel
Teil 2					
Auswertung	120 Min.	TN haben die Stichpunkte entlang der Leitfragen geordnet und anschließend verdichtet.	Auswertung der Erhebung der Kinderperspektive Ordnen der Stichpunkte und Reduktion	Einzelarbeit (in der Fortbildung oder als Selbststudien-anteil)	Instruktionen zur Anwendung und Auswertung (S. 79) Foliensatz Fortbildungsmodul, Folie 45–48
Reflexion	20 Min.	TN haben eigene Ergebnisse eingeordnet.	TN beantworten Reflexionsfragen: Welche Ergebnisse waren besonders überraschend, erfreulich oder besorgniserregend? Was ist den Kindern in der Kita wichtig? Welche der Medieninhalte der Kinder sind der Fachkraft bekannt/unbekannt? Welche Assoziationen/Bewertungen kommen bezüglich der Mediennutzung der Kinder auf? Welche Fragen ergeben sich bezüglich des heimischen Medienkonsums?	Einzelarbeit (in der Fortbildung oder als Selbststudien-anteil)	Reflexionsfragen (S. 87) Foliensatz Fortbildungsmodul, Folie 49 & 50
Austausch zu Ergebnissen	50 Min.	TN haben sich ihre Ergebnisse gegenseitig in Kleingruppen vorgestellt und reflektiert TN haben über Ergebnisse und Nutzen für die pädagogische Praxis diskutiert.	TN stellen sich die Ergebnisse gegenseitig vor Reflexion der Ergebnisse aus der eigenen Kita Diskussion: Was kann man mit den Ergebnissen der Erhebung der Kinderperspektive anfangen? Welche Handlungsbedarfe ergeben sich?	Diskussion in Kleingruppen	
Diskussion	50 Min.	TN haben sich in der großen Gruppe zu den Ergebnissen der Erhebungen ausgetauscht.	Zusammenfassung der Kleingruppenarbeit Zusammenfassung der Ergebnisse, der Reflexion und Diskussion	Diskussion im Plenum	Metaplankarten, Marker, Pinnwand

Tabelle 15: Block 6 – Arbeit mit Fallbeispielen

Thema	Zeit	Ziel	Inhalt	Methode	Material
Vorstellung der Fallbeispiele	15 Min.	TN haben einen ersten Überblick über die Fallbeispiele erhalten.	Überblick zu Fallbeispielen Kurze Vorstellung der verschiedenen Fallbeispiele	Vortrag	Foliensatz Fortbildungsmodul, Folie 51–53
Gruppenarbeit mit Fallbeispielen	50 Min.	TN haben sich intensiv mit einzelnen Fallbeispielen auseinandergesetzt und Schlüsse für die pädagogische Praxis gezogen.	Intensive Erarbeitung der zwei Fallbeispiele Durchlesen und gemeinsam dazu ins Gespräch kommen Überlegungen erweitern: Was kann man mit den Ergebnissen in der pädagogischen Praxis anfangen? Welche Handlungsbedarfe ergeben sich?	Einteilung in Kleingruppen	Fallbeispiele (S. 140)
Diskussion	40 Min.	TN haben sich die verschiedenen Fallbeispiele gegenseitig vorgestellt.	Jedes Fallbeispiel wird kurz durch die Kleingruppen vorgestellt, Besonderheiten des Falls werden aufgezeigt. Diskussion in der Gruppe wird zusammenfassend dargestellt. 20 Minuten pro Fallbeispiel	Plenum	Metaplankarten, Marker, Pinnwand

Tabelle 16: Block 7 – Zusammenfassung und Abschluss

Thema	Zeit	Ziel	Inhalt	Methode	Material
Arbeitsauftrag an TN	30 Min.	TN haben aus ihren Ergebnissen konkrete Handlungsbedarfe abgeleitet.	Zusammenfassen, was bisher erarbeitet wurde Alle eigenen Ergebnisse sollen nun noch einmal angeschaut werden und über Konsequenzen aus den Ergebnissen nachgedacht werden. Welche Schlüsse lassen sich bei gemeinsamer Betrachtung und Zusammenführung aller Ergebnisse ziehen? Welche Handlungsbedarfe ergeben sich? Wie können konkrete Maßnahmen aussehen und wie können diese umgesetzt werden?	Einzelarbeit	
Abschließende Diskussion	50–60 Min.	TN gehen mit einer Idee nach Hause, welche Impulse sie in ihr Team tragen wollen.	Jede*r TN ist dazu eingeladen, die gewonnenen Erkenntnisse zu teilen und im Plenum mitzuteilen oder zu diskutieren.	Plenum	Metaplankarten, Marker, Pinnwand
Feedbackrunde	10 Min.	TN konnten ein Feedback zur Veranstaltung geben.	Feedbackrunde zur Veranstaltung	Plenum	

Tabelle 6: Variante 3: Exemplarischer Zeitplan im Überblick – TN werden in der Anwendung und Auswertung der Materialien zum selbstständigen Einsatz in einer Kita geschult

Zeit	Block	Thema
Tag 1 **(5 Std. 20 Min)**		
1 Std. 30 Min.	Block 1a	– Ankommen; Vorstellung, Organisation, Ablauf – Warm-up der Gruppe – Austausch zum Medienbegriff
40 Min.	Block 2	– Theoretische Einführung – Vorstellung der Instrumente allgemein
2 Std.	Block 3	– Vorstellung Selbstreflexionsfragebogen – Anwendung und Auswertung des Selbstreflexionsbogens – Reflexion und Diskussion
1 Std. 10 Min.	Block 4	– Vorstellung des Elternfragebogens – Erprobung – Diskussion
Tag 2 (5 Std.)		
30 Min.	Block 1b	– Ankommen
1 Std. 30 Min.	Block 5	– Vorstellung des Instruments zur Erhebung der Kinderperspektive – Vertraut machen mit dem Instrument – Diskussion
2 Std.	Block 6	– Arbeit mit Fallbeispielen – Vorstellung der Fallbeispiele und Diskussion
1 Std.	Block 7	– Diskussion im Plenum – Resümee und Abschluss

III. Modul I – Reflexionsmaterialien

Detaillierte Beschreibung der einzelnen Blöcke für den Ablaufplan der Variante 3:

Tabelle 17: Block 1a – Warm-up und Einstieg ins Thema (beispielhaft, kann auch individuell anders gestaltet werden)

Thema	Zeit	Ziel	Inhalt	Methode	Material
Einstieg	10 Min.	Fortbildner*in ist vorgestellt. Organisatorische Fragen sind geklärt. Der Ablauf ist besprochen.	Begrüßung der Teilnehmenden Fortbildner*in stellt sich vor: Werdegang, Hintergrund, Rolle im Seminar Klären organisatorischer Fragen: Pausenzeiten, Mitschriften, Anwesenheit Worte zum Ablauf	Vortrag	
Warm-up	20 Min.	TN sind aufgelockert. TN haben sich zu den Erwartungen an die Fortbildung ausgetauscht.	Fragen zu dritt: Erwartungen zum Thema? Was möchtest du lernen? Was sollte nicht passieren?	Kleingruppe zu dritt	
Erwartungsabfrage	10 Min.	Erwartung und Befürchtungen der TN sind bekannt.	Zusammenfassung der Kleingruppenarbeit im Plenum	Plenum	Moderationskarten, Marker, Pinnwand
Warm-up	10 Min.	Namen & Pronomen aller TN sind bekannt.	Vorstellungrunde: Jede*r TN stellt sich vor und erzählt kurz etwas zu sich (z. B. Arbeitskontext, Bezug zum Thema)	Plenum	
Lernvereinbarung	10 Min.	Gemeinsames Verständnis zum selbstverantwortlichen Lernen ist geschaffen.	Lernvereinbarung, wie z. B. Störungen anmelden, Einladung, Fragen zu stellen Einladung „sich einzulassen" auch bei Ungewohnten und Neuen Unterschiedliches Erfahrungsniveau der Gruppe – Voneinander lernen Fehler sind erlaubt: Übungsseminar	Interaktiver Vortrag	
Einstieg ins Thema	30 Min.	TN haben ihren eigenen Standpunkt artikuliert bzw. sich bewusst gemacht und sich mit anderen TN darüber ausgetauscht.	Auseinandersetzung mit dem Medienbegriff: Was verstehen die TN unter (digitalen) Medien? Welche Erfahrungen wurden im Einsatz mit Medien gemacht?	Diskussion in Kleingruppen (ca. 4 TN)	
	10 Min.	Gemeinsames Grundverständnis von (digitalen) Medien.	Zusammentragen von Schlaglichtern aus der Kleingruppenarbeit	Diskussion im Plenum	Moderationskarten, Marker, Pinnwand

Tabelle 18: Block 1b – Einstieg für anschließende Fortbildungstage

Thema	Zeit	Ziel	Inhalt	Methode	Material
Einstieg	10 Min.	Organisatorische Fragen sind geklärt. Ablauf ist besprochen.	Begrüßung der Teilnehmenden Worte zum Ablauf	Vortrag	
Abholen der TN	20 Min.	TN konnten ein Stimmungsbild abgeben. TN konnten entstandene Fragen klären.	Was gibt es zum bisherigen Ablauf zu sagen? Welche Fragen haben sich ergeben?	Plenum	

Tabelle 19: Block 2 – Einführung ins Thema

Thema	Zeit	Ziel	Inhalt	Methode	Material
Einführung ins Thema	30 Min.	TN sind die theoretischen Hintergründe zum Thema bekannt.	Digitalisierung in der Kita (Medialer) Habitus Passung Kita-Eltern-Kind	Vortrag	Foliensatz Fortbildungsmodul, Folie 2–9
Vorstellung der Instrumente & Auswertungsmethoden	10 Min.	TN haben einen Überblick zu den einzelnen Instrumenten.	Hinführung/Überblick: Welche Instrumente gibt es?	Vortrag	Foliensatz Fortbildungsmodul, Folie 10 & 11

Tabelle 20: Block 3 – Selbstreflexionsfragebogen

Thema	Zeit	Ziel	Inhalt	Methode	Material
Vorstellung des Selbstreflexionsfragebogens	20 Min.	TN haben den Nutzen des Fragebogens verstanden und ihnen ist bekannt, wie sie diesen auswerten können. TN haben die Gelegenheit gehabt, Rückfragen zu stellen.	Ziel und Nutzen des Fragebogens Inhalt und Aufbau des Fragebogens Hinweise zur vorbereitenden Reflexion Hinweise zur Anwendung Erklärung zur Auswertung des Fragebogens	Vortrag	Foliensatz Fortbildungsmodul, Folie 12–17
Erprobung des Selbstreflexionsfragebogens und der Auswertung	60 Min.	TN haben den Fragebogen selbst ausgefüllt. TN haben die Auswertung erprobt. TN hatten die Gelegenheit für Rückfragen. TN erhalten individuelle Ergebnisse.	TN haben Zeit, den Fragebogen selbst auszufüllen und auszuwerten. Sie können Rückfragen stellen und können sich mit der Anwendung und Auswertung vertraut machen.	Einzelarbeit	Selbstreflexionsfragebogen (S. 117) Auswertungsdatei (Online-Material)
Diskussion	40 Min.	TN haben in der großen Gruppe über Nutzen der Ergebnisse diskutiert.	Reflexion und Diskussion der Ergebnisse: Was kann man mit den Ergebnissen des Selbstreflexionsfragebogens anfangen? Was können mögliche Handlungsbedarfe sein?	Diskussion im Plenum	Moderationskarten, Marker, Pinnwand

III. Modul I – Reflexionsmaterialien

Tabelle 21: Block 4 – Elternfragebogen

Thema	Zeit	Ziel	Inhalt	Methode	Material
Vorstellung der Elternbefragung	10 Min.	TN haben den Nutzen des Fragebogens verstanden und ihnen ist bekannt, wie sie diesen auswerten können. TN konnten Rückfragen dazu stellen.	Ziel und Nutzen des Fragebogens Inhalt und Aufbau des Fragebogens Hinweise zur Anwendung Erklärung zur Auswertung des Fragebogens	Vortrag	Foliensatz Fortbildungsmodul, Folie 25–30
Auseinandersetzung mit der Elternbefragung	20 Min.	TN haben sich mit Elternfragebogen vertraut gemacht. TN konnten Rückfragen stellen.	Erprobung des Elternfragebogens Klären von Unklarheiten	Einzelarbeit	Instruktionen zur Anwendung und Auswertung (S. 72) Elternfragebogen (S. 134) Auswertungsdatei (Online-Material)
Diskussion	40 Min.	TN haben über mögliche Ergebnisse und Nutzen für die pädagogische Praxis diskutiert.	Diskussion: Was kann man mit den Ergebnissen des Selbstreflexionsfragebogens anfangen? Was können mögliche Handlungsbedarfe sein?	Diskussion im Plenum	Moderationskarten, Marker, Pinnwand

Tabelle 22: Block 5 – Erhebung der Kinderperspektive

Thema	Zeit	Ziel	Inhalt	Methode	Material
Vorstellung des Instruments zur Erhebung mit Kindern	15 Min.	TN haben Nutzen des Instruments verstanden und die Auswertung ist bekannt. TN haben die Gelegenheit gehabt, Rückfragen zu stellen.	Ziel und Nutzen der Erhebung mit Kindern Inhalt und Aufbau der Erhebung Hinweise zur Anwendung Erklärung zur Auswertung	Vortrag	Foliensatz Fortbildungsmodul, Folie 37–45
Vertraut machen mit dem Material zur Erhebung mit Kindern	45 Min.	TN hatten die Möglichkeit sich mit dem Ablauf der Erhebung und der Auswertung vertraut zu machen. TN konnten Rückfragen stellen.	TN testen das Instrument in Kleingruppen. TN können Unklarheiten und Fragen besprechen.	Kleingruppenarbeit	Instruktionen zur Anwendung und Auswertung (S. 79) Leitfäden (S. 136) Memospiel
Diskussion	30 Min.	TN haben sich in der großen Gruppe zu den Ergebnissen der Erhebungen ausgetauscht.	Diskussion: Was kann man mit den Ergebnissen der Erhebung der Kinderperspektive anfangen? Welche Handlungsbedarfe ergeben sich?	Diskussion im Plenum	Moderationskarten, Marker, Pinnwand

Tabelle 23: Block 6 – Arbeit mit Fallbeispielen

Thema	Zeit	Ziel	Inhalt	Methode	Material
Vorstellung der Fallbeispielen	15 Min.	TN haben einen ersten Überblick über die Fallbeispiele erhalten.	Überblick zu Fallbeispielen Kurze Vorstellung der verschiedenen Fallbeispiele	Vortrag	Foliensatz Fortbildungsmodul, Folie 51–53
Gruppenarbeit mit Fallbeispielen	60 Min.	TN haben sich intensiv mit einzelnen Fallbeispielen auseinandergesetzt und Schlüsse für die pädagogische Praxis gezogen.	Intensive Erarbeitung der zwei Fallbeispiele Durchlesen und gemeinsam dazu ins Gespräch kommen Überlegungen erweitern: Was kann man mit den Ergebnissen in der pädagogischen Praxis anfangen? Welche Handlungsbedarfe ergeben sich?	Einteilung in Kleingruppen	Fallbeispiele (S. 140)
Diskussion	45 Min.	TN haben sich die verschiedenen Fallbeispiele gegenseitig vorgestellt.	Jedes Fallbeispiel wird kurz durch die Kleingruppen vorgestellt, Besonderheiten des Falls werden aufgezeigt. Diskussion in der Gruppe wird zusammenfassend dargestellt. ca. 20 Minuten pro Fallbeispiel	Plenum	Moderationskarten, Marker, Pinnwand

Tabelle 24: Block 7 – Zusammenfassung und Abschluss

Thema	Zeit	Ziel	Inhalt	Methode	Material
Abschlussdiskussion	45 Min.	TN fühlen sich dazu in der Lage die Anwendung und Auswertung der Instrumente selbstständig anzuleiten.	TN sind dazu eingeladen, die gewonnenen Erkenntnisse zu teilen und im Plenum mitzuteilen oder zu diskutieren. TN können letzte Unklarheiten und Fragen besprechen.	Plenum	Moderationskarten, Marker, Pinnwand
Feedbackrunde	10 Min.	TN konnten ein Feedback zur Veranstaltung geben.	Feedbackrunde zur Veranstaltung	Plenum	

IV. Modul II – Digitale Spiel- und Lernwerkzeuge in der Kita

Henry Herper

1. Anwendungsgebiete digitaler Medien in der Kita

Wie schon in den vorhergehenden Abschnitten dargestellt, entwickelt sich unsere Lebens- und Arbeitswelt permanent weiter. Alte Kulturtechniken und Fertigkeiten verlieren an Bedeutung, die Herausbildung neue Kompetenzen wird notwendig. In Irion (2020, S. 49ff.) wird die aktuelle Gesellschaft mit dem Begriff „digital geprägte und gestaltbare, mediatisierte Welt" beschrieben. Die digitale und analoge Welt existieren nicht nebeneinander, sondern verzahnen sich immer mehr. Jeder kann weltweit beliebige Inhalte konsumieren, aber auch weltweit publizieren. Damit wird die Verantwortung für die erzeugten oder geteilten Inhalte übernommen.

Der Begriff *digital* wird umgangssprachlich häufig verwendet. Langjährige Beobachtungen aus der studentischen Ausbildung zeigen, dass oft keine klaren Vorstellungen vorhanden sind, was dieser Begriff eigentlich bedeutet bzw. umfasst. Im Bereich der Informatik ist digital wie folgt definiert: „Digital (von lat. digitus = Finger): Eigenschaft eines Elements, nur diskrete, d. h. nicht stetig veränderbare Werte annehmen zu können. Daten werden in Digitalrechnern durch diskrete Zustände von Schaltelementen dargestellt und durch Zählvorgänge miteinander verknüpft" (Claus, 2006, S. 198). Diese Definition ist eher auf die technische Verarbeitung von Daten ausgerichtet. Digitalisierung, wie sie allgemein verstanden wird, beschreibt Kerres (2018) über ihre Merkmale wie folgt:

„Die Merkmale der Digitalisierung lassen sich anhand von drei Schlagworten skizzieren: Digitale Informationen und Werkzeuge sind, auch durch mobile Geräte, […] [überall] verfügbar, sie durchdringen pervasiv alle Funktionsbereiche der Gesellschaft und sind zunehmend (als eingebettete Systeme) unsichtbar. Dabei verschränkt sich die digitale mit der analogen Welt, die zunehmend durch Algorithmen geprägt wird" (S. 6).

Diese Definition zeigt, dass digitale Geräte und deren Nutzung alle Bereiche der Lebenswelt von pädagogischen Fachkräften aber auch der Kinder durchdringt. Die Verfügbarkeit digitaler Endgeräte hat besonders im letzten Jahrzehnt stark zugenommen. Im Zentrum steht das Mobiltelefon, das sich mit der Entwicklung zum Smartphone von einem reinen synchronen Kommunikationsgerät zu einem Universalgerät entwickelt hat. Wie schon in den vorhergehenden Abschnitten untersucht, ist es das zentrale Gerät der digitalisierten Welt, welches alle Lebensbereiche durchdringt und dessen permanente Nutzung spätestens ab dem Jugendbereich als unverzichtbar eingeschätzt wird. Kein anderes technisches Gerät hat die Gesellschaft mit einer solchen Geschwindigkeit verändert. Das Smartphone ist ein Gerät, welches Mobiltelefon und Computerfunktionalität miteinander vereint und permanent mit dem Internet verbunden ist. In Deutschland liegt die tägliche Nutzungsdauer (Stand: Januar 2023) in der Altersklasse von 16–29 Jahren bei 177 Minuten pro Tag, bei der Altersklasse 30–49 Jahre bei 151 Minuten pro Tag (Bitcom, 2023). Die Besonderheit des Smartphones liegt u. a. darin, dass damit permanent ein Aufnahmegerät verfügbar ist, mit dem Bild-, Audio- und Videoaufzeichnungen erstellt und sofort weltweit verbreitet werden können. Mit der Veröffentlichung wird die Verantwortung für die Inhalte übernommen und einer uneingeschränkten Weiterverbreitung und Speicherung zugestimmt.

Für die pädagogischen Fachkräfte ist das Smartphone u. a. eine wesentliche Komponente zur Dokumentation der Arbeit, zur Kommunikation im Team und mit den Eltern geworden. Allerdings besteht das Risiko, welches sich auch teilweise in den Interviews des DiKit-Projektes zeigte, dass ein Ablenkungspotenzial gegeben ist und die dem Smartphone entgegengebrachte Aufmerksamkeit nicht für die Arbeit mit dem Kind zur Verfügung steht. Weiterhin sind im Bereich der Dokumentation der Arbeit die gesetzlichen Grundlagen, besonders die Datenschutzgrundverordnung, zu beachten.

Daraus ergibt sich auch für diesen Schwerpunkt der Bedarf einer Fortbildungseinheit im Rahmen des entwickelten Fortbildungsmoduls.

Kindertageseinrichtungen haben einen Bildungsauftrag. Dieser ist für Sachsen-Anhalt im Bildungsprogramm für Kindertageseinrichtungen „Bildung: elementar – Bildung von Anfang an" des Ministeriums für Arbeit und Soziales des Landes Sachsen-Anhalt in der aktuellen Fassung von 2013 gesetzlich fixiert (MS-ST, 2013). Für die meisten anderen Bundesländer gibt es vergleichbare Bildungspläne. Es wird somit ein Rahmen gesetzt, der vorgibt, welche Kompetenzen die Kinder spielerisch und intrinsisch motiviert erwerben sollen. Die konkrete Ausgestaltung wird von den pädagogischen Fachkräften durch entsprechende Angebote unterstützt. Erste Kompetenzen in den unterschiedlichen klassischen Kulturtechniken und sozialen Verhaltensweise werden spielerisch erworben. Dazu liegen langjährige Erfahrungen vor, wie eine erfolgreiche Umsetzung erreicht werden kann.

Etwas anders sieht es im Bereich der Integration digitaler Medien und digitaler Spielzeuge und Lernwerkzeuge bzw. im Bereich der Medienerziehung aus. Viele der heutigen Fachkräfte sind in ihrer Kindheit kaum oder nicht mit digitalen Spielzeugen und Medien aufgewachsen. Daher können kaum eigene Erfahrungen weitergegeben werden. Gefestigte Vorgehensweisen aus dem Bereich der Didaktik der frühen Bildung stehen kaum zur Verfügung. Die Leitung der Kindertageseinrichtung steht vor der Entscheidung, ob und wie eine altersangemessene Medienerziehung umgesetzt wird oder die Kindertageseinrichtung als ein (digital) medialer Schonraum eingestuft wird. Medialer Schonraum bedeutet, dass der Bildungsauftrag im Bereich des Kompetenzerwerbs mit digitalen Medien vollständig auf die Eltern übertragen wird, denn digitale Medien sind Teil der Alltagswelt der Kinder. Die im Abschnitt 2 vorgestellten Reflexionsmaterialien bieten die Möglichkeit, den Kenntnisstand der Kinder zu analysieren und auf diesen Stand aufzubauen.

Kinder müssen in die Lage versetzt werden, ihr eigenes Medienhandeln aktiv und bildungswirksam zu gestalten (Irion, 2020, S. 61). Diese Forderung ist anspruchsvoll, weil kaum kindgerechte digitale Endgeräte zu Verfügung stehen, erprobte Konzepte fehlen und der Betreuungsaufwand sehr hoch ist. Wann gilt ein Computer als kindgerecht? Gespendeter Computerschrott, mit Tastaturen, Mäusen und Bildschirmen, die auf den Sichtbereich und die Handgrößen von erwachsenen Menschen optimiert sind, sind es zumindest nicht. Schon zu Beginn der 80er Jahre veröffentlichte Seymour Papert in „Kinder, Computer und Neues Lernen" (Papert, 1984) Anforderungen, wie Hard- und Software beschaffen sein sollten, um für die Kinder neben dem Spaß am Lernen auch einen Zugang zu technischem Verständnis zu schaffen.

Eine wesentliche Voraussetzung für eine altersangemessene Medienbildung ist eine umfassende und ständig weiterzuentwickelnde fachliche und didaktische Fortbildung der Erzieherinnen und Erzieher. Neben den klassischen, institutionell geleiteten Fortbildungsveranstaltungen in Präsenz, für die schwerpunktmäßig die Fortbildungsmodule im Rahmen des Projektes DiKit entwickelt wurden, müssen pädagogische Fachkräfte befähigt werden, sich ergänzend selbständig weiterzubilden. Dazu gehören neben kurzen Anleitungsvideos z. B. auch die didaktischen Materialien der Hersteller digitaler Spiel- und Lernwerkzeuge.

Bezüglich der zu verwendenden Hardware haben Untersuchungen der Otto-von-Guericke Universität Magdeburg im Bereich der frühen Bildung und im Primarbereich gezeigt, dass besonders robuste Computer der Klasse Netbook mit Touch- bzw. Stifteingabe für diese Altersklasse geeignet sind. Die Tastatur spielt im Bereich der frühen Bildung eine untergeordnete Rolle, da die Kinder in der Regel noch über keine Schreib- und Lesekompetenzen verfügen. Die klassische, auf dem Tisch zu bewegende Maus ist haptisch eine große Herausforderung, da die Bewegung an einer Stelle (Maus) eine Veränderung an einer anderen Stelle (Mauszeiger) bewirkt. Die Finger- oder Stifteingabe entspricht den bisher schon mit klassischen Stiften vorgenommene Handlungsweisen. Weiterhin befinden sich Stift und Bildschirm gleichzeitig im Sichtfeld des Kindes. Bei Bildschirmgeräten handelt es sich immer um zweidimensionale Anzeigen. Darstellungen auf dem Bildschirm können verschoben, verändert oder angeklickt werden. Ein echtes Begreifen im Sinne von Anfassen ergibt sich daraus jedoch nicht. Daher favorisieren wir den Ansatz, die Computernutzung mit physischen Komponenten zu verbinden. Derzeit werden mehrere Systeme angeboten, die entweder in Verbindung mit einem Computer oder eigenständig genutzt werden können. Im Rahmen unserer Erprobung wurden Angebotseinheiten für das spielerische Lernen mit Kindern konzipiert, die im Angebotsbereich vorrangig der Vorschulgruppe umgesetzt werden können und einen zeitlichen Umfang von 30 bis 45 Minuten Beschäftigungszeit haben. Damit wird auch die für diese Altersklasse empfohlene maximale Bildschirmzeit von 30 Minuten pro Tag nicht überschritten. Für die Teilnahme der Kinder werden die Eltern schriftlich über das Projekt informiert. Im Rahmen des zugehörigen Fortbildungsmoduls für die pädagogischen Fachkräfte werden diese befähigt, die Angebotseinheiten für die Kinder fachlich korrekt umzusetzen und Fehler und Ausnahmesituationen, die bei der Nutzung technischer Systeme immer auftreten können, zu beheben. Weiterhin werden Anregungen gegeben, weitere Angebotsinhalte zu erarbeiten und umzusetzen. In jeder Angebotseinheit erfolgt im Anschluss an die Beschäftigung mit dem Computer eine Reflexion des Gelernten im Gruppengespräch. Durch die Einbeziehung der Eltern werden diese über den Inhalt und Ablauf der Module informiert. Es hat sich als zweckmäßig erwiesen, wenn am Ende des Kurses die Kinder ihren Eltern und Großeltern, z. B. im Rahmen eines Oma- und Opa-Tages, das Erlernte stolz präsentieren können.

Bei der Konzeption eines solchen Angebotskurses muss neben den organisatorischen Voraussetzungen die Frage beantwortet werden, welche Kompetenzen im Bereich der Nutzung digitaler Medien in dieser Altersklasse angestrebt werden. Es sollte auf jeden Fall über die Reduzierung auf eine nur konsumierende Computer-Bedienkompetenz hinausgehen.

Die Kinder lernen den Computer als Lernwerkzeug und als kreativ nutzbare Komponente im Spiel kennen. Sie erwerben parallel dazu auch grundlegende Kompetenzen in der Nutzung von Computern. Um die Handlungen kindgerecht, aber auch informatisch exakt beschreiben zu können, lernen die Kinder erste sprachliche Begriffe aus dem Bereich der Informatik kennen. Dazu gehören zum Beispiel die Begriffe Tastatur, Bildschirm, Eingabestift, Programm, Starten und Herunterfahren. Dazu muss die pädagogische Fachkraft über eine fachliche Sicherheit verfügen und die Fähigkeit zu einer altersgerechten didaktischen Reduktion besitzen.

Beispiele für Workshop-Einheiten zum Erwerb erster Kompetenzen im Bereich informatischer Denk- und Arbeitsweisen wurden von Stefan Pasterk und Andreas Bollin in „Digitaler Kindergarten – Informatik und digitale Kompetenz" in Pasterk (2021) veröffentlicht. Die Erprobungen und Evaluierungen wurden in österreichischen Kindertageseinrichtungen durchgeführt.

Die vorgestellten Angebote dienen dem Kompetenzerwerb durch die Kinder. Dabei muss die Frage untersucht werden, „Welche Kompetenzen können die Kinder spielerisch im Umgang mit digitalen Spielzeugen erlernen bzw. weiterentwickeln?". Folgende Kompetenzen wurden im Rahmen des Projektes exemplarisch herausgearbeitet:

Die Kinder, vorwiegend im Vorschulalter,

- lösen mit digitalem Spielzeug einzeln und in Gruppen vorgegebene Aufgaben, die sie auch eigenständig abwandeln und erweitern,
- erlernen die Fachsprache der Informatik und Mediennutzung in altersangemessener Form und wenden sie zur Beschreibung von informatischen Sachverhalten an,
- ordnen Handlungen den Bereichen Eingabe, Verarbeitung und Ausgabe zu und können ihr Vorgehen beschreiben,
- formulieren einfache Handlungsvorschriften (Algorithmen) zur Lösung einer gegebenen Aufgabe und codieren diese mit altersgerechten Werkzeugen und
- formulieren Handlungsalternativen und erproben diese.

Die erfolgreiche Medienerziehung setzt bei den Fachkräften zusätzliche Kompetenzen voraus, die durch permanente Qualifikation erworben werden müssen. Damit kann die pädagogische Fachkraft ihre Haltung ständig weiterentwickeln.

2. Ausgewählte Praxisbereiche

Das Fortbildungsmodul 2 besteht aus mehreren Komponenten, die miteinander kombiniert werden können. Das Ziel dieses Fortbildungsmoduls ist es, die pädagogische Fachkräfte beim Erwerb von Kompetenzen im Bereich digitaler Dokumentations-, Verwaltungs- und Lernkomponenten zu unterstützen. Sie sollen befähigt werden, für die Kinder eine Spiel- und Lernumgebung zu schaffen, in der sie erste Kompetenzen im Umgang mit digitalen Medien entwickeln können. Die Grundlage ist eine Basiskomponente, bei der die in Abbildung 1 vorgestellte digitalisierte Arbeits- und Lebenswelt aufgegriffen wird, grundlegende Begriffe erlernt werden und vor allem die Möglichkeiten, aber auch die Einschränkungen digitaler Hilfsmittel erlernt werden. Diese Komponente hat Überblickscharakter. Aufbauend auf den in den vorhergehenden Abschnitten gewonnenen Erkenntnissen und Erfahrungen wird eine Systematisierung der digitalen Komponenten vorgenommen. Es werden die grundlegenden Begriffe erarbeitet, um fach- und bildungssprachlich korrekt die nachfolgenden Komponenten des Fortbildungsmoduls bearbeiten zu können.

a) Basiskomponente: Digitale Medien in der Kita

Die Basiskomponente des Fortbildungsmoduls 2 richtet sich an pädagogische Fachkräfte mit unterschiedlicher Vorbildung und verschiedenen Erfahrungen im Bereich der Nutzung digitaler Medien. Sie sollen die Möglichkeiten dieser Medien erkennen und in der Lage sein, geeignete Komponenten für eine effizientere Dokumentation und Organisation zu finden und einen Überblick über digitale Spiel- und Lernwerkzeuge zu bekommen.

> „Es gibt für die Personen in der Konfrontation mit der digitalen Technik zunächst keinen erkennbaren Grund, ein Verhalten zu ändern, welches sie vielfach über Jahrzehnte aufgebaut und in der Bewältigung von Umweltanforderungen bislang erfolgreich praktiziert haben." (Kerres, 2018, S. 5)

IV. Modul II – Digitale Spiel- und Lernwerkzeuge in der Kita

Dieses Zitat von Michael Kerres zeigt, dass ohne äußeren Druck wenig Anreiz besteht, das Verhalten anzupassen. Da sich gravierende Veränderung im Alltagsumfeld und im beruflichen Umfeld durch die immer stärkere Verzahnung von analoger und digitaler Welt vollziehen, hat das auch Auswirkungen auf den Bildungsprozess. Die Frage, welche Kompetenzen Kinder heute in ihrer Bildungslaufbahn erwerben müssen, um die Grundlagen für ein aktives und selbstgestaltetes Leben zu haben, sind noch nicht abschätzbar. Ebenso schwierig ist zu bestimmen, über welche digitalen Kompetenzen Erzieherinnen und Erzieher verfügen müssen, um die Kinder bei dieser Entwicklung zu unterstützen.

Diese ist nur erfolgreich, wenn bei den pädagogischen Fachkräften eine positive, gegebenenfalls auch positiv-kritische, Einstellung zur Nutzung digitaler Medien in der Kita vorhanden ist. Fachkräfte müssen über werkzeugbezogene, rechtliche und didaktische Kompetenzen verfügen müssen, um digitale Medien sicher und nutzbringend im Bereich der frühen Bildung einsetzen zu können.

Mit dieser Basiskomponente werden die pädagogischen Fachkräfte dabei unterstützt, grundlegende Kompetenzen im Einsatz digitaler Medien zu erwerben bzw. zu vertiefen. Vorteilhaft ist es, wenn das Modul 1 absolviert wurde, sodass die Teilnehmenden eine Abschätzung ihres digitalen Habitus vernehmen konnten und sich mit den grundlegenden Begriffen digitaler Medien vertraut gemacht haben.

Die Einteilung, Dauer und Reihenfolge der einzelnen Abschnitte dieses Blockes kann variieren und ist entsprechend der Vorkenntnisse und Erwartungen der Teilnehmenden anpassbar.

Modul 2 – Block 1 – Basiskomponente	
Moduldauer	2 * 90 min
Inhalte	<ul><li>Erarbeiten der digitalen Medien in der uns umgebenden Arbeits- und Lebenswelt</li><li>Klärung von grundlegenden Begriffsdefinitionen im Bereich digitaler Medien</li><li>digitale Medien zur Dokumentation und Kommunikation</li><li>grundlegende Aspekte von Datenschutz und Datensicherheit</li><li>Persönlichkeitsrechte der Kinder in der digital geprägten Welt</li><li>Vorstellung und Klassifikation digitaler Lern- und Spielwerkzeuge</li><li>Vorstellung von Lern- und Spielszenarien für Kinder</li></ul>
Qualifikationsziele	Pädagogische Fachkräfte<ul><li>kennen digitale Werkzeuge zu Verwaltung und Dokumentation ihrer Arbeit und können Komponenten datenschutzkonform auswählen</li><li>erhalten einen Überblick über digitale Lern- und Spielwerkzeuge und können diese für die Arbeit in der Gruppe auswählen</li><li>kennen grundlegende Begriffe aus dem Bereich der digitalen Medien und können diese fachlich korrekt, didaktisch reduziert bei der Kommunikation mit den Kindern verwenden</li></ul>
Voraussetzung für Teilnahme	• Abschluss des Moduls 1 wünschenswert, aber keine zwingende Voraussetzung
ergänzende Materialien	
weiterführende Materialien	Kommunikation und Dokumentation: https://care-app.de/ (Stand 12.06.2023) https://www.dolpaep.de/ (Stand 12.06.2023) https://www.deepl.com/translator (Stand 12.06.2023)

Einführung – Erarbeiten grundlegender Begriffe im Kontext der frühen digitalen Bildung

In diesem Abschnitt sollen pädagogische Fachkräfte die sie umgebende digitalisierte Welt einschätzen lernen und Möglichkeiten zur Integration in ihren Arbeitsprozess ableiten.

Im ersten Teil wird gemeinsam mit den Fachkräften erarbeitet, wie weit unser tägliches Leben und unsere Arbeitswelt von der Nutzung digitaler Medien beeinflusst wird. Grundlegende Begriffe wie *digital* und *digitale Medien* werden erarbeitet. Dabei wird deutlich, dass alle Systeme auf der Basis von Computern arbeiten und viele über Internetzugänge miteinander vernetzt sind. Die besondere

Bedeutung des Smartphones als derzeit zentrale Komponente unserer digitalisierten Welt wird herausgearbeitet.

Die Diskussion über die Nutzung des Smartphones bietet einen ersten Ansatz zur Reflexion des Verhaltens. Zur Unterstützung dieser Erarbeitungsphase kann eine Liste bzw. Mindmap erarbeitet werden, in der die positiven und negativen Aspekte der Smartphonenutzung im Arbeitsalltag herausgearbeitet werden. Dabei wird auch auf die Nutzung von Assistenzsystemen eingegangen.

In diesem Abschnitt können auch die Zusammenhänge zwischen Herstellung, Nutzung und Entsorgung digitaler Geräte in Bezug auf die 17 Ziele der nachhaltigen Entwicklung (Martens & Oberland, 2017) diskutiert werden. Dieser Punkt ist als Anregung gedacht, eine Vertiefung würde einen eigenen Workshopblock erfordern.

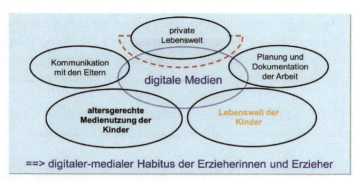

Abbildung 1: Digitalisierte Arbeits- und Lebenswelt

In Abbildung 1 sind ausgewählte Aspekte der digitalisierten Arbeits- und Lebenswelt der pädagogischen Fachkräfte zusammengefasst, die die Grundlage für die Beurteilung des digitalen Habitus liefern. Ausführlich wird der digitale Habitus im Modul 1 analysiert. Daher ist die Durchführung dieses Moduls eine empfehlenswerte Grundlage. In den folgenden Abschnitten werden exemplarisch einige Komponenten aus der digitalen Lebenswelt vorgestellt.

Kommunikation mit den Eltern und Kindern – Sprachübersetzungstools für die Kita

Der Anteil an Menschen mit Migrationshintergrund in Deutschland steigt an. In Ballungsgebieten hat mittlerweile fast jedes Dritte zu betreuende Kind einen Migrationshintergrund (Heilmann, 2021). Die kulturelle Vielfalt bereichert unsere Gesellschaft, jedoch birgt sie auch viele neue Herausforderungen. Studien zeigen, dass Familien mit Migrationshintergrund häufiger von Armut betroffen sind und damit einhergehend auch weniger am gesellschaftlichen Leben teilnehmen als andere Familien. Es ist wichtig, dass die Zuwanderer in dem neuen Heimatland ihr Zuhause finden und sich wohlfühlen, denn nur so kann die vollständige Integration auch gelingen. Gerade in der Kinder- und Jugendhilfe, welche eine große Sozialisationsinstanz in unserer Gesellschaft darstellt, ist es wichtig, einen Beitrag zur gelingenden Integration zu leisten. So ist eine Willkommenskultur in Kitas hilfreich, um die Menschen zum Verweilen anzuregen und Vertrauen zwischen Fachkräften und Eltern zu schaffen. Willkommensgrüße an der Tür in mehreren Sprachen oder eine Weltkarte, markiert mit den Herkunftsländern der Kinder, machen es Eltern und Angehörigen einfacher, sich anerkannt und willkommen zu fühlen. Doch die Herausforderungen, die mit der Sprachbarriere einhergehen, sollten hierbei nicht außer Acht gelassen werden. Es ist wichtig, die Eltern der Kinder mit Migrationshintergrund so gut wie möglich über aktuelle Geschehnisse und Neuigkeiten in der Kita zu informieren.

Hierfür gibt es bereits verschiedene Lösungsansätze und Möglichkeiten, wie man auch Erziehungsberechtigte ohne deutsche Sprachkenntnisse möglichst unkompliziert und einfach in den Kita-Alltag integrieren kann. Hier sind unterschiedliche digitale Werkzeuge verfügbar. Im Rahmen des Workshopblockes werden einige ausgewählte Werkzeuge vorgestellt.

Eine Möglichkeit biete die CARE App, ein kostenpflichtiges, DSGVO-konformes Produkt aus Deutschland. Die CARE Kita-App wurde so entwickelt, dass die Fachkräfte ihre Briefe oder auch Direktnachrichten an bestimmte Eltern ganz einfach in der deutschen Sprache versenden können. Die Eltern, auf der Empfängerseite können sich den Brief oder auch die kurze Nachricht über die Dialog-Funktion in ihre passende Sprache übersetzen. Dies dient zum einen dem Verständnis auf sachlicher Ebene, stärkt aber auch das Vertrauen zwischen Elternteil und Fachkraft. Die Kommunikation wird dadurch wesentlich erleichtert. So können die Fachkräfte die Zeit, welche sie sich durch diese Funktionen sparen, mehr den Kindern und/oder der Vorbereitung für Aktivitäten mit ihnen widmen. Die App ist einfach zu handhaben, sodass jedes Elternteil, welches ein Smartphone besitzt, diese problemlos bedienen kann. Durch ein kleines Flaggen-Symbol können die Eltern die jeweilige Nachricht in eine von 50 verschiedene Sprachen übersetzen. Diese App hat neben der Kommunikationsfunktion auch Komponenten zur Organisation und Dokumentation der Arbeit mit den Kindern. Dazu gehören Komponenten wie z. B. Tagesübersichten, ein Gruppentagebuch, ein Kalender und eine digitale Pinnwand. Weiterführende Informationen findet man auf der Webseite des Herstellers (https://care-app.de/; Stand 12.06.2023).

Zur Unterstützung der Kommunikation zwischen Familien und pädagogischen Fachkräften hat der Berliner Senat finanzielle Mittel zur Verfügung gestellt. So wurde über Dolpäp (https://www.dolpaep.de/; Stand 12.06.2023) ein Konzept entwickelt, welches wichtige Briefe in verschiedenen Sprachen vorgefertigt zur Verfügung stellt, sodass man diese in den gewollten Sprachen den Eltern mitgeben kann. Die Internet-Seite bietet beispielsweise gewöhnliche Kita-Vertragsunterlagen in elf verschiedenen Sprachen, darunter fallen Betreuungsverträge, Informationen zum Masernschutz oder die Film- und Fotoerlaubnis. Außerdem gibt es auch Vorlagen für Aushänge, also allgemeine Dokumente wie Einladungen oder Informationen für die Eltern. Diese findet man in 15 verschiedenen Sprachen. Werden Standardformulare, wie z. B. Einladungen zum Elternabend, Informationen zu Schließzeiten, eine Tagesvollmacht oder generelle Aufforderungen für Sachen, die in der Kita benötigt werden (z. B. Wechselwäsche), so findet man diese dort auch schnell und einfach.

Als allgemeines Übersetzungstool hat sich die Übersetzungsfunktion von Google etabliert. Diese liefert akzeptable Ergebnisse bei der Übersetzung von Texten oder kurzen Sätzen. Dieses Tool ist kostenlos verfügbar, entspricht jedoch aufgrund dessen, dass die Daten nicht gesichert ausschließlich in der EU verarbeitet werden, nicht den Anforderungen der DSGVO, wenn es für Kommunikations- und Dokumentationszwecke eingesetzt werden soll.

Eine aktuelle Alternative dazu ist der Sprachübersetzer DeepL (https://www.deepl.com/translator; Stand 11.06.2023), der als kostenlose oder kostenpflichtige Version nutzbar ist. Dieses Werkzeug ermöglicht ausschließlich der Übersetzung geschriebener Texte. Weitergehende Funktionen zur Organisation oder Dokumentation sind nicht integriert. Diese Software wurde in Deutschland entwickelt und basiert auf neuronalen Netzen und künstlicher Intelligenz. Die Qualität der Übersetzungen ist sehr gut, da die Wörter nicht einzeln, sondern kontextbezogen übersetzt werden. Die kostenlose Version der App ist nicht geeignet, Dokumente, die personenbezogene Inhalte enthalten, zu übersetzen. Bei den kostenpflichtigen Versionen erfolgt eine Verschlüsselung der Daten. Die Anzahl der verfügbaren Sprachen wird ständig erweitert.

Stand: 06/2023	CARE-App	Dolpäp	DeepL
Speziell für Kitas?	Ja	Ja	Nein
Digital?	Ja	Nein	Ja
Sprachen	50	10–15	29

Eine komplett neue Dimension der Nutzung von Kommunikations- und Übersetzungswerkzeugen ergibt sich durch die Nutzung KI-basierter Universaltools wie aktuell ChatGPT (https://chat.openai.com/; Stand 13.06.2023).

Beispiel einer Anweisung an ChatGPT:

> *Erstelle eine Einladung zur Elternversammlung in der Bärengruppe unserer Kita „Am Stadtgarten", die am Mittwoch, den 21.06.2023 um 18.00 Uhr stattfindet in rumänischer Sprache. Die Versammlung findet im Turnkeller der Kita statt.*

Erzeugter Text:

> *Dragi părinți,*
>
> *Vă invităm cordial să participați la adunarea generală a părinților din grupa „Bärengruppe" a grădiniței noastre „Am Stadtgarten". Aceasta va avea loc miercuri, 21 iunie 2023, la ora 18:00 în sala de gimnastică a grădiniței.*
>
> *Agenda acestei întâlniri este importantă și include următoarele puncte:*
>
> *1. Binevenire și prezentare a echipei grădiniței*
>
> *2. Actualizări privind programele și activitățile grupului „Bärengruppe"*
>
> *3. Discuții despre evenimentele viitoare și posibilele excursii*
>
> *4. Întrebări și răspunsuri din partea părinților*
>
> *5. Diverse și încheierea întâlnirii*
>
> *Este esențială participarea dumneavoastră pentru a discuta despre dezvoltarea și bunăstarea copiilor noștri. Ne dorim ca această adunare să fie o oportunitate pentru a vă cunoaște mai bine și pentru a crea o comunitate puternică între părinți și grădiniță.*
>
> *Vă rugăm să confirmați prezența dumneavoastră prin completarea formularului atașat sau prin contactarea secretariatului grădiniței până la data de 19 iunie 2023.*
>
> *În cazul în care aveți întrebări sau nelămuriri, vă rugăm să nu ezitați să ne contactați. Suntem disponibili să vă oferim orice informații suplimentare.*
>
> *Așteptăm cu nerăbdare să vă întâlnim și să avem o discuție constructivă.*
>
> *Cu respect,*
>
> *Echipa grădiniței „Am Stadtgarten"*

Kontrollübersetzung:

> *Liebe Eltern,*
>
> *wir laden Sie herzlich zur Elternversammlung der „Bärengruppe" unseres Kindergartens „Am Stadtgarten" ein. Sie findet am Mittwoch, den 21. Juni 2023 um 18:00 Uhr in der Turnhalle des Kindergartens statt.*
>
> *Die Tagesordnung dieses Treffens ist wichtig und umfasst folgende Punkte:*
>
> *Begrüßung und Vorstellung des Kindergartenteams*
>
> *Aktuelle Informationen über die Programme und Aktivitäten der Bärengruppe*
>
> *Diskussion über bevorstehende Veranstaltungen und mögliche Exkursionen*
>
> *Fragen und Antworten der Eltern*
>
> *Sonstiges und Abschluss des Treffens*
>
> *Ihre Teilnahme ist wichtig, um die Entwicklung und das Wohlbefinden unserer Kinder zu besprechen. Wir möchten, dass dieses Treffen eine Gelegenheit ist, Sie besser kennenzulernen und eine starke Gemeinschaft zwischen Eltern und der Kinderkrippe zu schaffen.*
>
> *Bitte melden Sie sich mit dem beiliegenden Formular oder über das Kindergartenbüro bis zum 19. Juni 2023 an.*
>
> *Sollten Sie Fragen oder Bedenken haben, zögern Sie bitte nicht, uns zu kontaktieren. Wir sind gerne bereit, Ihnen weitere Informationen zu geben.*
>
> *Wir freuen uns darauf, Sie kennenzulernen und ein konstruktives Gespräch zu führen.*
>
> *Mit freundlichen Grüßen,*
>
> *Das Team der Kita „Am Stadtgarten"*

Übersetzt mit www.DeepL.com/Translator (kostenlose Version)

Alternativ besteht die Möglichkeit, ein beliebiges Dokument in deutscher Sprache erzeugen zu lassen, es ggf. nachzubearbeiten (z. B. bei der Tagesordnung) und dieses anschließend in eine oder mehrere Zielsprachen übersetzen zu lassen. Zur Kontrolle der Übersetzung kann mit einem anderen Tool eine Rückübersetzung vorgenommen werden.

Die Frage, ob angegeben werden muss, mit welchem Tool das Dokument erstellt wurde, ist bisher noch nicht geklärt.

Digitale Medien ermöglichen auch neue Formen der Kommunikation. In den letzten Jahren haben Messangerdienste und soziale Netzwerke erheblich an Bedeutung gewonnen. Im Rahmen dieser Workshopeinheit wird diskutiert, welche digitalen Kommunikationswerkzeuge geeignet und zulässig sind. Dabei kann jedoch keine abschließende Bewertung vorgenommen werden, da sich die angebotenen Dienste und rechtlichen Regelungen permanent verändern.

Grundlagen des Datenschutzes und der Datensicherheit

Im Rahmen der Kommunikation im Team und mit den Eltern und bei der Dokumentation der Arbeit sind die grundlegenden Bestimmungen des Datenschutzes und der Wahrung der Persönlichkeitsrechte einzuhalten. Die konkreten gesetzlichen Grundlagen variieren zwischen den Bundesländern und entwickeln sich permanent weiter. Im Mittelpunkt steht dabei, die Persönlichkeitsrechte der

Kinder zu schützen. Dazu gehört auch das Recht auf informationelle Selbstbestimmung, das in der Regel im Interesse der Kinder von den Eltern wahrgenommen wird. Daher müssen die pädagogischen Fachkräfte dafür sensibilisiert werden, dass nur die erforderlichen Daten erhoben werden und entsprechend der gesetzlichen Vorgaben verwendet werden. Neben Informationen über das Kind gehören auch Bild- und Tonaufzeichnungen dazu. Bei allen zusätzlichen Datenerhebungen müssen die Eltern der Kinder diesen schriftlich zustimmen und können die Zustimmung jederzeit widerrufen. Die Zustimmung muss freiwillig sein. Darin werden auch die Dauer der Aufbewahrung und der Zeitpunkt der Löschung festgelegt. Beispielsweise ist es für das Aushängen oder Präsentieren dieser Bilder in der Kita nicht ausreichend bzw. sogar der Veröffentlichung auf der Internetseite nicht ausreichend eine allgemeine Fotoerlaubnis zu haben, sondern sie muss für diesen Zweck ausdrücklich erteilt werden. Analog verhält es sich mit Aufnahmen durch Eltern bei Veranstaltungen der Einrichtung.

Konzepte digitaler Spiel- und Lernwerkzeuge

Um den Kindern den Erwerb der vorgestellten Kompetenzen zu ermöglichen und die notwendigen Spiel-/Lernszenarien zu erarbeiten, müssen die Fachkräfte über die notwendigen Fach- und Methodenkompetenzen verfügen. Im Basismodul des Workshops werden die pädagogischen Fachkräfte an die Fachsprache und Denkweisen der digitalen Welt herangeführt. Sie erhalten einen Überblick über digitale Spiel- und Lernwerkzeuge sowie digitale Hilfsmittel und ihrer Einsatzmöglichkeiten.

Die Medienerziehung im Bereich der frühen Bildung ist ein Baustein im Fundament, auf das alle folgenden Stufen aufsetzen. Ab der Primarstufe sind die von den Schulkindern zu erwerbenden Kompetenzen im Bereich Medienbildung/digitaler Bildung in dem KMK-Strategiepapier „Bildung in der digitalen Welt" (KMK, 2016; KMK, 2021) beschrieben und vielfach schon in die Bildungspläne bzw. Lehrpläne der einzelnen Länder überführt.

In Abbildung 2 werden unterschiedliche Lernspielzeuge vorgestellt, die im Rahmen des Projektes erprobt wurden und exemplarisch in die Workshops integriert werden.

Abbildung 2: Klassifikation digitaler Spiel- und Lernwerkzeuge im Elementarbereich

Bei den digitalen Lernspielzeugen gehen wir davon aus, dass mindestens ein Computersystem enthalten ist. Spielzeuge, die auch Kompetenzen im Bereich der Formulierung und Erprobung von Handlungsabläufen fördern, jedoch keine computerbasierten Komponenten enthalten, wurden in den praktischen Erprobungen im Rahmen dieses Projektes in Kitas nicht berücksichtigt. In den folgenden Abschnitten werden die einzelnen Komponenten des Fortbildungsmoduls vorgestellt.

In dem entwickelten Fortbildungsmodul werden Systeme vorgestellt, die ohne zusätzlichen Computer direkt verwendet werden können. Exemplarisch werden der BeeBot- und das Makeblock-Tiny-System (mTiny) vorgestellt. Bei weiteren Anwendungen wird der Computer mit physischen Komponenten verbunden und dient vorrangig als Bauanleitung und Steuergerät. Für die praktischen Erprobungen im Rahmen unseres Projektes haben wir zwei Systeme ausgewählt, die für den Bereich der frühen Bildung geeignet sind, da keine Lesekompetenz vorausgesetzt wird. Das sind die Systeme Lego WeDo 1.0, welches leider aktuell nicht mehr angeboten wird und Robo Wunderkind (Robo Wunderkind, 2021). Beim Einsatz dieser Systeme in der Kita ist die Betreuung in Kleingruppen erforderlich. Kinder lernen spielerisch in Gruppen mit zwei oder drei Kindern ein physisches Spielzeug nach einem vorgegebenen Bauplan zu bauen und es anschließend durch Programmieren des Computers mit Funktionalität zu versehen. Daran schließt sich das Spielen an, welches entdeckendes Lernen sowohl durch Veränderungen am physischen Spielzeug als auch am Programm ermöglicht. Die Kinder erwerben Kompetenzen darin, zweidimensionale Darstellungen (Baupläne) in ein dreidimensionales Objekt umzusetzen. Sie erwerben weiterhin Kompetenzen, Algorithmen (umgangssprachlich) zu formulieren und diese mithilfe von einfachen, bausteinorientierten Programmierumgebungen umzusetzen. Sie lernen Ursache-Wirkungszusammenhänge herzustellen. Spielend wird die Funktionsweise von Sensoren (Neigungssensor, Entfernungssensor) und Aktoren (Motoren, Lampen, Lautsprecher) entdeckt. Für die Umsetzung dieses Moduls durch die pädagogische Fachkraft sind Kenntnisse im Umgang mit der verwendeten Software erforderlich. Besonders beim Auftreten von unerwarteten Zuständen oder Fehlern ist entsprechende Erfahrung notwendig. Dazu sollten Weiterbildungen angeboten werden. Robo Wunderkind (Robo Wunderkind, 2021) stellt über sein Webportal umfangreiche Materialien zur Unterstützung der Fachkräfte für die Umsetzung mit den Kindern bereit. In breiterem Umfang werden auch Lernvideos zur Weiterbildung angeboten. Im Bereich der informatischen Bildung ist der Schwerpunkt hier der Erwerb von Kompetenzen im Bereich des informatischen Denkens und der Softwareentwicklung.

Die Verbindung von physischen Komponenten mit Computern haben sich als besonders geeignet erwiesen, Kompetenzen im Umgang mit digitalen Medien zu erwerben. Das reale Begreifen wird mit der Computernutzung kombiniert. Nachteilig ist jedoch, dass diese Systeme einen relativ hohen Anschaffungspreis haben. Bei Robo Wunderkind liegt dieser (Stand 7/2021) zwischen ca. 200 und 400 € je Baukasten. Da es technische Systeme sind, ist auch ein Mindestmaß an Wartung erforderlich.

Zum Erwerb von Grundkompetenzen im Bereich der informatischen Bildung, besonders bei der Entwicklung und Codierung von Algorithmen gibt es verschiedene Ansätze, die alle ohne Schreib- und Lesekompetenz umsetzbar sind. Ein weiteres Beispiel ist ein Holzroboter *Cubetto*, der in rheinland-pfälzischen Kindertagesstätten erprobt wurde (Daumann, 2018). Allerdings liegt auch für dieses System der Preis bei etwas mehr als 200 € (Stand 06/2023).

Ein weiterer Aspekt, der keine zusätzlichen Geräteanschaffungen benötigt, ist der Verwendung des Smartphones oder Tablets als Nachschlagewerk. Folgende Situation könnte auftreten. Bei einem Ausflug sehen wir eine Blume, einen Schmetterling oder einen Vogel, den wir nicht kennen.

– Möglichkeit 1: Wir merken uns das Aussehen und versuchen anschließend entsprechend der Beschreibung mit unseren Büchern herauszubekommen, was wir gesehen haben.
– Möglichkeit 2: Wir fotografieren den Gegenstand und versuchen mit unseren Büchern herauszubekommen, was wir gesehen haben.
– Möglichkeit 3: Wir geben die Beschreibung in eine Suchmaschine ein und vergleichen die angezeigten Bilder mit dem was wir gesehen haben.
– Möglichkeit 4: Wir fotografieren den Gegenstand und versuchen durch eine Bildersuchmaschine im Internet eine passende Beschreibung zu finden.

An diesem Beispiel wird klar, wie wir unter Verwendung digitaler Medien den Kindern zeigen können, wie wir zu neuem Wissen gelangen können.

b) Anwendung Bee-Bot

Modul 2 – Block 2 – Anwendung Bee-Bot	
Moduldauer	90 min
Inhalte	• Kennenlernen des Spielroboters Bee-Bot • Programmierung des Roboters • Entwurf von Elementen zur Visualisierung der Abläufe • Entwurf von Spielflächen und Formulierung von Aufgaben • Entwicklung von Spielszenarien für Kinder
Qualifikationsziele	Pädagogische Fachkräfte • können den Bee-Bot sicher handhaben und programmieren • sind in der Lage, Fehler zu erkennen und Lösungen zu finden • können variable Spielszenarien für Kinder entwerfen und diese in der Gruppenarbeit umsetzen
Voraussetzung für Teilnahme	• Abschluss der Basiskomponente
benötigte Materialien	• ein Bee-Bot für jeweils 4 Teilnehmende • für jede Gruppe Zeichenpapier und Stifte • vorgefertigte Befehlskärtchen • vorgefertigte Spielelandschaften mit variablen Hindernissen • pro Gruppe ein Spielzeugauto oder Spielfigur (ca. 10 cm groß)
weiterführende Materialien	Anleitung Bee-Bot: https://www.b-bot.de/produkte/bee-bots/bee-bot/?gclid=EAIaIQobChMI-vn79Nir_wI-V1OZRCh3cVA05EAAYAiAAEgIAJfD_BwE (Stand: 05.06.2023) Der Bienenroboter Bee-Bot: https://medienkindergarten.wien/medienpaedagogik/roboter-coding/der-bienenroboter-bee-bot (Stand: 05.06.2023) Bee-Bot: https://lehrerweb.wien/praxis/robotik-coding/roboter/bee-bot (Stand 05.06.2023)

Mit dem digitalen Spielzeug *Bee-Bot* ist ein niederschwelliger Einstieg in die Verwendung von digitalen Spielzeugen im Bereich der frühen Bildung möglich. Er ermöglicht auch den Übergang von nicht computerbasierten, algorithmischen Spielzeugen, wie z. B. dem Cubetto MINT-Coding-Roboter von Primo Toys, zu den digitalen Spielzeugen. Der Vorteil dieses Systems liegt darin, dass pädagogische Fachkräfte über keine technischen Vorkenntnisse verfügen müssen. Zur Verwendung ist kein Tablet oder PC erforderlich.

Der Workshopblock kann mit zwei unterschiedlichen Einführungen durchgeführt werden. Ein Ansatz ist, den Bee-Bot in seiner Funktion und seinen Möglichkeiten zu erklären, die zweite Herangehensweise ist das Stellen einer Aufgabe und das Finden der Lösung im ersten Schritt ohne Roboter.

Gestaltung der Spielfläche und Erlernen der Spielregeln

In dieser exemplarischen Vorgehensweise wird der Ansatz vorgestellt, mit der Aufgabenstellung zu beginnen. Dazu benötigt jede Gruppe eine vorgefertigte Spiellandschaft. Die einzige Bedingung für diese Spiellandschaft ist, dass diese in Quadrate eingeteilt wurde, welche eine Kantenlänge von 15 cm haben. Diese 15 cm sind exakt einzuhalten, da nur so eine exakte Positionierung des Bee-Bots möglich ist. Die Oberfläche der Spielfläche muss eine exakte Bewegung des Roboters ermöglichen. Die Quadrate können auch einzelne Platten sein, die dann jedoch ohne Stufe miteinander verbunden werden. Auf den Flächen können einzelne Bilder oder auch Landschaften wie z. B. der Spielplatz der Kita oder Gebäude der Stadt dargestellt werden.

Alternativ kann eine relativ große Spielfläche erstellt und die einzelnen Felder ggf. mit Bildern belegt werden. Abschließend wird die Spielfläche mit einer stabilen, transparenten Folie abgedeckt, sodass sich später der Bee-Bot ungehindert bewegen kann.

Abbildung 3: Entwurf einer Spielfläche

Als nächstes wird festgelegt, welche Bewegungen ausgeführt werden können – die Spielregeln. Von Brettspielen sind diese Vorgehensweisen Erwachsenen und Kindern bekannt. Für unsere Spielfläche sind folgende Bewegungen zulässig:

- bewege dich 1 Feld vor
- bewege dich 1 Feld zurück
- drehe dich auf dem Feld eine viertel Drehung (um 90°) im Uhrzeigersinn
- drehe dich auf dem Feld eine viertel Drehung (um 90°) entgegen dem Uhrzeigersinn
- warte 1 Sekunde

Für diese Befehle werden Befehlskärtchen erstellt. Von jedem Typ werden mehrere benötigt. Die Kärtchen sollten eine Kantenlänge von etwa 5 bis 7 cm haben. Sie werden ausgeschnitten und auf den Stapel gelegt.

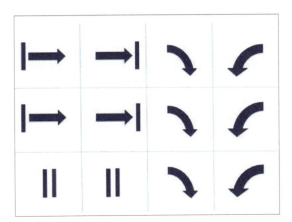

Abbildung 4: Beispiel für Vorlagen für Befehlskärtchen

Die nächste Komponente, die für die Spielfläche benötigt wird, sind Gegenstände, mit denen Felder belegt werden können. Das können Bausteine oder ähnliches sein, die das Feld als nicht befahrbar/betretbar kennzeichnen. Diese sind nicht fest eingezeichnet und können so variabel positioniert werden.

Als nächstes wird die Spielaufgabe formuliert:

„Unsere Spielfigur soll vom Bienenstock zur Blüte gehen, dort den Honig einsammeln und wieder zum Bienenstock zurückkehren. Beschreibe der Biene (bzw. der Spielfigur) genau den Weg, den diese gehen muss, um zur Blüte zu gelangen und in den Bienenstock zurückzukehren."

Wenn keine Hindernisse aufgebaut sind, so sind unterschiedliche Wege möglich. Die Felder, die nicht betreten werden dürfen, sind durch einen roten Kreis markiert.

In Abbildung 5 sind zwei mögliche Ablaufbeschreibungen dargestellt, die durch Legen von Befehlskärtchen direkt auf dem Spielfeld dargestellt werden. Dabei ist zu beachten, dass die Befehle immer aus Sicht der Spielfigur ausgewählt werden. Die Ablaufbeschreibung ist eine Sequenz von Anweisungen. Anschließend kann die Befehlsfolge auf ihre Funktionsweise überprüft werden, indem die Spielfigur die Anweisungen einzeln ausführt. Dabei ist zu beachten, dass immer aus Sicht der Spielfigur gehandelt wird.

Bei der Umsetzung mit Kindern besteht auch die Möglichkeit, ein Spielfeld zu schaffen oder ein vorhandenes zu benutzen, bei dem die Felder groß genug sind, dass ein Kind darinstehen kann. Jetzt können die anderen Kinder mit den festgelegten Befehlen das Kind steuern. Sie erlernen dabei korrekte Anweisungen zu geben und diese auszuführen.

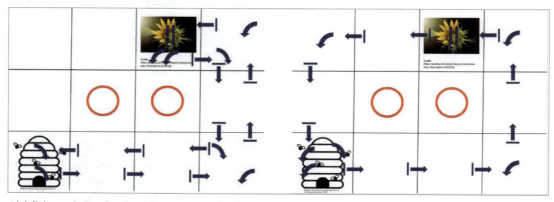

Abbildung 5: Zwei mögliche Varianten, die Aufgabe zu lösen

Schon die beiden in Abbildung 5 dargestellten Lösungen zeigen, dass es nicht nur eine Möglichkeit gibt, um die Aufgabe zu lösen, sondern dass mehrere Varianten richtig sind. Dabei kann auch die Frage diskutiert werden: „Bei welcher Variante benötigt die Biene weniger Kraft und Zeit?". Dazu können die Befehlskärtchen gezählt werden. Weniger Kärtchen bedeutet weniger notwendige Bewegungen.

Funktionsweise des Bee-Bot

Im nächsten Schritt lernen die Teilnehmenden der Fortbildung den Spielzeugroboter Bee-Bot kennen. Die vom Hersteller beigelegte Bedienungsanleitung ist nur bedingt hilfreich, da keine grafische Darstellung mit Beschreibung der Schaltelemente vorhanden ist (Stand: Version 12/2022). Daher werden die einzelnen Bedienelemente vorgestellt.

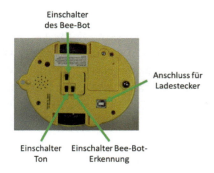

Abbildung 6: Bee-Bot – Bedienelemente Unterseite

Auf der Unterseite des Bee-Bots befindet sich die Anschlussbuchse zum Aufladen des Akkus. Dies kann entweder mit einem Anschlusskabel oder in einer speziellen Ladeschale für mehrere Bee-Bots erfolgen. Weiterhin befinden sich 3 kleine Schiebeschalter auf der Unterseite. Ein Schalter steht zum Ein-/Ausschalten zur Verfügung. Der Bee-Bot quittiert jede Befehlseingabe und Befehlsausführung mit einem optischen Signal über die leuchtenden Augen und, wenn eingeschaltet, einem akustischen Signal. Der Ton kann über einen Schiebeschalter ein-/ausgeschaltet werden. Eine Lautstärkeregelung ist nicht vorhanden. Der Lautsprecher befindet sich ebenfalls auf der Unterseite. Der dritte Schiebeschalter ermöglicht die Erkennung anderer Bee-Bots im Umfeld (ca. 25 cm). Bei der Erkennung anderer Bee-Bots können akustische Signale ausgegeben werden. Ist der Schalter ausgeschaltet, wechselt der Bee-Bot nach 5 Minuten, in denen er nicht bewegt oder programmiert wurde, in den Schlafmodus. Ist die Umfelderkennung eingeschaltet, so erfolgt der Wechsel in den Schlafmodus nach 10 Minuten ohne Aktivität. Das gespeicherte Programm bleibt im Schlafmodus erhalten. Durch Drücken einer beliebigen Taste wechselt der Roboter wieder in den Aktivitätsmodus.

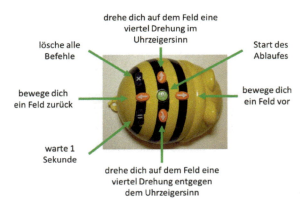

Abbildung 7: Bee-Bot – Bedienelemente Oberseite

Die eigentlichen Programmiertasten befinden sich auf der Oberseite des Bee-Bots. Der Bee-Bot ist in der Lage, maximal 40 Anweisungen zu speichern. Die Anweisungstasten in oranger Farbe ermöglichen es durch einmaliges kurzes Drücken, dem Roboter die Anweisung zu erteilen:

– um 15 cm vorwärtszufahren,
– um 15 cm rückwärtszufahren,
– den Roboter auf der Stelle um 90° im Uhrzeigersinn zu drehen bzw.
– den Roboter auf der Stelle um 90° entgegen dem Uhrzeigersinn zu drehen.

Das Drücken der blauen Pausentaste fügt in den Ablauf eine Unterbrechung von einer Sekunde ein. Jede Befehlseingabe wird durch ein optisches und akustisches Signal bestätigt. Die Anweisungen sind jetzt gespeichert, werden jedoch nicht direkt ausgeführt. Die Ausführung erfolgt durch Drücken der grünen GO-Taste. Die Schritte werden nacheinander abgearbeitet, jeder Schritt wird durch ein optisches und akustisches Signal bestätigt. Sind alle Schritte abgearbeitet, so wird optisch und akustisch das Ende der Handlungsfolge signalisiert. Der eingegebenen Handlungsfolge können nun weitere Anweisungen hinzugefügt werden, bis die Maximalanzahl von 40 erreicht ist. Einzelne Anweisungen bzw. Anweisungsfolgen können nicht rückgängig gemacht werden. Es besteht nur die Möglichkeit, den gesamten Befehlsspeicher zu löschen. Dazu wird die blaue Taste mit dem Kreuz kurz gedrückt. Dann kann der Befehlsspeicher erneut gefüllt werden.

Der Bee-Bot verfügt noch über eine Zusatzfunktion. Jede Anweisung kann mit einer kurzen Sprachanweisung verknüpft werden. Dazu wird die entsprechende Anweisungstaste zwei Sekunden gedrückt gehalten, bis ein kurzer Signalton ausgegeben wird. Dann kann eine kurze Sprachaufzeichnung, bis zu 2 Sekunden, eingegeben werden. Diese wird ausgegeben, wenn die Anweisungstaste betätigt wird und wenn die Anweisung ausgeführt wird. Sollen die Spracheingaben gelöscht werden, so muss die blaue Taste mit dem Kreuz zwei Sekunden gedrückt werden, der Anweisungsspeicher bleibt erhalten.

Programmieren des Bee-Bots

Die zur Lösung der gestellten Aufgabe mit den Befehlskärtchen festgelegte Anweisungsfolge wird jetzt schrittweise in den Bee-Bot übertragen. Sind alle Anweisungen übertragen, so werden die Kärtchen entnommen, damit der Roboter sich ungehindert bewegen kann. Der programmierte Bee-Bot wird auf die Spielfläche gesetzt, Blickrichtung oben, und dann mit der Go-Taste gestartet. Dabei ist zu beachten, dass der Bee-Bot über keine Sensoren verfügt, mit denen er die Strecke erkennen kann. So kann er bei Falschprogrammierung auch vom Tisch fallen.

Wird die gestellte Aufgabe erfüllt, so kann diese erweitert oder nach dem Löschen der Befehlsfolge eine neue Aufgabe gelöst werden. Wird die gestellte Aufgabe nicht erfüllt, so muss der Anweisungsspeicher gelöscht und erneut begonnen werden. Dabei kann es unvorteilhaft sein, dass die Anweisungskärtchen schon entnommen wurden. Eine Alternative kann sein, die Anweisungskärtchen auf einem gesonderten, ggf. auch kleineren Spielfeld oder neben dem Spielfeld auszulegen.

Eine Erweiterung stellt die Version Blue-Bot dar, bei der die Befehlskarten in eine Ladeschale gelegt werden können und über eine Bluetooth-Verbindung auf den Roboter übertragen werden können. Diese Version ist für die Kinder anschaulicher, da die Befehlsfolge visualisiert wird.

Spielvariationen

Zur Gestaltung von Spielvariationen sind verschiedene Möglichkeiten gegeben. Einige Beispiele können sein:

- Die Hindernisse zwischen Start und Ziel werden anders angeordnet.
- Die Biene muss bzw. darf nicht den gleichen Hin- und Rückweg nehmen.
- Auf der Spielfläche können kleine Honigtöpfchen eingezeichnet bzw. aufgelegt werden. Die Kinder zählen die Honigtöpfchen, die auf dem Weg vom Bee-Bot eingesammelt werden.
- Es kann eine komplett neue Aufgabe für eine neue Spielfläche erstellt werden.

Abbildung 8 zeigt eine Spielfläche, die mit realen Bildern des Spielplatzes der Kita gestaltet wurde. Dafür kann z. B. folgende Aufgabe formuliert werden:

„Unser Roboter steht an der Tür und überlegt, womit er spielen möchte. Zuerst möchte er zur Korbschaukel, dann zum Boot, anschließend möchte er noch am Spielturm rutschen und dann zum Sandkasten. Wenn sich unser Roboter bewegt, so läuft er immer über den Rasen. Vom Sandkasten geht er wieder zurück zur Tür."

Diese ist relativ lang, zu Beginn können kürzere Aufgaben gelöst werden. Eine Möglichkeit ist auch, dass die Kinder ihre Lieblingsspielzeuge allein auswählen und damit den Weg bestimmen.

Abbildung 8: Unser Spielplatz als Spielfläche

Im Fachhandel werden unterschiedliche Spielflächen angeboten, die als Spielteppich verwendet werden können, oder 15 cm Rasterfolien, die über eine selbst gestaltete Spielfläche gelegt werden können.

Reflexion

Abschließend wird mit den Teilnehmenden der Workshops erarbeitet, wie die Nutzung des Bee-Bots in den frühen Bildungsprozess integriert werden kann. Nachdem die Teilnehmenden selbst verschiedene Szenarien erprobt haben, werden gemeinsam die Fähigkeiten erarbeitet, die die Kinder in diesen Spielszenarien erwerben sollen. Dazu gehören u. a.:

- Orientierung in der Ebene, da die Anweisungen für den Bee-Bot aus der Sicht des Roboters formuliert werden müssen,
- die Formulierung mehrschrittiger Problemlösung durch Anweisungskärtchen, da jeweils die Frage geklärt werden muss: „Was mache ich als Nächstes?",
- exaktes Übertragen einer Anweisungsfolge in ein digitales Gerät,
- Erproben der eingegebenen Lösung und das Erkennen von Fehlern sowie deren Behebung
- Entwurf von Handlungsalternativen und deren Bewertung,
- sicherer Umgang mit den Begriffen „vorwärts", „rückwärts", „Drehen im Uhrzeigersinn bzw. nach rechts", „Drehen entgegen dem Uhrzeigersinn bzw. nach links",
- Festigen und Anwenden des Zählens und
- Weiterentwicklung von motorischen und kognitiven Fähigkeiten.

c) MAKEBLOCK mTiny-Discover Kit

Das MAKEBLOCK mTiny-Discover Kit enthält einen Roboter, mit dem Kinder ein frühes Verständnis von informatischen Zusammenhängen erwerben können, ohne dass zusätzlich ein Laptop oder Tablet erforderlich sind. Dieses System wird im Rahmen dieses Workshopblockes vorgestellt. Der Fokus liegt auf dem Kennenlernen der Funktionsweise und der Programmierung des mTiny-Roboters. Die Programmieraktivitäten sind so gewählt, dass sie auch in ähnlicher Weise mit Kindern durchgeführt werden können. Zudem sollen die pädagogischen Fachkräfte informatische Grundkenntnisse im Formulieren von Anweisungsfolgen und Wiederholungen erwerben, die zu den algorithmischen Grundbausteinen gehören. Im zweiten Teil dieses Workshopblocks bauen die Fachkräfte eigenständig Spielszenarien auf, formulieren Aufgabenstellungen mit individuellen Erweiterungsmöglichkeiten und entwerfen Handlungsfolgen für den Roboter um die Aufgabenstellung zu lösen. Dabei werden auch unterschiedliche Handlungsfolgen zur Lösung der gleichen Aufgabe bzgl. ihres Aufwandes bewertet.

Modul 2 – Block 3 – Einführung in die Programmierung des mTiny-Roboters	
Moduldauer	2 * 90 min
Inhalte	• Kennenlernen des mTiny-Kits • Vorstellung der technischen Grundlagen des Systems • Überblick über die verfügbaren Befehle und Programmierung des mTiny-Roboters • Erstellung von Spielszenarien mit dem mTiny
Qualifikationsziele	Pädagogische Fachkräfte • können den mTiny-Roboter programmieren und Fehler bei dem Programmieren erkennen • können Spielszenarien für Kinder entwerfen und umsetzen • formulieren Lernspielaufgaben für die Kinder • haben Grundkenntnisse zu algorithmischen Grundbausteinen und können diese in altersgerechter Sprache vorstellen
Voraussetzung für Teilnahme	• Abschluss der Basiskomponente
benötigte Materialien	• ein mTiny-Discover Kit für je 3–4 Teilnehmerinnen und Teilnehmer • weißes Papier
weiterführende Materialien	mTiny-Anleitung und einführende Aktivitäten: https://www.yuque.com/makeblock-help-center-en/mtiny-edu/ (Stand: 23.06.2023) mTiny-Discover Unterrichtsmaterialien/Lerneinheiten https://www.christiani.de/out/media/pdf/41918-leseprobe.pdf (Stand: 23.06.2023)

Kennenlernen des mTiny-Roboters

Zu Beginn des Workshops wird der Inhalt des MAKEBLOCK mTiny-Discover Kit vorgestellt. Dazu erhält jede Gruppe, bestehend aus 3–4 Teilnehmenden, ein vollständiges mTiny-Discovery Kit. Die einzelnen Bestandteile werden ausgepackt und erklärt. Vor dem Workshop sollte sichergestellt sein, dass alle Roboter und Stifte vollständig geladen sind.

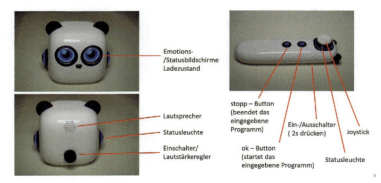

Abbildung 9: mTyni-Roboter und Eingabestick

In Abbildung 9 sind der Roboter und der Stift zum Programmieren und Steuern dargestellt. Das einzige Bedienelement am Roboter ist ein Drehrad zum Einschalten und zum Regeln der Lautstärke. Zur Ausgabe stehen die beiden anzusteuernden Räder, der Lautsprecher, die Statusleuchten an den Seiten und die als Augen dargestellten Bildschirme zur Verfügung. Die gesamte Orientierung des Roboters erfolgt über einen optischen Sensor auf der Unterseite.

Für die Programmierung und/oder Steuerung steht ein Eingabestick zur Verfügung. Die einzelnen Bedienelemente sind in Abbildung 9 beschrieben. Die Befehlseingabe bzw. Programmauswahl erfolgt ebenfalls optisch, die erfolgreiche Eingabe wird durch ein optisches Signal am Roboter und ein Vibrationssignal am Eingabestick bestätigt.

Grundlage der Orientierung und Programmierung des Roboters ist digitales Papier. Dieses digitale Papier ist vollständig mit einem Punktraster bedruckt, welches nur mit einer Lupe erkannt werden kann. Es wird das Codierungssystem der Firma Anoto verwendet, welches eine eindeutige Identifizierung jeder Befehlskarte und der gesamten Spielfläche ermöglicht. Die Codierung der Fläche ist in Abbildung 10 am Beispiel einer Befehlskarte dargestellt.

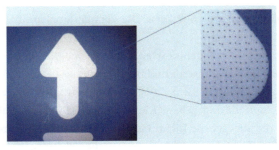

Abbildung 10: Codierung von digitalem Papier

Nach der Erklärung der Grundlagen können die Gruppen die mTiny-Roboters aktivieren. Der Roboter wird durch das Drehen des Knopfes auf der Rückseite im Uhrzeigersinn eingeschaltet. Nachdem der Roboter eingeschaltet ist, kann die Lautstärke angepasst werden. Der Eingabestick, auch als Tap-Pen-Controller bezeichnet, ist für die Steuerung und Programmierung des Roboters notwendig. Er wird durch das Drücken der Ein-/Aus-Taste für 2 Sekunden eingeschaltet. Für diese Einweisung kann auch die online-verfügbare Anleitung hinzugezogen werden, in der weitere Hinweise zur Kopplung, Kalibrierung und Firmware-Aktualisierung gegeben sind. Die grundlegende Schrittfolge ist in Abbildung 11 dargestellt.

1. **Einschalten des Roboters**
   - Einschaltknopf am Roboter drehen und gleichzeitig Lautstärke einstellen
2. **Einschalten des Controlers**
   - Einschaltbutton für 2 Sekunden gedrückt halten
3. **Direktsteuerung über Joystick ein-/ausschalten**
   - Einschaltbutton gedrückt halten und gleichzeitig stopp- und ok-Button drücken
   - alternativ: Programmkarte einlesen
4. **Verbinden des Roboters mit dem Controller**
   - Neustart beider Komponenten
   - Einschalt- und ok-Button gleichzeitig für 2 Sekunden gedrückt halten
   - den Controller nahe am Roboter bewegen
   - Bestätigung: beide Anzeigeleuchten blinken blau/rot, nach erfolgreicher Verbindung leuchten beide Anzeigeleuchten blau

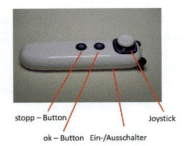

Abbildung 11: Schrittfolge zur Aktivierung des mTiny-Systems

Grundsätzlich ist es möglich, zwischen zwei verschiedenen Modi zu wechseln. Zum einen kann der Roboter mit dem Joystick des Eingabesticks im Direktmodus gesteuert werden, was die Teilnehmenden praktisch erproben können, um ein Gefühl für die Bewegung des Roboters zu bekommen. Die grundlegenden Bewegungen *vor und zurück, Drehen im Uhrzeigersinn, Drehen entgegen dem Uhrzeigersinn* können erprobt werden. Die Steuerung kann mit der Joystick-Funktion oder mit dem Einlesen von Befehlskarten erfolgen. Die Befehle werden sofort ausgeführt. Damit kann die Wirkung der Befehlskarten erlernt werden, die nachfolgend noch ausführlicher vorgestellt werden. Soll der Direktmodus verlassen werden, so ist analog wie beim Einschalten vorzugehen. Der Einschalt-, OK- und Start-Button müssen für 2 Sekunden gleichzeitig gedrückt werden. Die Bestätigung erfolgt über Vibration des Eingabesticks.

Einstieg in die Programmierung

Anschließend kann die Programmierung erfolgen. Wir benötigen noch keine Spielwelt. Der Roboter kann sich auf jeder Oberfläche bewegen.

Es wird empfohlen, den mTiny ab einem Alter von 4 Jahren unter kontinuierlicher Aufsicht von Erwachsenen zu verwenden. Gemäß den Angaben des Herstellers beträgt die Akkulaufzeit des mTiny-Roboters 2,5 Stunden. Nach Ablauf dieser Zeit müssen der Roboter und der Controller mithilfe des mitgelieferten USB-Kabel aufgeladen werden. Die Verwendung von Batterien ist für den Betrieb des Kits daher nicht erforderlich.

Für die Programmierung gibt es Befehlskarten in unterschiedlichen Farben. Basisbefehle für die Bewegungen sind in blauer Farbe dargestellt und in der Form so gestaltet, dass sie passend aneinandergefügt werden können (Abbildung 12, S. 201). Ein Bewegungsbefehl, vor oder zurück, bewegt den Roboter um ca. 18,5 cm in die angegebene Richtung, mit dem Befehl zum Drehen wird eine 90° Drehung auf der Stelle in die angegebene Richtung vorgenommen. Eine erste Übung kann darin bestehen, vom Roboter ein Quadrat fahren zu lassen. Sollen die Befehle nicht sofort ausgeführt werden, so sind zu Beginn noch die gelbe Startkarte und am Ende die grüne Go!-Karte einzufügen (Abbildung 13, S. 201). Die Befehlsfolge wird mit den Karten beschrieben. Dabei ist zu beachten, dass für die Abarbeitung das FiFo-Prinzip gilt. Die Anweisung, die mit der zuerst eingelesenen Karte festgelegt wird, wird auch als erste ausgeführt. Die Ausführung erfolgt immer in der Reihenfolge der Eingabe.

IV. Modul II – Digitale Spiel- und Lernwerkzeuge in der Kita

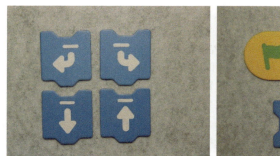 

Abbildung 12: mTiny-Befehlskarten für Bewegungen und Befehlsfolge zum Abfahren eines Quadrates

Als Untergrund sollte eine ebene, griffige Oberfläche, wie eine Tischplatte genutzt werden. Danach sollte der Roboter nach Abarbeitung der Anweisungen wieder auf seiner Ausgangsposition stehen. Stoffe oder Teppiche sind als Unterlagen nicht optimal, da die Drehbewegungen auf diesen Flächen nicht exakt ausgeführt werden.

Zur Erweiterung und Optimierung der Anweisungsfolgen stehen Steueranweisungen zur Verfügung. Diese Bausteine sind gelb dargestellt.

Abbildung 13: mTiny-Steueranweisungen

Wie in Abbildung 13 ersichtlich, gibt es Anweisungen, die es ermöglichen, den vorangegangenen Befehl mehrfach (2- bis 5-mal) ausführen zu lassen. Soll die Wiederholung nicht nur für den unmittelbar davorstehenden Befehl gelten, so kann durch die Verwendung von Klammern eine Befehlsfolge festgelegt werden, die wiederholt werden soll.

Eine weitere Möglichkeit, Befehle mehrfach ausführen zu lassen, besteht darin, das gesamte Programm mehrfach zu wiederholen. Dazu stehen Wiederholungskarten zur Verfügung, die schon aufgrund ihrer geometrischen Form kein Hinzufügen weiterer Anweisungen ermöglichen. Alle eingegebenen Befehle werden 2- bis 5-mal oder dauerhaft wiederholt abgearbeitet.

Abbildung 14: Verwendung von Wiederholungen

In Abbildung 14 sind zwei mögliche Anweisungsfolgen dargestellt, die den Roboter ein Quadrat abfahren lassen. In der oberen Darstellung werden Klammern verwendet und die beiden Anweisungen in den Klammern 4-mal wiederholt. Der Vorteil dieses Ansatzes besteht darin, dass die Anweisungsfolge danach fortgesetzt werden kann. Bei der unteren Darstellung werden die zwei Anweisungen, in diesem Fall die gesamte Anweisungsfolge, 4-mal wiederholt. Eine Fortsetzung des Programmes ist nicht möglich.

An diesen drei Beispielen wird deutlich, dass es nicht die eine Lösung gibt, sondern für viele Aufgaben unterschiedliche Lösungswege möglich sind, die jedoch unterschiedlich aufwendig sind. In diesem Beispiel unterscheidet sich nur der Programmieraufwand, die Anzahl der ausgeführten Anweisungen ist bei allen drei Implementierungen gleich. Sollte bei der Eingabe ein Fehler aufgetreten sein, so kann jederzeit mit der Startkarte erneut mit der Eingabe begonnen werden. Alle vorher eingegebenen Anweisungen werden gelöscht.

Nachdem sich die Fachkräfte mit diesen Grundanweisungen bekannt gemacht haben, können sie weitere Abläufe erproben. Sollten die verfügbaren Anweisungskärtchen nicht ausreichen, so können diese auch mehrfach eingelesen werden. Jedoch ist zu beachten, dass bei der von uns verwendeten Version die maximale Anzahl der Anweisungen, die eingelesen werden kann, auf 50 begrenzt ist. Werden mehr Anweisungen eingelesen, so werden diese ignoriert.

Nach dieser Einführung können die Teilnehmenden weitere Anweisungskarten ausprobieren.

So können beispielsweise die Emotionskarten einzeln oder in Anweisungsfolgen eingefügt und erprobt werden. Sie lassen den mTiny passende Bewegungen machen sowie akustische Signale und Anzeigen in den Bildschirmen in den Augen ausgeben. Eine Übersicht ist in Abbildung 15 dargestellt. Die Die Anweisungskarten befinden sich in der Aufbewahrungskarte, könnten aber auch in einer Anweisungsbox gelagert werden. Ausführliche Vorschläge zum Einsatz der Emotionskarten sind im mTiny-Discover-Unterrichtsmaterial (https://www.christiani.de/out/media/pdf/41918-leseprobe.pdf) zu finden.

Abbildung 15: Emotionskarten in Aufbewahrungskarte

Die Anwendung weiterer Anweisungskarten kann in zusätzlichen Fortbildungsblöcken erprobt und erarbeitet werden.

Gestaltung von Spiel- und Lernaufgaben

Nachdem sich die Teilnehmenden in der Fortbildung mit dem mTiny-Roboter, dem Eingabestick und den Befehlskarten vertraut gemacht haben, beinhaltet dieser zweite Abschnitt die Gestaltung von Spiel- und Lernaufgaben unter Verwendung der zum Set gehörenden Kartenblöcke.

Die Kartenblöcke sind beidseitig bedruckt und können zu beliebigen Spielflächen zusammengefügt werden. Die Oberfläche der Karten ist, analog zu den Befehlskarten, ebenfalls auf digitalem

Papier gedruckt. So kann der mTiny-Roboter bestimmte Handlungen vollziehen oder auch Befehle verweigern, die ihn z. B. von der Straße abweichen lassen.

Auf der einen Seite kann ein urbaner Raum mit Straßen, Kreuzungen, Krankenhaus und Polizei dargestellt werden. Dabei gibt es die Besonderheit, dass der mTiny-Roboter die Straße nicht verlässt, auch wenn ein entsprechender Befehl eingegeben wurde, da der Straßenrand von der internen Kamera erkannt wird. Auf der anderen Seite der Karten ist eine Welt mit Wiesen, einem Haus, Essen, Bett, Dusche usw. gestaltbar. Die Kartenblöcke haben keine Begrenzung. Der mTiny-Roboter kann durch entsprechende Kartenblöcke unterschiedliche Charaktere annehmen, die auch mit den zugehörigen Kostümen dargestellt werden können.

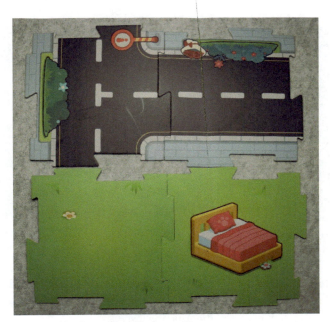

Abbildung 16: Kartenblöcke Straßenseite/Wiesenseite

Die Verzahnung zur Verbindung der Kartenblöcke ist so gestaltet, dass entweder die urbane Form oder die Wiesenform verwendet werden kann. Die Kombinationsmöglichkeit der Wiesenkarten ist dabei größer. Einige Kartenblöcke sind so gestaltet, dass der mTiny-Roboter bestimmte Reaktionen ausführt. Weitere Kartenkits können als Zusatzmaterial erworben werden, z. B. das Extension Pack World & Treasure mit dem zum Beispiel Schatzsuche im Wald gespielt werden kann.

Folgende Einstiegsaufgabe könnte formuliert werden.

„Lege 5 Kartenblöcke wie in Abbildung 17 dargestellt. Die erste Karte ist die Verwandelkarte zum Küken und die hintere Karte enthält eine Abbildung von einem Maiskolben. Der mTiny soll von der Startkarte losfahren, den Maiskolben fressen und dann zur Karte mit dem Bett fahren."

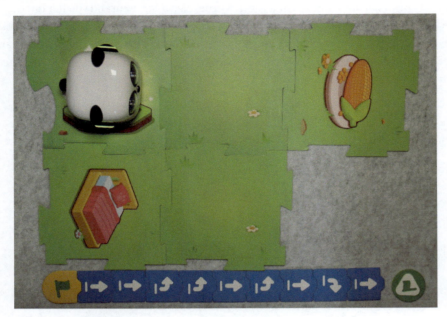

Abbildung 17: Einstiegsaufgabe

Dazu werden als erstes die Kartenblöcke zusammengestellt. Anschließend wird die Befehlsfolge formuliert, die der mTiny-Roboter abarbeiten soll, um die Aufgabe zu lösen. Es wird deutlich, dass unterschiedliche Wege möglich sind, um die Aufgabe lösen.

Diese Aufgabe kann beliebig variiert werden, indem weitere Kartenblöcke hinzugefügt werden oder ihre Anordnung verändert wird. Entsprechend muss dann auch die Anweisungsfolge verändert werden. Es kann auch erprobt werden, wie sich Anweisungskarten für Schleifen einsetzen lassen. Eine Erweiterung des Spielszenarios besteht darin, eine Anweisungsfolge vorzugeben und das Verhalten des mTiny-Roboters vorhersagen zu lassen.

Reflexion

Am Ende des Workshops werden mit den Teilnehmenden des Workshops die Möglichkeiten und die Herausforderungen des mTinys bezogen auf frühe Bildungsprozesse reflektiert. Nachdem die Teilnehmenden selbst verschiedene Szenarien erprobt haben, werden gemeinsam die Fähigkeiten erarbeitet, die die Kinder bei der Gestaltung und Umsetzung dieser Spielszenarien erwerben sollen. Dazu gehören u. a.

- Orientierung in der Ebene, da die Anweisungen für den mTiny-Roboter aus der Sicht des Roboters formuliert werden müssen,
- die Formulierung mehrschrittiger Problemlösungen durch Anweisungskärtchen, da jeweils die Frage geklärt werden muss: „Was mache ich als nächstes?",
- exaktes Übertragen einer Anweisungsfolge in ein digitales Gerät,
- Erproben der eingegebenen Lösung und ggf. Erkennen und Korrigieren von Fehlern,
- Entwurf von Handlungsalternativen und deren Bewertung,
- Vorhersage der Bewegung des mTiny-Roboters durch Interpretation einer gegeben Anweisungsfolge,
- Diskussion des Einsatzes der Wiederholung einzelner Anweisungen bzw. die Zusammenfassung von Anweisungen zu Anweisungsfolgen und deren Wiederholung,
- sicherer Umgang mit den Begriffen „vorwärts", „rückwärts", „Drehen im Uhrzeigersinn bzw. nach rechts", „Drehen entgegen dem Uhrzeigersinn bzw. nach links",
- Festigen und Anwenden des Zählens und
- Weiterentwicklung von motorischen und kognitiven Fähigkeiten.

Erweiterungsmöglichkeiten

Modul 2 – Block 4 – Vertiefung: Programmierung mit dem mTiny	
Moduldauer	60 min
Inhalte	• Kennenlernen weiterer Möglichkeiten der Programmierung mit dem mTiny-Roboter • Musizieren mit dem mTiny • Erweiterungsmöglichkeiten • Erstellung von Spielszenarien
Qualifikationsziele	Pädagogische Fachkräfte • können die akustische Ausgabe des mTiny programmieren • können vielfältige Spielszenarien für Kinder entwerfen und umsetzen
Voraussetzung für Teilnahme	• Abschluss der Basiskomponente • Abschluss des Moduls 2 – Block 3
benötigte Materialien	• ein mTiny-Discover Kit für je 4–5 Teilnehmende • Erweiterungskits (z. B. mTiny myWorld)
weiterführende Materialien	analog Modul 2 – Block 3

In diesem Vertiefungsmodul zu der Programmierung mit dem mTiny werden die weiteren Möglichkeiten mit dem mTiny-Discover Kit und den Erweiterungssets erprobt. Dazu zählt das Musizieren mit dem Roboter, die Erstellung von Geschichten und Szenarien mit den Erweiterungssets sowie die Erprobung der im Discover Set enthaltenen Spiele.

Die pädagogischen Fachkräfte sollten in der Lage sein, Tonabfolgen mit den Codierkarten und dem Keyboard zu generieren und sich Spielszenarien mit dem vorhandenen Material auszudenken. Bevor das Musizieren praktisch getestet wird, sollte wiederholt werden, wie die Lautstärke des mTiny-Roboters eingestellt werden kann. Anschließend erproben die Teilnehmenden die Keyboard Karte sowie die Codierkarten mit verschiedenen Tönen. Auch bei dem Musizieren ist es wichtig zu erwähnen, dass das Keyboard zusammen mit den Codierkarten verwendet werden kann.

Modul 2 – Block 5 – Vertiefung: Malen mit dem mTiny	
Moduldauer	60 min
Inhalte	• Anweisungen zur Programmierung der Stift-/Malfunktion kennenlernen • Dokumentieren des Weges des mTiny-Roboters • Entwurf geometrischer Figuren und Ableitung der notwendigen Anweisungen • Ausführen der Programme und Vergleich mit der geplanten Ausgabe • Erstellung von Spielszenarien
Qualifikationsziele	Pädagogsiche Fachkräfte • können die Stift-/Malfunktion des mTiny-Roboters anwenden • planen und benennen geometrische Grundfiguren und können Anweisungsfolgen zum Zeichnen formulieren • können Abweichungen zwischen geplanter und gezeichneter Darstellung erkennen und Schritte zur Verbesserung formulieren • können vielfältige Spielszenarien für Kinder entwerfen und umsetzen
Voraussetzung für Teilnahme	• Abschluss der Basiskomponente • Abschluss des Moduls 2 – Block 3
benötigte Materialien	• ein mTiny-Discover Kit für je 4–5 Teilnehmenden • Papier als Zeichenunterlage
weiterführende Materialien	analog Modul 2 – Block 3

Mithilfe des mTiny-Roboters können verschiedene Buchstaben, Zahlen und geometrische Figuren gezeichnet werden. Dafür stehen in dem Discover Kit verschiedenfarbige Marker und eine Tastatur zur Verfügung. Außerdem können mit Anweisungskarten Abfolgen programmiert werden, sodass der mTiny unterschiedliche geometrische Formen zeichnet. Für die Erprobung des Zeichnens mit dem Roboter sollten eine Gruppe (je 4–5 Teilnehmenden ein mTiny-Discover Kit erhalten. Insbesondere die Marker, der mTiny-Roboter, die Anweisungskarten für das Zeichnen und die Tastatur sind relevant für die folgende Aktivität. Neben den Materialien aus dem Kit wird außerdem weißes Papier (am besten A3 oder größer) für jede Gruppe benötigt.

Zu Beginn sollte der Fortbildungsleiter zeigen, wie ein Markierer in dem mTiny-Roboter installiert wird. Anschließend erproben die pädagogischen Fachkräfte die Tastatur und Anweisungskartenkarten für das Zeichnen. Hierbei soll insbesondere darauf hingewiesen werden, dass die Eingabe- und Go!-Karte mit der Tastatur kombiniert werden können.

3. Literaturverzeichnis

Bitcom (2023). *Durchschnittliche tägliche Nutzungsdauer von Smartphones in Deutschland im Jahr 2023 nach Altersgruppe (in Minuten) [Graph]*. Abgerufen am 04. Mai 2023 von https://de.statista.com/statistik/daten/studie/714974/umfrage/taegliche-nutzungsdauer-von-smartphones-in-deutschland/

Claus, V. & Schwill, A. (2006). *Duden Informatik A-Z*. Mannheim: Dudenverlag.

Daumann, H. U., Dinges, B. & Loring, F. (2018). Holzspielzeug statt Bildschirm – Schritt für Schritt kinderleicht kreativ programmieren. *merz-medien + erziehung, 4*. Kopaed.

Heilmann, H. (2021). *Datenreport 2021. Kinder mit Migrationshintergrund in Kindertagesbetreuung*. Bundeszentrale für politische Bildung. Abgerufen am 30.08.2023 von https://www.bpb.de/kurz-knapp/zahlen-und-fakten/datenreport-2021/familie-lebensformen-und-kinder/329586/kinder-mit-migrationshintergrund-in-kindertagesbetreuung/

Irion, T. (2020). Digitale Grundbildung in der Grundschule. Grundlegende Bildung in der digital geprägten und gestaltbaren, mediatisierten Welt. In M. Thummel, R. Kammerl & T. Irion (Hrsg.), *Digitale Bildung im Grundschulalter* (S. 49–81). München: Kopaed.

Kerres, M. (2018). Bildung in der digitalen Welt: Wir haben die Wahl. *Online-Magazin für Arbeit-Bildung-Gesellschaft, 2*(18).

Kita:Apps (2019). *Kita: Apps für Elternkommunikation* (Stand: 26.07.2021). https://fruehe-bildung.online/digitale-kompetenz/werkzeuge/kita-apps-fuer-elternkommunikation.

KMK (2018). *Strategie der Kultusministerkonferenz „Bildung in der digitalen Welt" Beschluss der Kultusministerkonferenz vom 08.12.2016 in der Fassung vom 07.12.2017* (Stand: 26.07.2021). https://www.kmk.org/fileadmin/pdf/PresseUndAktuelles/2018/Digitalstrategie_2017_mit_Weiterbildung.pdf

Martens, J. & Obenland, W. (2017). *Die Agenda 2030. Globale Ziele für nachhaltige Entwicklung*. Abgerufen am 30.08.2023 von https://17ziele.de/

MS-ST (2013). *Ministerium für Arbeit und Soziales des Landes Sachsen-Anhalt. Bildung: elementar – Bildung von Anfang an. Bildungsprogramm für Kindertageseinrichtungen in Sachsen-Anhalt. Fortschreibung 2013*. Weimar: Verlag das netz.

Papert, S. (1984). *Kinder, Computer und Neues Lernen*. Basel: Birkhäuser.

Pasterk, S. & Bollin, A (2021). Digitaler Kindergarten – Informatik und digitale Kompetenz in der Frühförderung. INFOS (Hrsg.). Tagungsband: Informatik – Bildung von Lehrkräften in allen Phasen (S. 173–182) (Stand: 30.08.2021). https://dl.gi.de/bitstream/handle/20.500.12116/36943/A2-12.pdf?sequence=1&isAllowed=y/.

Robo Wunderkind (2021). (Stand 27.07.2021). https://www.robowunderkind.com/de/home.

4. Abbildungsverzeichnis

Abbildung 1: Digitalisierte Arbeits- und Lebenswelt 186
Abbildung 2: Klassifikation digitaler Spiel- und Lernwerkzeuge im Elementarbereich 190
Abbildung 3: Entwurf einer Spielfläche 193
Abbildung 4: Beispiel für Vorlagen für Befehlskärtchen 193
Abbildung 5: Zwei mögliche Varianten, die Aufgabe zu lösen 194
Abbildung 6: Bee-Bot – Bedienelemente Unterseite 195
Abbildung 7: Bee-Bot – Bedienelemente Oberseite 195
Abbildung 8: Unser Spielplatz als Spielfläche 197
Abbildung 9: mTyni-Roboter und Eingabestick 199
Abbildung 10: Codierung von digitalem Papier 199
Abbildung 11: Schrittfolge zur Aktivierung des mTiny-Systems 200
Abbildung 12: mTiny-Befehlskarten für Bewegungen und Befehlsfolge zum
   Abfahren eines Quadrates 201
Abbildung 13: mTiny-Steueranweisungen 201
Abbildung 14: Verwendung von Wiederholungen 201
Abbildung 15: Emotionskarten in Aufbewahrungskarte 202
Abbildung 16: Kartenblöcke Straßenseite/Wiesenseite 203
Abbildung 17: Einstiegsaufgabe 204

V. Schlussbetrachtung

Anja Stolakis, Eric Simon, Sven Hohmann, Jörn Borke und Annette Schmitt

Ein zentrales Ziel des Projekts DiKit war es, ein Fortbildungsmodul zu erstellen, in dem die Auseinandersetzung mit der Thematik digitale Medien in der Kita gefördert werden kann. Diese sollten ihren Ausgangspunkt nicht bei der Vermittlung spezifischer Handlungskompetenzen haben, sondern bereits davor ansetzen, indem eine Reflexion von Haltungen, Einstellungen, Erfahrungen, Vorbehalten und Berührungsängsten initiiert wird. Hierzu wurden verschiedene aufeinander aufbauende Forschungsschritte umgesetzt, um die Materialien auf eine empirische Basis zu stellen. Auf Grundlage dieser Erhebungen in der Praxis konnten mehrere Reflexionsmaterialien entwickelt werden, welche die unterschiedlichen Perspektiven aller Akteur*innen (Fachkräfte bzw. Kita-Teams, Kinder und Erziehungsberechtigte) einer Analyse und Reflexion zugänglich machen. Die Vorstellung ausgewählter digitaler Spiel- und Lernwerkzeugen sowie eine Beschreibung ihrer Anwendung wurden ebenfalls erarbeitet.

Zur Umsetzung der Forschungsschritte und Erstellung der Materialien haben wir eng mit neun Kitas zusammengearbeitet, die es uns ermöglichten, Interviews mit Leitungen und Fachkräften sowie teilweise Erhebungen mit Kindern und Befragungen der Eltern durchzuführen. Hier gewährten uns einige der Einrichtungen einen Einblick in ihren Kita-Alltag und in die Bedeutung von Medien in ihrer pädagogischen Praxis. Dabei zeigte sich, dass die Kitas in der Auseinandersetzung mit der Digitalisierung unterschiedlich weit vorangeschritten waren, sich das Thema aber für sehr viele Kitas mit Herausforderungen – wenn auch mit verschiedenen Schwerpunkten – verband.

Das Forschungsprojekt startete in einer Zeit, in der wir mitten in der Corona-Pandemie waren. Dadurch rückte auch der Umgang mit digitalen Medien in Kindertageseinrichtungen vermehrt in den Fokus. Die Kitas sahen sich vor der Herausforderung, sich mit Fragen der Digitalisierung zu befassen und es wurde sich verstärkt mit digitalen Lösungen auseinandergesetzt bspw. mit digitalen Lernmitteln, medienpädagogischen Angeboten, mit der digitalen Organisation von Arbeitsabläufen in der Kita sowie der digitalen Vernetzung und Kommunikation mit den Eltern. Hierdurch wurden auch Bedarfe an Informationen, Materialien sowie konkretem Praxiswissen offenbart. Es wurde aber auch deutlich, dass es nicht nur allein um die Fragen technischer und infrastruktureller Anforderungen sowie Zugang zu spezifischem Handlungswissen geht. Vielmehr zeigt sich, dass für das Gelingen einer Digitalisierung die Haltung und Einstellung von Kita-Leitungen und frühpädagogischen Fachkräften von hoher Bedeutung ist. Zudem erscheint es besonders wichtig, Möglichkeiten zu schaffen, in denen sich die Fachkräfte in geschütztem Rahmen mit digitalen Anwendungen auseinandersetzen können.

Das Forschungsprojekt DiKit konzentrierte sich deshalb auf die Ebene der frühpädagogischen Fachkräfte und hatte zum Ziel, sowohl deren Haltung zum Einsatz digitaler Medien in der Kita als auch ihre Einstellungen, Kompetenzen und Bedarfe weiter auszudifferenzieren. Zudem sollten konkrete Spiel- und Lernwerkzeuge analysiert werden, mit denen Fachkräfte Erfahrungen mit digitalen Anwendungen machen können.

Auch im Forschungsprojekt mussten wir auf die pandemische Lage reagieren, so dass einzelne Forschungsschritte angepasst und das Forschungsdesign modifiziert werden musste. Das stellte auch uns als Team vor besondere Herausforderungen. So mussten insbesondere für die Kommunikation mit den beteiligten Kitas digitale Lösungen gefunden werden, da ein Besuch der Einrichtungen lange nicht möglich war. Einige Interviews mit Fachkräften und Kita-Leitungen konnten wir telefonisch durchführen, andere über Videokonferenzen. Allerdings mussten die Erhebungen mit Kindern auf einen späteren, zu dieser Zeit unbestimmten Zeitpunkt verlegt werden, da lange nicht klar war, wann ein Besuch in den Einrichtungen wieder möglich sein würde.

Trotz dieser Herausforderungen ist es uns gelungen, alle entwickelten Materialien im Forschungskontext einzusetzen und zu erproben, um sie im Anschluss für den Einsatz in der Praxis zu modifizieren. Zudem konnten wir sie in unterschiedlichen Formaten erproben und evaluieren, um eine gute Praxistauglichkeit zu gewährleisten. Mit den in diesem Band enthaltenen Beschreibungen zu den einzelnen Materialien soll eine gute Anwendbarkeit im Rahmen einer Fortbildung sichergestellt werden. Hierbei war es das Anliegen, durch die Beschreibungen einen möglichst guten Überblick über die Reflexionsmaterialien sowie zusätzlich Impulse zu geben, wie diese in einer Fortbildung für frühpädagogische Fachkräfte eingebunden werden können, ohne dabei zu weit in bereits erarbeitete Fortbildungskonzepte eingreifen zu wollen. Schließlich bestand das Ziel nicht darin, eine fertige Fortbildung zu konzipieren, sondern Fortbilder*innen die Möglichkeit zu bieten, die enthaltenen Materialien aufzugreifen und individuell in bereits bestehende Fortbildungen zu integrieren. Entsprechend sollte durch eine Art Baukastensystem die Möglichkeit dazu gegeben werden. Daraus können verschiedene Teile entnommen, adaptiert und modifiziert werden, Materialien können untereinander verbunden oder einzeln eingesetzt werden. Zudem sind die Materialien auch bei der zu erwartenden fortschreitenden digitalen Entwicklung noch einsetzbar, da die Reflexion der aufgegriffenen digitalen und medialen Themenbereiche unabhängig von konkreten technischen Umsetzungen und damit zeitlos ist, worin eine besondere Stärke der Materialien liegt.

Das Diskussions- und Reflexionsprozesse mit dem Fortbildungsmodul erfolgreich angestoßen werden können, wurde durch die Rückmeldungen und den Austausch auf einem Expert*innenforum im November 2022 deutlich. Hier wurde das Fortbildungsmodul erstmals einer Fachöffentlichkeit von pädagogischen Fachkräften, Kita-Leitungen, Trägervertretungen, Fachberatungen und im Bereich Medien/Digitalisierung tätigen Fortbildner*innen präsentiert. Dabei wurden die einzelnen Reflexionsmaterialien unter sehr verschiedenen Perspektiven diskutiert. Resümierend wurde deutlich, dass die Materialien geeignet sind, um verschiedene Haltungen zu digitalen Medien einer Reflexion zugänglich zu machen. Zusätzlich wurden dort eingebrachte Impulse zur Verbesserung der Materialien aufgegriffen und eingearbeitet. Die Rückmeldungen waren durchweg positiv. Zudem wurde auf die Notwendigkeit und Bedeutung solcher Materialien verwiesen. Die einbezogenen Expert*innen zeigten eine große Bereitschaft, die erstellten Materialien in den eigenen Kontexten einzusetzen.

Im Rahmen der Erprobung der Materialien im berufsintegrierenden Kindheitspädagogik-Studiengang der Hochschule Magdeburg-Stendal wurden die Materialien erstmals in verschiedenen Praxiskontexten erprobt. Hier zeigte sich, dass sie vielfältige und reichhaltige Anlässe bieten, um die Auseinandersetzung mit Digitalisierung innerhalb einer Kita, aber auch in Horteinrichtungen zu befördern. Hierdurch können pädagogische Fachkräfte bei der Entwicklung von Vorstellungen unterstützt werden, wie und in welchem Umfang sie die Digitalisierung in der Kita umsetzen möchten.

Wir bedanken uns ganz herzlich bei allen Kitas, die an den einzelnen Erhebungsphasen teilgenommen haben. Darüber hinaus danken wir den Teilnehmenden unseres Expert*innenforums für den regen Austausch, die kritischen Reflexionen sowie weitere Anregungen. Wir bedanken uns ganz besonders bei der studentischen Mitarbeiterin des Projekts, Leoni Stöckle, die uns über die Projektlaufzeit tatkräftig, kompetent und zuverlässig unterstützt hat. Zudem danken wir Daniela Bäzol und Leoni Stöckle für die Übernahme des Lektorats. Ein ganz besonderer Dank geht ebenso an die neun Einrichtungen, die uns ihr Vertrauen entgegengebracht, sich zur Durchführung der Interviews bereit erklärt haben und uns einen Einblick in ihren Kita-Alltag gewährt haben. Dadurch haben sie die Erstellung dieser Lehrmaterialien erst ermöglicht. Nur durch ihre Mitarbeit konnte das vorliegende Material in seiner gesamten Bandbreite erstellt werden.

Wir würden uns freuen, wenn diese wertvollen und reichhaltigen Materialien auf vielfältige Weise zum Einsatz kommen und wir damit einen Beitrag zur Professionalisierung frühpädagogischer Fachkräfte in Bezug auf digitale frühe Bildung leisten können.

VI. Autor*innen

Angaben zu den Autor*innen in alphabetischer Reihenfolge:

Prof. Dr. Jörn Borke
Dipl.-Psychologe, ist Professor für Entwicklungspsychologie der Kindheit an der Hochschule Magdeburg-Stendal, Vorstandsmitglied im Kompetenzzentrum Frühe Bildung (KFB) der Hochschule Magdeburg-Stendal, Mitglied im Sprecherrat vom Forschungsnetz Frühe Bildung Sachsen-Anhalt (FFB) sowie Teil der Projektleitung in dem BMBF-geförderten Projekt „Naturwissenschaftliche und mathematische Bildung in der Kita weiterentwickeln (NAMAKI)". Zudem war er Teil der Projektleitung in den vom BMBF-geförderten Drittmittelprojekten „Inklusive Kindheitspädagogik als Querschnittsthema in der Lehre (InQTheL)" und „Digitale Medien in der Kita (DiKit)".
Kontakt: joern.borke@h2.de

Dr. Henry Herper
Dr. rer. nat., ist wissenschaftlicher Mitarbeiter an der Otto-von-Guericke Universität Magdeburg. Er leitet die Arbeitsgruppe »Lehramtsausbildung« der Fakultät für Informatik. Im Rahmen des Projektes Klassenzimmer der Zukunft engagiert er sich für die curriculare Entwicklung, Nutzung und Evaluation informatischer Bildung und digitaler Medien. Ein aktueller Arbeitsschwerpunkt ist die Entwicklung und Erprobung von Konzepten der informatischen Bildung in der frühen Bildung, der Primarstufe und der Sekundarstufe 1. Er ist Sprecher der Landesgruppe „Informatische Bildung an Schulen" der GI in Sachsen-Anhalt.
Kontakt: henry.herper@ovgu.de

Sven Hohmann
Rehabilitationspsychologe (M.Sc.) ist Psychotherapeut in Ausbildung (PiA) und war zuvor als wissenschaftlicher Mitarbeiter an der Hochschule Magdeburg-Stendal in dem vom BMBF-geförderten Drittmittelprojekt „Digitale Medien in der Kita (DiKit)" beschäftigt. Zudem war er Teil des Projektteams in dem vom BMBF-geförderten Drittmittelprojekt „Inklusive Kindheitspädagogik als Querschnittsthema in der Lehre (InQTheL)".

Prof. Dr. Annette Schmitt
Dipl.-Psychologin, ist Professorin für Bildung und Didaktik im Elementarbereich an der Hochschule Magdeburg-Stendal, Direktorin des Kompetenzzentrum Frühe Bildung (KFB) der Hochschule Magdeburg-Stendal sowie Teil der Projektleitung in dem BMBF-geförderten Projekt „Naturwissenschaftliche und mathematische Bildung in der Kita weiterentwickeln (NAMAKI)". Zudem war sie Teil der Projektleitung in den vom BMBF-geförderten Drittmittelprojekten „Inklusive Kindheitspädagogik als Querschnittsthema in der Lehre (InQTheL)" und „Digitale Medien in der Kita (DiKit)".
Kontakt: annette.schmitt@h2.de

Eric Simon
Sozialwissenschaftler (M.A.), ist Mitglied im Kompetenzzentrum Frühe Bildung (KFB) sowie im Forschungsnetz Frühe Bildung Sachsen-Anhalt (FFB). Er war zuvor als wissenschaftlicher Mitarbeiter an der Hochschule Magdeburg-Stendal in dem vom BMBF-geförderten Drittmittelprojekt „Digitale Medien in der Kita (DiKit)" beschäftigt. Zudem war er Teil des Projektteams in dem vom BMBF-geförderten Drittmittelprojekt „Inklusive Kindheitspädagogik als Querschnittsthema in der Lehre (InQTheL)".
Kontakt: eric.simon@h2.de

VI. Autor*innen

Anja Stolakis
studierte Heilpädagogik – Inclusion Studies und Bildungswissenschaft mit dem Schwerpunkt Inklusive Bildung (M.A.) und ist Mitglied im Kompetenzzentrum Frühe Bildung (KFB). Anja Stolakis leistet wissenschaftliche Mitarbeit an der Hochschule Magdeburg-Stendal in dem vom BMBF-geförderten Drittmittelprojekt „Naturwissenschaftliche und mathematische Bildung in der Kita weiterentwickeln (NAMAKI)" und war zuvor in den vom BMBF-geförderten Drittmittelprojekten „Digitale Medien in der Kita (DiKit)" und „Inklusive Kindheitspädagogik als Querschnittsthema in der Lehre (InQTheL)", sowie in dem KFB-Projekt „Inklusion in Kindertagesstätten" beschäftigt.
Kontakt: anja.stolakis@h2.de

Diese Publikation wurde erstellt unter der Mitwirkung von:
Leoni Stöckle

Anja Stolakis | Eric Simon | Sven Hohmann | Elena Sterdt | Matthias Morfeld | Annette Schmitt | Jörn Borke
Inklusive Praxis in der Kita
Lehr- und Lernmaterialien für die Kindheitspädagogik
Mit Online-Materialien. E-Book inside
2023, 384 Seiten, broschiert
ISBN: 978-3-7799-6333-2
Auch als E-BOOK erhältlich

Inklusive Bildung in der Kita und die damit verbundene Professionalisierung des frühpädagogischen Fachpersonals gewinnen zunehmend an Bedeutung. Auf Grundlage der Ergebnisse des vom BMBF geförderten Forschungsprojektes „Inklusive Kindheitspädagogik als Querschnittsthema in der Lehre" (InQTheL) zu Gelingensbedingungen und Bedarfen einer inklusiven frühpädagogischen Praxis wurden umfangreiche Lehr-/Lernmaterialien entwickelt. Durch Video-, Audio- und Textmaterial ermöglichen sie unterschiedliche praxisnahe Zugänge und können in der Lehre einschlägiger Studiengänge und Fachschulausbildungen, aber auch im Rahmen von Fort- und Weiterbildungen für pädagogische Fachkräfte eingesetzt werden.

www.beltz.de
Beltz Juventa · Werderstraße 10 · 69469 Weinheim

Norbert Neuß
Kita digital
Medienbildung – Kommunikation – Management
2021, 152 Seiten, broschiert
ISBN: 978-3-7799-6426-1
Auch als E-BOOK erhältlich

Es muss nicht erst zu einer Pandemie kommen, die das gesamte Bildungswesen über Monate lahmlegt – die Digitalisierung von Kindertageseinrichtungen muss grundsätzlich weiter vorangetrieben werden. Dieser Band erläutert, warum Digitalisierung nicht erst in der (Grund-)Schule ansetzen sollte, sondern auch – bei allen abzuwägenden Risiken – Chancen für die frühpädagogische Arbeit birgt. Erzieher_innen, Kitaleitungen und Verantwortliche bei Trägern finden hier Antworten auf dringende Fragen im Prozess der individuellen Digitalisierung ihrer Einrichtung – von der praktischen Umsetzung mit konkreten (Fall-)Beispielen über die rechtliche Lage und die Kommunikation mit den Eltern bis hin zu unterschiedlichsten Unterstützungsmöglichkeiten.

www.beltz.de
Beltz Juventa · Werderstraße 10 · 69469 Weinheim